긍정심리학 성격강점 기반
스트레스 대처와 성장 워크북

스트레스와 역경을 극복하고 치유와 웰빙으로 가는 길

Ryan M. Niemiec, PsyD 저 | 김광수 · 이혜연 공역

The Strengths-Based
Workbook
for Stress Relief:
A Character Strengths
Approach to Finding Calm
in the Chaos of Daily Life

역자 서문

어린아이부터 노인에 이르기까지 살아 있는 사람은 누구나 크고 작은 다양한 스트레스를 경험하며 살고 있다. 좀 더 깊이 들어가 보면 우리는 삶의 고통과 괴로움, 실패와 역경을 경험하며 때때로 삶의 위기에 직면하기도 한다.

이렇게 다양한 모습으로 우리에게 다가와 우리의 몸과 마음을 압박하고 심지어 우리를 질식시키기도 하는 스트레스를 단지 피하기만 할 수 없다면, 이러한 스트레스를 어떻게 인생의 적에서 친구로 만들어 스트레스와 잘 동행하면서 살 수 있을 것인가? 그리고 스트레스로 인해 아프고 상했던 우리의 몸과 마음이 치유되고, 더 나아가 스트레스를 발판삼아 성장하며 웰빙하는 삶을 살 수 있을 것인가? 이는 현대를 살아가는 우리 모두의 고민이자 바람일 것이다.

우리는 우리의 학업, 진로, 가정, 직장 일, 인간관계, 건강 등에서 크고 작은 스트레스를 경험하면서 살고 있다. 이러한 스트레스의 정글 속에서 그 표현과 행동은 다르더라도 모두가 바라고 소망하는 바는 우리의 스트레스와 역경을 잘 극복하고, 인생의 상처를 치유할 뿐만 아니라 우리 속에 있는 가능성과 잠재력의 씨를 발견하여 이를 온전하게 싹틔워 만개해 가는 번영(flourish)과 웰빙의 삶을 사는 것이다. 그런데 과연 이러한 삶이 가능하기는 한 것인가? 그리고 이러한 삶이 가능하다는 근거가 어디에 얼마나 있는가?

인간의 행복과 웰빙의 길과 방법을 과학적으로 연구하며 이를 검증하는 학문이 21세기 들어서 시작된 긍정심리학이다. 그리고 긍정심리학의 가장 중요한 연구주제 중 하나이며 인간의 긍정적 특성에 대한 과학적 연구의 산물이자 분석 틀이 바로 성격강점이다. 최근 성격강점 연구는 우리나라를 포함해 전 세계적으로 어린아이와 노인에 이르기까지 다양한 사람을 대상으로 실시한 경험적 연구 결과와 증거에 기반해 우리가 인생에서 그토록 바라고 갈망하는 진정한 행복과 웰빙으로 가는 길을 보다 구체적으로 제시하고 있다. 이러한 맥락에서 그동안 이루어진 과학적 연구 결과에 기초하여 이를 일반인들도 쉽게 이해하고 적용할 수 있도록 제시하고 있는 것이 바로 라이언 니믹(Ryan M. Niemiec)의『긍정심리학 성격강점 기반 스트레스 대처와 성장 워크북』이다.

이 책은 인간이라면 어느 누구도 회피하거나 무시할 수 없는, 우리 삶의 중요한 이슈인 스트레스를 다양한 사례를 통해 생생하게 제시하고 있다. 다양한 사람이 경험하는 스트레스 사례를 통해서 나의 스트레스를 바라보게 함으로써 이 내용들이 바로 나의 이야기이며 또한 나의 이야기가 될 수 있음에 공감하고 그 내용에 몰입하게 한다. 그리고 우리 삶의 여러 영역에서 경험하는 크고 작은 스트레스에 대한 기존의 시각, 즉 스트레스를 인생의 불편한 적으로 바라보고 이를 없애고 제거하거나 줄이려고 하는 관점에서 벗어나, 살아 있는 우리에게 다양한 모습으로 나타나는 스트레스를 인생의 동반자, 또는 친구로 삼아 어떻게 지혜롭고 건강하게 동행하며, 스트레스를 디딤돌 삼아 더 성장하고 번영하는 웰빙의 삶을 살 수 있는지 안내한다. 특히 어떻게 우리에게 내재한 가능성과 잠재력의 씨앗을 싹틔워 활짝 만개해 가는 번영의 삶으로 나아갈 수 있는지에 대한 구체적인 방법을, 성격강점을 찾아 활용하는 생생한 사례와 함께 단계적으로 안내하고 있다.

즉, 모든 인간 속에 있는 긍정적 특성이자 잠재력이며 자원인 성격강점을 이해하고, 자신만의 독특한 성격강점 프로파일과 자신의 정체성을 반영하는 대표강점을 발견하고 활용하는 방법을 보여 준다. 구체적으로 대표강점을 다양한 유형의 성격강점(행복강점, 상황적 강점, 하위강점, 지원강점 등)과 적절하게 통합하여 자신의 일과 건강, 인간관계 및 순간순간 일상생활 속에서 직면하는 다양한 스트레스에 효과적으로 대처하며, 스트레스를 디딤돌 삼아 더 성장하고 발전하는 진정한 웰빙으로 가는 과정과 그 방법을 보여 주고 있다.

역자는 이 책이 학교와 가정과 직장 등 여러 삶의 현장에서 다양한 스트레스로 압박과 긴장, 고통, 실패와 위기를 경험하면서 이를 이겨 내려고 고군분투하며 나름대로 자신의 최선을 다하고 있는 사람들에게 가장 도움이 되기를 바라는 마음으로 번역에 임했다. 역자 또한 그러한 사람들 중의 하나이기 때문이다. 이 책이 역자를 포함하여 우리 모두 자신 속에 있는 놀라운 가능성이자 인간의 긍정적 특성인 성격강점을 바르게 이해하고, 자신만의 성격강점 프로파일과 대표강점을 발견하고, 이의 가치와 특성을 파악하여 효과적으로 활용하고 응용하면서 다양한 스트레스를 극복하고, 치유와 웰빙 그리고 플로리시한 삶으로 나아가는 데 동기와 힘을 주고 실제적 지혜와 아이디어를 줄 수 있기를 기대한다. 특히 학생, 내담자, 가족 및 자녀, 직장 동료 및 상사와 더불어 성장하며 웰빙을 꿈꾸는 교사, 상담자, 부모, 직장인이 먼저 자신의 성격강점을 이해하고 대표강점을 발견하여 이를 최적의 방법으로 다양하게 활용하기를 기대한다. 무엇보다 단순히 아는 것을 넘어서서 자신에게 먼저 적용하고 실천하면서 실제로 경험한 것에 기초하여 자신이 만나고 함께하는 대상과 나누고, 교학상장(敎學相長)하며 더불어 성장하고, 웰빙과 플로리시하는 삶으로 나아가는 데 시너지를 얻기를, 그래서 궁극적으로 자신의 성격강점을 다른 여러 강점(능력/재능, 흥미, 기술, 외부자원, 익숙한 기존 접근 방법 등)과 통합하여 자신만의 독특한 역량과 방법을 개발하여 꾸준히 사용하는 데 이 책이 활용되기를 기대한다.

이 책은 크게 제1부(서론, 제1~2장), 제2부(제3~5장), 제3부(제6~9장, 결론)로 구성되어 있다. 제1부에서는 성격강점이 스트레스를 줄이고 완화할 수 있다는 전제하에 자신의 현재 스트레스와 웰빙 수준을 점검한 뒤, 자신의 강점을 평가하여 자신의 강점 프로파일과 대표강점을 발견하고, 관련 여러 성격강점 유형을 이해한 뒤 현재 자신의 강점 사용 상태를 평가하는 과정으로 되어 있다.

제2부에서는 강점 사고방식(마인드셋)의 개발이라는 목표하에 우리 각자가 직면하는 스트레스에 강점으로 대응하는 방법, 일상의 구체적 장면에서 나 자신과 다른 사람의 강점 행동을 파악하고 발견하는 방법, 스트레스를 극복하는 강점을 행동 습관으로 만드는 방법을 배우고 실천하고 나누도록 안내하고 있다.

제3부에서는 강점으로 일상의 자원과 역량을 향상시키는 방법을 익히고 실천한다는 목표하에 일과 건강에 강점 적용하기, 강점으로 인간관계 스트레스 극복하기, 현재 순간에 참여와 몰입으로 자신감과 회복탄력성 구축하기, 삶의 의미를 찾아 선한 영향력 전파하기 등의 내용을 다루고 있다. 마지막으로 '강점이 스트레스를 동반하는 삶의 도전을 성장의 기회로 바꾼다'는 결론을 제시하며 우리의 인생 항해에서 강점여행을 지속할 동기를 부여하고 있다.

이 책은 지식과 통찰만 주는 책이 아니라 배움과 더불어 이를 우리 삶에 구체적으로 실천하고 그 결과를 경험하게 하는 실행안내서이다. 따라서 처음부터 자신의 삶의 영역에서 경험하고 있는 구체적 스트레스 수준을 측정·파악하게 하고, 자신의 자원이자 긍정 특성인 성격강점을 발견하게 한다. 그리고 자신의 성격강점을 활용하여 이 책에서 제시하는 구체적 방법과 절차를 통해 성격강점 기반 스트레스 대처를 익히고 실천하여 초기, 중간, 마지막에 걸쳐 자신의 스트레스 양상의 변화와 특징을 살펴보게 하는 체계적이고 구체적인 과정을 제시하고 있다. 그리고 이 과정이 지루하거나 외롭지 않도록, 마치 내 얘기 혹은 나의 가족이나 내가 잘 아는 이웃의 얘기처럼 누구나 공감할 수 있는 생생한(성격강점을 찾아 활용하는) 사례를 매 과정마다 제시하면서, 이 사례 내용을 자신의 경우에 비추어 보고 자신을 성찰하며 자신에게 필요한 실천 방법과 해결 아이디어를 찾아가도록 실제적인 도움을 주고 있다.

따라서 이 책은 한번 읽고 '그래, 좋은 내용이네' 하고 음미한 뒤 내려놓는 책이 아니라, 자신의 스트레스 대처를 위해 필요한 것을 배우고 자연스럽게 익히며, 이를 자신의 삶의 구체적 영역에서 실행하고, 여기서 학습하고 경험한 것을 가능한 한 주변 사람들과 나누는 것을 처음부터 끝까지 일관되게 강조하고 있다. 인간은 외롭게 학습하며 살아가는 존재가 아니라 더불어 학습하며 교학상장하는 사회적 존재이며 그러한 나눔 속에서 다양한 시너지 효과를 가져오기 때문이다. 또한 살아가면서 삶의 구체적인 스트레스와 어려움에 부딪칠 때마다 자신이 직면한 바를 정확하게 파악하고 대처하는 데에 도움이 되도록, 이 책의 관련 내용으로 돌아가 다시 살펴볼 것을 당부하고 있다. 이전에 아무리 좋았던 내용이라도 바쁜 생활 속에서 쉽게 망각하는 존재인 우리가 관련 내용을 다시 살펴볼 때, 자신의 스트레스와 어려움을 대처하고 해결하는 데 필요한, 우리 속에 있는 성격강점과 자원을 다시 자각하고 이를 내가 처한 상황과 맥락에 맞게 효과적으로 활용할 수 있게 하는 강점 습관의 형성을 꾸준히 해나갈 것을 격려하고 있다.

우리의 손과 팔이 이미 몸에 붙어 있는데도 우리는 평소에 이를 의식하지 않고 살 때가 많다. 그러나 우리가 우리의 손과 팔을 사용하여 문제를 해결하고 어려움이나 과제를 해결할 때 우리는 우리의 손과 팔의 존재를 잘 자각하며 그 가치를 의식하고 인정하게 된다. 마찬가지로 우리 속에서 우리에게 발견되어 사용되기를 기다리고 있는 우리의 성격강점을 우리는 평소에 아예 의식하지도 못하고 살거나, 의식하더라도 이의 가치를 모르고 적절하게 사용하지 못하는 강점맹(Strengths-Blindness) 상태에 빠져 있음을 많은 연구 조사는 밝히고 있다. 분명한 사실은 우리의 몸에 붙어 있는 손과 발이 적절하게 사용되면서 문제나 과제를 해결할 수 있고, 또 사용되면서 손과 발의 근육이 발달하고 더욱 정교하게 되듯이, 모든 사람 속에 있는 성격강점도 이를 발견하고 자각하여 적절하게 사용할 때, 아직은 원석의 상태인 성격강점도 근육처럼 더욱 발달하고 정교하게 되어 시간이 갈수록 더욱 효과적으로 사용할 수 있는, 각자만의 빛나는 다이아몬드(진정한 강점)가 될 수 있을 것이다.

다중 지능연구의 개척자이면서 성격강점 초기 연구와 논의에 참여한 하워드 가드너(Howard Gardner)가 '지난 반세기 심리학 연구의 가장 위대한 업적 중의 하나'라고 말한 긍정심리학의 성격강점은 인간이 행복한 삶을 살기 위해서 발견되고 활용되기를 기다리는 인간 속에 있는 무궁무진한 잠재력이자 자원이다. 그래서 누군가 "성격강점은 우리 인류에게 주어진 최고의 축복이다."라고 말하기도 했다. "우리의 재능과 능력은 낭비될 수 있고, 자원은 금방 사라질 수 있으며, 흥미도 시들해지고 변화하며, 시간이 지남에 따라 기술도 감소하면서 모든 것을 완전히 잃어버린 것처럼 보일 때에도 우리는 여전히 우리의 성격강점을 가지고 있다. 성격강점에 초점을 맞출 때, 성격강점은 구체화되고 발전하며 다른 여러 가지 긍정적인 자질과 통합되어 더 큰 선에 기여할 수 있다."라고 이 책의 저자 니믹은 그동안의 과학적 연구 결과와 풍부한 임상 결과에 근거하여 힘주어 강조하고 있다.

이 책은 이러한 주장을 단면적으로 보여 주는 수많은 예 중의 일부분이며 따라서 모든 것을 다 보여 주고 모든 해결책을 주는 완전하고 완벽한 책이 아니다. 다만 우리는 이 책을 발판 삼아 앞으로 우리들이 경험한 이야기를 기록하며 나누어 갈 필요가 있다. 이 책은 개인적으로 학습하며 실천할 수도 있지만, 가능하면 2명 이상 또는 소그룹으로 학습하고 실행하며 나누는 과정으로 활용하면 훨씬 좋을 것이다. 긍정심리학과 성격강점의 내용과 지혜들은 일부 학자나 전문가만의 전유물이 아니다. 평범한 사람이면 누구나 공감하고 이해하며 자신의 삶에 적용하고 자신의 경험과 통찰을 나누면서 모두가 함께 배우고 실천하며 나누고 성장하는 데 서로 기여할 수 있는 공동의 산물이자 소유물이다. 그래서 이 책을 읽고 배우고 실천하며 나누는 삶을 통해 나의 이야기를 나누는 다음 주자가 바로 당신이 되고 내가 되고 우리가 될 때, 우리의 삶은 전체적으로 더 행복하고 웰빙하며 플로리시하는 삶을 향해 나아가게 될 것이다. 나 자신과 내 밖의 환경과 세상에 아직도 많은 문제와 스트레스가 기다리고 있지만, 우리의 작은 실천을 통해 나 자신으로부터 시작되는 작은 변화가 누적되고 나누어질 때, 비록 단 한 번에 변화될 수 없는 거대한 세상이지만 그 세상에 변화를 조금씩 가져오는 작지만 의미 있는 삶의 과정을 우리가 누릴 수 있을 것이다. 그리고 계속해서 떨어지는 물방울은 바위를 뚫게 될 것이다.

　나와 관계와 공동체가 보다 더 건강하고 행복한 삶을 위해 그동안 함께 꾸준히 연구·개발에 힘쓰며 배움과 나눔과 격려를 공유하고 있는 긍정심리연구팀, 힘들고 벅찬 현장에서 학생들과 더불어 건강하고 행복한 교육과 삶을 꿈꾸며 공부하고 연구해 온 서울교육대학교 상담교육전공 대학원생들과 졸업생들, 같은 마음과 꿈을 갖고 박사과정에서 연구하며 이 책의 번역에 성실하고 꼼꼼하게 참여한 이혜연 선생님, 이 책의 번역에 적극적인 협조를 아끼지 않은 학지사 영업부 저작권 담당 이수정 선생님, 여러 차례 교정과 편집과정에 애써 주신 이수연 선생님과 관계자 분들, 긍정심리학과 성격강점 연구와 실천의 중요성을 인지하고 이의 연구개발, 번역 출간을 적극 지원해 주신 김진환 사장님, 일일이 열거하지는 않았지만 같은 마음으로 함께해 주신 분들의 도움과 노고에 감사를 드린다.

2023년 10월

대표 역자 김광수

추천 서문

스트레스는 우리 삶에서 피할 수 없는 현실입니다. 스트레스는 우리에게 신체적·심리적·영적 손상을 유발하는 살인자가 될 수도 있고, 개인에게 성장과 강인함을 키워 주는 촉매제가 되기도 합니다. 행복과 성취를 이루기 위해 개인이나 집단이 할 수 있는 핵심적인 질문은 어떻게 하면 스트레스를 적이 아닌 내 편으로 바꿀 수 있느냐 하는 것입니다. 이 책은 우리가 스트레스를 잘 다룰 수 있도록 도와주는 새로운 지평을 열고 있습니다.

정신건강과 심리학 박사인 라이언 니믹은 스트레스를 바라보는 시각을 재구성하고 있습니다. 그는 스트레스를 먼저 피하고 제거해야 하는 것으로 바라보기보다는, 인간 심리에 대한 최신 연구의 통찰력에 근거해 우리가 스트레스를 통해 성장할 수 있는 방법을 제시하고 있습니다. 그뿐만 아니라 그는 우리가 강인해지고, 회복력과 성취감을 갖도록 촉진하는 도전 과제를 만드는 법에 주의를 기울이도록 돕고 있습니다. 이렇게 하기 위해 저자는 건강과 웰빙을 위한 새롭고 유망한 접근 방식으로 '건설적인 스트레스'라는 용어를 사용하고 있습니다.

이 책은 우리 모두에게 내재되어 있는 '성격강점'이라는 긍정적인 성격 요소에 대한 새로운 과학적 통찰력을 제시합니다. 여기에는 24가지의 성격강점이 제시되고 있는데, 이러한 강점은 문화, 성별, 인종, 민족, 종교 등 우리의 모든 차이를 초월해 공통으로 존재하는 것으로 입증되었습니다. 이러한 성격강점은 우리 각자의 내면에 고유하게 구성되어 개인의 정체성을 보여 주는 중요하고 독특한 프로파일을 만들어 냅니다. 우리 모두는 눈, 코, 입, 귀, 눈썹 등과 같은 공통적인 얼굴 요소를 갖고 있지만, 이러한 요소가 사람마다 다르게 구성되어 각자마다 독특하고 고유한 외모를 갖고 있습니다. 이와 마찬가지로 성격강점도 우리의 고유한 성격 프로파일을 보여 주고 있습니다.

최근의 과학은 성격강점이 우리의 웰빙과 목표 달성 그리고 공익을 증진하는 데 얼마나 광범위하게 적용되는지 밝혀내기 시작했습니다. 단점에서 강점으로 우리의 관심과 주의를 돌릴 때 그동안 자신과 다른 사람들에게서 간과되었던 잠재력을 발견하고, 삶의 도전이나 시련 앞에서 절망감, 무기력을 느끼는 악순환에서 벗어나게 됩니다. 그리고 인생의 크고 작은 도전 속에서 새로운 기회를 발견하게 됩니다.

우리 안에 있는 이러한 힘과 잠재력을 더 잘 인식할수록, 우리는 스트레스를 받는 상황에서 더 유연하게 대처할 수 있습니다. 이 책에는 이에 대한 훌륭한 사례가 많이 소개되어 있습니다. 자신의 강점과 타인의 강점을 인식하는 것은 어떤 일을 선택하든, 어떤 관계를 맺든, 어떻게 의미와 성취감을 찾든 우리가 더 나은 삶을 선택하고 여러 가지 스트레스 요인을 극복하는 데 도움이 됩니다. 성격강점의 기반 위에 번영하는 삶을 구축하는 것은 우리가 인생의 가장 힘든 도전에 직면했을 때에도 더 단단하고 더 회복력 있는 사람으로 변화되도록 도와줄 수 있습니다.

이 책은 우리가 스트레스를 좋은 기회로 바라볼 수 있도록 과학적 근거에 기초한 시야와 관점을 제공함으로써 스트레스 분야에 새로운 돌파구를 제시하고 있습니다. 이 책은 우리에게 밀려오는 강하고 부정적인 힘을 약화시키고, 그것을 긍정적인 목적과 방향으로 변화시키는 '심리적인 무술가(연금술사)'가 될 수 있도록 도와줍니다. 오늘날 스트레스를 유발하는 많은 강요와 여러 방향의 조언으로 많은 사람이 압박감과 상실감을 느끼는 이 세상에서 이 책은 우리의 삶과 일을 단순화해서 최선을 다할 수 있게 힘을 북돋아 주고, 다른 사람들도 우리처럼 살아갈 수 있도록 도움을 줄 수 있는 보다 확실하고 실제적인 워크북이 될 수 있을 것입니다. 이 책에서 니믹 박사는 우리가 인생의 폭풍과 시련 속에서도 평온을 찾고 최고의 잠재력 발휘를 향해 나아갈 수 있는 나침반을 제시하고 있습니다. 이 책을 사용하세요. 읽어 보세요. 그리고 가장 소중한 사람들과 공유하기를 바랍니다.

−닐 H. 메이어슨(Neal H. Mayerson) 박사

VIA 성격강점 연구소 소장

차례

제1부

스트레스와 성격강점

 성격강점은 스트레스를 줄일 수 있다 · 23

제1장 현재 스트레스와 웰빙 수준 점검하기 · 45

제2장 자신의 강점 평가하기 · 75

제2부

강점 사고방식(마인드셋) 개발하기

제3부

강점으로 일상의 자원과 역량을 향상시키는 방법들

제**1**부

스트레스와 성격강점

서론

성격강점은 스트레스를 줄일 수 있다

'스트레스'라고 하면 가장 먼저 떠오르는 것이 무엇인가요? 나는, 업무에 대한 부담감이 가장 먼저 떠오릅니다. 나는 열심히 일하는 사람이고 추가 근무 시간도 마다하지 않습니다. 나는 쉬고 있는 시간에도 일에 대해 생각합니다. 나는 이미 기존 업무로 일정이 꽉 차 있음에도 불구하고 여러 가지 제안을 받고 흥미로운 프로젝트를 더 하겠다고 말합니다. 이것이 바로 스트레스로 가는 지름길입니다.

스트레스가 마치 뒤에서 나를 압박하고 있는 것 같습니다. '이 모든 일을 어떻게 해 낼 수 있을까?' '왜 내가 계속 이렇게 많은 일을 떠맡은 걸까?' 이런 생각이 들 때 괴로움이 생깁니다. 가끔 무력감이나(난 이걸 다 할 수 없어!) 좌절감(젠장, 왜 나는 이러고 있지?)을 느끼고, 누군가 새로운 요청을 할 때에 마음이 불안해집니다.

조심하지 않으면 이러한 업무 스트레스가 아내와의 관계에까지 영향을 미쳐 아내와의 대화에서 신경이 날카로워지고, 결국 아내도 나와 있으면 더 예민

해집니다. 그리고 아이들 또한 긴장감을 느끼거나 내가 일할 때 아빠의 부재감으로 인한 영향을 받게 되지요.

스트레스와 강점의 보편성

스트레스는 이혼, 실직, 부상, 질병, 사랑하는 사람의 죽음과 같은 큰 형태로 나타나서 신체적·정신적 안녕에 큰 타격을 줄 수 있습니다. 또한 출근길 교통 체증, 잔기침, 우는 아이, 청소해야 하는 지저분한 방과 같은 작은 형태의 모습으로도 나타날 수 있습니다. 이렇게 우리 일상의 모든 상황에서 스트레스를 경험할 가능성이 있습니다.

우리는 또한 예기치 못한 스트레스 사건이나 경험이 쌓였을 때 영향을 받기 쉽습니다. 예를 들어, 직장에서는 바쁘고 자신감이 넘치게 일하지만, 일주일 내내 아이들을 여러 활동에 데려다주는 새로운 일로 힘겹게 분투해야 하는 과제를 맡게 됩니다. 게다가 아내는 아프고, 최근 이별을 겪은 내 여동생은 더 많은 지지가 필요하고, 평소 내게 도움을 받던 친구와의 계획을 갑자기 취소해야 하는 상황이 올 수 있습니다. 그러다 보면 어느새 스트레스가 점점 더 쌓여 있는 나 자신을 발견하게 됩니다. 이렇게 스트레스 요인이 쌓이고 쌓일수록 나의 대처할 수 있는 자원은 점점 줄어들게 됩니다.

당신은 자신의 스트레스에 대해 돌아보게 될 때 스트레스로 인해 쌓이는 영향을 바로 알아차리나요? 당신의 삶에서 크고 작은 스트레스가 바로 눈에 띄나요? 좋은 것도 잠재적인 스트레스 요인이 될 수 있고 지루하거나 일상에서 벗어나는 것도 스트레스 요인이 될 수 있습니다. 이렇게 우리 일상의 모든 요인이 잠재적인 스트레스 요인이 될 수 있다는 것을 알아차리는 것은 흥미롭기도 합니다.

한편, 어떤 사람에게는 스트레스가 되는 일(집안청소 같은 일)이 다른 사람에게는 기분을 좋게 하는 일이 될 수 있다는 점도 흥미롭습니다. 누군가는 교통 체중 때문에 분노로 가득 차서 남은 하루를 망칠 수 있지만, 다른 누군가는 그 상황을 오디오북을 듣거나 친구에게 전화를 걸거나 음악을 들으며 휴식을 취할 수 있는 기회로 삼으며, 실제로 이러한 다른 활동들을 음미하며 감상할 수 있도록 삶의 속도가 느려진 것에 감사할 수도 있습니다. 이혼과 같은 큰 스트레스를 겪을 때 셀 수 없이 많은 긴장과 복잡한 어려움이 발생하지만, 어떤 사람들은 그것들을 새로운 성장과 배움의 기회로 볼 수 있는 반면, 다른 사람들은 이를 자신을 궁지로 몰아가는 거대한 스트레스로 보고 이로 인해 무너지며 그들의 상황은 더욱 악화될 수 있습니다.

당신은 스트레스에 어떻게 반응하나요?

다행히도 우리의 스트레스를 관리하고 다른 방식으로 접근하도록 도움을 줄 수 있는 새로운 자원과 방법이 있습니다. 이 책에서 알게 되겠지만, 스트레스는 우리 삶의 모든 것에서 경험할 수 있고, 크고 작은 경험으로 나타나면서 우리에게 다양하게 그리고 때로는 압도적인 영향을 미칠 수 있는 것처럼, 우리의 성격강점도 마찬가지 방식으로 우리의 삶에 다양하게 그리고 때로는 압도적인 영향을 미칠 수 있습니다. 당신의 내면에는 이러한 숨겨진 힘이 있으며, 이 힘은 성격강점으로 드러납니다. 이 강점은 크고 작은 형태로 다양하게 나타나며, 당신의 변화에 영향을 줄 수 있습니다. 또한 이 강점은 매일 미묘하게 쌓여 가는 작은 효과를 가져올 수 있습니다. 다시 말해, 스트레스 요인과 마찬가지로 강점도 축적될 수 있습니다! 긍정적 상황, 부정적 상황, 일상의 상황 등 어떤 상황에서도 당신은 강점을 발견하고 활용할 수 있습니다.

우리는 잘못된 것 때문에 스트레스를 받는다

인간으로서 우리는 자주 '무엇이 잘못되었는지'를 강조하는 특성이 있습니다. 우리가 실수를 할 때 스스로를 가혹하게 대하고, 정치적 또는 종교적 다른 견해로 인해 누군가를 부정적으로 평가하고, 다른 사람들의 약점을 보며, 우리

환경에서 위험 신호를 보내는 일관성 없는 무언가를 빠르게 발견해 냅니다. 이것을 때때로 '부정성 사고방식(부정적 마음가짐, 마인드셋)'이라고도 합니다. 이러한 예에는 보호적인 요소도 있지만, 이는 우리의 스트레스 수준을 높이는 데 상당한 영향을 줍니다.

요컨대, 강점보다 약점과 문제점에 더 집중하면 할수록 우리는 스트레스를 더 받게 됩니다. 예를 들어, 2000년대 초, 과학자 로이 바우메이스터(Roy Baumeister, 2001)가 이끄는 연구팀은 '강점'이 '단점'보다 더 강한 경우를 찾아보았습니다. 그들은 다음과 같이 물었습니다.

- 사랑, 감사와 같은 긍정적인 감정이 분노, 슬픔과 같은 속상한 감정보다 더 강할까요?
- 긍정적인 관계가 나쁜 관계보다 우리에게 더 큰 영향을 미칠까요?
- 좋은 양육과 좋은 건강 같은 영역이 나쁜 양육과 나쁜 건강보다 더 영향력이 클까요?

안타깝게도 그렇지 않습니다. 조사한 모든 상황에서 연구진은 같은 결론에 도달했습니다. '나쁜 것이 좋은 것보다 더 강하다.' 긍정적인 감정은 트램펄린처럼 당신에게서 튕겨 나오고 부정적인 감정은 접착제처럼 달라붙기 때문에 '기쁨과 사랑'보다는 '분노와 슬픔'이 행동에 더 많은 영향을 미친다는 것입니다.

이러한 결과를 인정하는 것은 불안을 가져올 수 있습니다. 나는 그 느낌을 잘 알고 있습니다. 연구원들이 조사한 시나리오(연구) 중 하나는 좋은 피드백과 나쁜 피드백이었습니다. 나도 다른 사람들과 마찬가지로 50명의 청중에게 강연을 한 뒤 49개의 긍정적인 평가와 함께 단 하나의 부정적인 평가를 받게 될 때, 내가 어느 평가에 더 초점을 둘 것 같나요? 연구 결과에 따르면, 나쁜 피드백은 우리에게 더 강한 영향을 미치는데, 나 역시 한 명의 비평가에게 집중하고 다른 49명의 긍정적인 발언에는 거의 관심을 기울이지 않게 됩니다.

이 연구는 다음과 같은 중요한 점을 시사해 줍니다. 우리는 긍정적인 것과 부정적인 것 사이에 더 많은 균형을 이루어 나갈 필요가 있습니다. 이를 위해서 대부분 상황에서 긍정적인 면을 강조하고, 함께 있는 사람의 좋은 점을 보며, 자신의 강점을 키우고, 칭찬을 표현하며, 과거의 긍정적인 경험에서 배우는 것이 중요합니다. 자신의 강점은 부정적 편견을 상쇄하는 데 도움이 될 수 있습니다. 부정적인 것에 주의하는 것 또한 우리의 성장에 필요하며 이 책의 중요한 주제이기도 하지만, 당신에게 더 필요하고 올바른 것이 무엇인지를 잊지 말아야 합니다.

내 발표 피드백의 예로 돌아가서 그 상황을 객관적으로 바라볼 때, 나의 행동이 대중 연설자에게서 나타나는 흔한 일이지만 결국 불합리하다는 것 또한 알 수 있습니다. 내게는 긍정적인 면을 발전시키고, 다양한 관점에서 내 강점을 이해하고, 사람들이 목격한 좋은 점을 더 많이 활용할 기회가 마흔아홉 번이나 있었지만, 나는 그 대신 한 가지 특이점만을 선택하여 골라내었습니다. 이것은 마치 "그 한 사람이 준 나쁜 평가를 통해 배울 수 있다면, 다음번에는 청중의 100%가 내 강연을 좋아하게 만들 수 있을 거야."라고 말하면서 나 자신에게 더 많은 스트레스를 주고 있는 것과 마찬가지입니다. 이 이야기가 주는 교훈은 방정식의 양쪽 측면에 모두 주의를 기울여 그에 따라 균형 있게 조정하고 긍정적인 에너지가 있는 곳에 우선순위를 두어야 한다는 것입니다.

하지만 긍정적인 방향으로 나아가는 것은 말처럼 쉬운 일이 아닙니다. 이를 방해하는 수많은 스트레스 요인이 있기 때문입니다. 다음은 정신이 번쩍 들게 하는 몇 가지 연구 통계입니다.

- 미국인의 75% 이상이 번영을 누리지 못하고 있습니다(Keyes, 2002). 상당수가 무기력하고 쇠약한 상태, 즉 높은 심리적 또는 사회적 안녕감 없이 그저 그렇게 일상생활을 영위하고 있는 스트레스의 한 형태를 띕니다.
- 미국 근로자의 70%가 업무에 몰입하지 않는다고 응답했습니다(Gallup,

2013). 이는 대다수의 근로자가 자신의 잠재력을 충분히 발휘하지 못하고 있다는 것을 의미합니다. 사람들은 여러 가지 이유로 업무에 몰입하지 않으며, 많은 사람이 업무에 부정적인 영향을 미치는 행동(회의 불참, 상사에게 부정직함)을 하는 등 적극적으로 업무에 몰입하지 않습니다.

- 67%의 사람들이 자신의 강점에 대해 의미 있는 인식을 가지고 있지 않습니다(Linley, 2008). 자신이 누구인지 알지 못하는 사람이 어떻게 좋은 관계를 구축하고, 직장에서 성공하고, 인생에서 좋은 성과를 낼 것이라고 기대할 수 있을까요? 나는 강점을 인식하지 못하는 것을 '강점맹'이라고 부르며 거의 100%의 사람들이 자신의 강점에 대해 자각하지 못하는 강점맹을 가지고 있다고 주장하고 있습니다(Niemiec, 2014). 자신의 강점을 완전히 인식하거나 또는 강점에 대한 완전한 자기 인식을 가진 사람은 거의 없습니다.

- 수천 명의 근로자를 대상으로 한 연구에서 자신의 강점을 많이 사용한다고 답한 사람은 강점을 거의 사용하지 않는다고 답한 사람보다 번영할 가능성이 18배 이상 더 높았습니다(Hone et al., 2015). 하지만 이 연구에 참여한 대다수의 사람은 번영하지 못했습니다.

이 책에서는 이러한 번영, 쇠약, 강점맹, 강점 참여의 문제를 살펴볼 것입니다. 한 장 한 장 읽다 보면 자신의 강점이 인생에서 가장 중요한 것에 이르는 통로라는 사실이 분명해질 것입니다. 마치 당신에게는 잘못된 것에 주의를 기울이는 것과 강점에 감사하는 것 사이에서 건강한 균형을 이루기 위해 스스로 당길 수 있는 내면의 '지렛대'가 있는 것과 같습니다. 그것은 스트레스의 안개 속에서도 강점을 볼 수 있고, 더 큰 웰빙으로 나아가게 하는 지렛대입니다.

강점의 공통된 인간성

1990년대 후반, 심리학자들은 지난 세기 동안 강점 심리학, 미덕, 웰빙과 같은 삶의 긍정적인 측면보다 문제, 장애, 부정적 심리에 대한 연구와 관심이 훨씬 더 많았다는 사실을 깨닫게 되었습니다. 당시 한 연구자인 데이비드 마이어스(David Myers, 2000)는 행복과 같은 긍정적인 감정 경험에 대해 발표된 연구와 슬픔, 불안과 같은 부정적인 감정 경험에 대해 발표된 연구 간의 격차를 계산해 보았습니다. 그는 긍정적인 경험에 대한 연구 1건당 그 반대, 즉 부정적 경험의 연구 21건이 존재한다는 사실을 발견했습니다. 정말 얼마나 불균형한 모습인가요!

부정적인 것을 대체하기 위해서가 아니라 과학적인 측면에서 긍정적인 것도 동등하게 이끌어 내기 위해서는 변화가 필요했습니다. 이러한 사고의 물결을 이끈 리더는 마틴 셀리그먼(Martin Seligman)입니다. 권위 있는 미국 심리학협회(American Psychological Association)의 회장으로서 셀리그먼은 심리학 분야에 변화를 가져오길 원했고 '긍정심리학'(1999)을 주창하게 되었습니다. 셀리그먼은 연구자와 정신건강 전문가들에게 삶의 긍정적인 측면을 살펴보고, 어떻게 하면 고통받는 내담자를 고통받지 않는 수준으로 회복시킬 수 있는지 이해하는 것뿐만 아니라, 어떻게 하면 사람들을 보통의 기능에서 번영으로 이끌어 낼 수 있는지를 여러 학자에게 연구하도록 도전했습니다. 다시 말하면, −7에서 0으로 이동하는 것이 아니라 1에서 10까지의 척도에서, 2 또는 3에서 9 또는 10으로 이동하려면 어떻게 해야 하는지에 관한 것을 이야기했습니다.

셀리그먼은 긍정적인 감정, 긍정적인 특성, 긍정적인 제도에 대해 연구하는 긍정심리학 분야의 틀을 제공했습니다. 한편, 당시 실천 심리학자이자 자선가였던 닐 메이어슨(Neal Mayerson)은 인간의 긍정적 특성 분야에 흥미를 느꼈습니다. 메이어슨은 한 번도 만난 적이 없는 셀리그먼에게 전화를 걸어 연락을 취했고, 그 둘은 마음이 맞아떨어지게 되었습니다. 두 사람은 긍정적인 특성의 연구를 발전시키기 위해 함께 일하기로 결정했습니다. 두 사람이 주도하면서 셀리그먼이 그 분야의 당대 최고 과학자들을 모집하고, 메이어슨은 신시내티에 기반을 둔 가족 자선 단체인 메이어슨 재단을 통해 사고(철학)하는 리더십 인력과 자금 지원을 제공하기 시작했습니다.

두 사람은 협력 첫해 동안 최고의 과학자 및 리더들과 만나 미덕, 인성, 강점을 주제로 그들로부터 최신 사고와 프로그램 개발에 대해 들었습니다. 그러던 중 한 회의에서 구성원들 사이에 긍정적인 자질에 대해 서로 소통할 수 있는 공통 언어가 없기 때문에 이 작업에 대해 서로가 제대로 이야기할 수 없다는 인식이 공유되었습니다. 그래서 미시간 대학교의 저명한 교수인 크리스 피터슨(Chris Peterson)을 선정하여 그로 하여금 55명의 과학자로 구성된 팀을 이끌고 다음과 같은 몇 가지 질문에 대해 조사하기로 했습니다. 인간의 가장 큰 장점은 무엇일까요? 우리 안에 있는 가장 중요한 특성 또는 자질은 무엇인가요? 전 세계 모든 사람에게서 발견되는 긍정 특성은 무엇일까요?

2000년이 되던 해, 연구원들이 함께 연구를 시작했습니다. 연구자들은 미덕, 윤리, 강점 또는 긍정적인 자질에 대해 글을 쓴 철학자, 신학자 또는 단체로부터 배우고 싶었습니다. 연구진은 아리스토텔레스(Aristotle), 플라톤(Plato) 등 고대 그리스 철학자들의 저서를 검토하고, 세계의 모든 주요 종교(기독교, 불교, 이슬람교, 유대교, 힌두교 등 5대 종교)를 면밀히 조사했으며, 샤를마뉴 왕(King Charlemagne), 성 토마스 아퀴나스(Saint Thomas Aquinas), 벤저민 프랭클린(Benjamin Franklin) 등 수 세기에 걸쳐 제시된 미덕에 관한 저술가들의 저작도 조사했습니다. 물론 마리 자호다(Marie Jahoda)와 에이브러햄 매슬로(Abraham Maslow)와 같은 초기 긍정 사상가들도 검토했습니다. 그리고 보이스카우트나 걸스카우트처럼 미덕을 훈련하는 방법을 가진 조직도 조사했습니다. 연구진은 모든 것을 놓치지 않기 위해 추도사, 묘비, 연하장, 심지어 〈스타트렉(Star Trek)〉에 등장하는 가상의 클링온 언어와 같은 대중문화에서도 강점과 미덕을 발견할 수 있는지 조사했습니다.

그 결과, 연구진이 발견한 것은 주요 철학과 종교를 관통하는 다음의 6가지 공통 주제(덕목)가 있다는 것이었습니다.

- 지성
- 용기
- 인간애
- 정의
- 절제
- 초월

이 덕목들은 'VIA 분류체계(강점분류체계)'로 명명된 것의 덕목이 되었습니다. 비아(VIA)는 라틴어로 '길' 또는 '방향'이라는 뜻입니다. 이후 연구팀은 다양한 과학적 기준을 적용하여 이러한 덕목들 아래에 자리 잡을 성격강점들을 선정했습니다. 이때 그 선정 기준은 다음과 같습니다. 이 강점을 측정할 수 있는가? 이 강점은 가치가 있고 도덕적으로 의미 있는 것인가? 이 강점을 훈련하는 기관이 있는가? 이 강점은 여러 문화권에서 발견되는가? 이 강점은 그 자체로 성취되고 있는가? 등입니다.

이 과정에는 여러 국가와 대륙에 걸쳐서 강점을 테스트하는 것이 포함되었습니다(Park, Peterson, & Seligman, 2006). 이에 더해, 연구자들은 케냐의 마사이족이나 그린란드의 이누이트족과 같이 현대 문명과 교류가 많지 않은 사람들을 인터뷰하기 위해 전 세계의 오지를 방문했습니다(Biswas-Diener, 2006). 이들에게 그들의 문화에서 그 강점들이 소중히 여겨지는지, 그 강점들을 증진시킬 수 있는 기관이 있는지 등에 대해 질문했습니다. 놀랍게도, 이러한 성격강점들이 문화, 국가 그리고 신념 체계를 초월해 공통으로 존재했습니다. 인류에게 보편적인 긍정적 특성이 있다는 것이 확인되어 나타났습니다.

이 3년간의 연구 과정을 통해 다음 표에 나와 있는 VIA 성격강점 및 덕목 분류체계(http://www.viacharacter.org/www/Character-Strengths; Peterson & Seligman, 2004 참조)가 탄생했으며, 이 분류는 6가지 주요 덕목 아래 24가지 인간의 강점을 분류하고 각각의 정의를 제시하고 있습니다.

성격강점 및 덕목의 VIA 분류체계

덕목	강점		정의
	사고력 중심의 지식을 쌓는 데 도움이 되는 강점		
지성	창의성		당신은 창의적인 사람으로 보입니다. 유용한 것을 보고, 실행하고, 창조합니다. 문제를 해결하고 생산성을 높일 수 있는 독특한 방법을 생각합니다.
	호기심		당신은 탐험가입니다. 새로움을 추구합니다. 새로운 활동, 아이디어, 사람에 관심이 있습니다. 새로운 경험에 개방적입니다.
	판단력 (비판적 사고, 개방성)		당신은 분석적입니다. 모든 면에서 사물을 검토합니다. 성급하게 결론을 내리지 않고, 결정을 내릴 때 모든 증거를 따져 보려 합니다.
	학구열 (탐구심)		당신은 자주 지식과 경험을 깊게 하는 방법을 찾습니다. 정기적으로 새로운 배움의 기회를 찾으며 지식을 쌓는 것에 열정적입니다.
	통찰력 (조망, 지혜)		당신은 사물에 대한 '큰 그림'을 봅니다. 다른 사람들은 현명한 조언을 얻기 위해 당신에게 의지하고 당신은 다른 사람들이 세상을 이해할 수 있도록 도와줍니다. 자신의 실수로부터 배웁니다.
	문제를 깊이 파고들고 역경에 직면하는 데 도움이 되는 정서적 또는 직감적 강점		
용기	용감성		당신은 두려움에 직면하고 도전과 역경을 극복합니다. 옳은 것을 옹호합니다. 고통이나 내면의 긴장, 혼란 앞에서도 움츠러들지 않습니다.

	끈기		당신은 마음에 목표가 있으면 꾸준히 계속 갑니다. 모든 장애물을 극복하려고 합니다. 당신이 시작하는 것을 끝냅니다.
	진실성 (정직)		당신은 성실성과 진정성이 높은 사람입니다. 감정이 상하더라도 진실을 말합니다. 진실한 방식으로 다른 사람들에게 자신을 소개하고, 자신의 행동에 책임을 집니다.
	활력 (열정)		당신은 삶에 열정적이며 매우 활기차고 활동적입니다. 자신의 에너지를 최대한 사용합니다.
다른 사람들과 연결되고, 사람들을 돌보고 친구가 되는 데 도움이 되는 강점			
인간애	사랑		당신은 다른 사람들에게 따뜻하고 진실합니다. 다른 사람들과 사랑을 주고받는 것에 개방적입니다. 다른 사람들과 친해지고 친밀해지는 것을 중요하게 생각합니다.
	친절성		당신은 사람들을 위해 좋은 일을 합니다. 다른 사람들을 돕고 배려합니다. 관대하고 베푸는 사람이고 인정이 많습니다.
	사회지능 (정서지능)		당신은 사회적 뉘앙스와 다른 사람들의 감정에 세심한 주의를 기울입니다. 무엇이 사람들을 '싫어하게 만드는지'에 대한 좋은 통찰력을 가지고 있습니다. 어떤 사회적 상황에서도 무엇을 말하고 무엇을 해야 하는지 아는 사람입니다.
더 큰 공동체를 구축하고 연결하는 데 도움이 되는 강점			
정의	협동심 (시민의식, 팀워크)		당신은 협력적이고 참여적인 단체나 팀의 구성원입니다. 집단에 충실합니다. 자신의 집단에 강한 의무감을 느끼며 항상 자신의 책임을 잘 감당합니다.
	공정성		당신은 모든 사람이 평등하고 공정한 기회를 가져야 한다고 강하게 믿습니다. 개인적인 감정에 치우친 편향된 결정을 내리지 않고 내가 대접받기를 원하는 방식으로 다른 사람들을 대합니다.

	리더십		당신은 당신이 이끄는 사람들에게 긍정적인 영향을 줍니다. 따르는 것보다 이끄는 것을 선호합니다. 그룹의 공동 이익을 위해 조직하고 책임지는 것을 매우 잘합니다.
	당신에게 해가 되는 것을 조절, 관리하고 과도하거나 극단에 치우치는 것을 방지하는 데 도움이 되는 강점		
절제	용서		당신은 상대의 잘못으로 받은 상처를 그냥 흘려보냅니다. 사람들에게 다시 기회를 줍니다. 복수심이 있거나 분개하지 않고 타인의 단점을 수용합니다.
	겸손		당신은 자신의 성취가 저절로 드러나게 둡니다. 자신의 선량함을 보지만 다른 사람들에게 더 집중하는 것을 선호합니다. 자신을 다른 사람들보다 더 특별하게 보지 않으며 자신의 결점을 인정합니다.
	신중성		당신은 현명하게 주의를 할 줄 압니다. 계획적이고 성실합니다. 과도한 위험을 감수하거나 나중에 후회할 일을 하지 않도록 조심합니다.
	자기조절		당신은 매우 절제된 사람입니다. 자신의 나쁜 습관을 관리합니다. 압박감 속에서도 침착하고 평온하며 충동과 감정을 관리합니다.
	자신의 외부와 연결되고 더 큰 우주를 이해하는 데 도움이 되는 강점		
초월	심미안 (심미성)		당신은 당신 주변의 아름다움과 우수함을 알아차립니다. 종종 아름다움, 위대함 그리고 당신이 목격한 도덕적 선함에 놀라며, 경이로움으로 가득 차 있습니다.
	감사		당신은 정기적으로 감사함을 경험하고 표현합니다. 인생에서 일어나는 좋은 일들을 당연하게 여기지 않으며, 많은 상황에서 축복받은 느낌을 가집니다.
	희망 (낙관성)		당신은 낙관적이고, 최고의 일이 일어나기를 기대합니다. 긍정적인 미래를 믿고 노력하며, 목표에 도달하기 위해 많은 방법을 생각할 수 있습니다.

| 유머 | ☺ | 당신은 웃기고 장난을 좋아하며 사람들을 미소 짓고 웃게 만드는 것을 좋아합니다. 당신의 유머 감각은 다른 사람들과 가까워지도록 도와줍니다. 재미와 농담으로 우울한 상황을 밝게 합니다. |
| 영성 | 🙏 | 당신의 삶은 의미와 목적의식으로 고취되어 있습니다. 자신보다 더 큰 무언가(성스러운 것 등)와 연결감을 느낍니다. 당신의 믿음은 자신이 누구인지 그리고 우주에서 자신의 위치가 무엇인지 알려 줍니다. 정기적으로 영적이고 종교적인 실천을 하고 있습니다. |

이 분류에서 특히 흥미로운 것은 성격강점에 대해 논의할 때 필요한 '공통언어'가 역사상 처음으로 제시되었다는 것입니다. 즉, 인간에게 있는 긍정적이고 필수적인 자질을 이해하고, 탐구하고, 연구하고, 활용하기 위한 실질적인 공통언어로서의 성격강점이 제시된 것입니다.

스트레스는 성격강점을 발휘할 수 있게 한다

'성격강점'이라는 용어를 좀 더 자세히 살펴봅시다. 성격강점은 자신이 누구인지 정의해 주고 긍정적인 결과를 얻을 수 있도록 도와주는 인성의 긍정적인 부분입니다. 성격강점은 자신 안의 가장 좋은 부분을 구성하며, 자신을 가장 최고의 상태에 이르도록 도와줍니다. 스트레스로 고통받고 있거나, 어려운 감정에 직면해 있거나, 사랑하는 사람과 말다툼으로 기분이 좋지 않을 때에도 바로 당신의 성격강점이 발휘될 수 있습니다. 다음 세 가지 예를 잘 생각해 보기를 바랍니다.

• 정민 씨는 영업팀에서 맡은 새로운 절차로 인해 스트레스를 받았습니다.

관리자는 각 팀원에게 최대한 많은 제품을 판매하라는 지시를 내렸고, 판매 결과는 모든 사람이 볼 수 있도록 매일 일과 종료 시간에 게시되었습니다. 정민 씨의 팀원들은 특히 서로 경쟁이 심해서 최고 판매사원이 되기 위해 다투고 실적을 조작했습니다. 정민 씨는 경쟁이 치열해지면서 일부 팀원들이 더 적대적으로 변하는 것을 발견했습니다. 다른 팀원들은 서로 거리를 두고 회피했습니다. 이로 인해 직장 내 긴장감이 높아졌습니다. 어느 날 정민 씨는 출근하기가 두려웠습니다. 하루라도 더 직장에 있으면 안 되겠다고 생각했습니다. 스트레스가 너무 심해져 새로운 직장을 구하는 것을 고려했습니다. 하지만 이 직장을 그만두기 전에 그는 자신의 최고 강점인 호기심을 직장에서 활용하기로 결정했습니다. 정민 씨에게 호기심 강점이란, 팀원들에게 질문을 하고 진정으로 관심을 보이는 것을 의미했습니다. 정민 씨는 자신이 팀원들에게서 이권을 노린다고 생각할 수 있는 질문은 하지 않도록 주의하면서 팀원들의 일상생활, 주말 계획, 취미와 관심사에 대해 물었습니다. 이러한 접근 방식은 보다 친근하고 개방적인 환경을 조성하는 데 촉매제가 되었습니다. 정민 씨 팀원들은 업무 휴식 시간과 점심 식사 시간을 포함해 더 많은 시간을 함께 보내기 시작했습니다. 그러면서 스트레스의 긴장감이 풀어졌습니다. 경쟁은 여전히 존재했지만, 승패를 가르는 방식이 아니라 유머와 재미의 주제로 삼게 되었습니다.

• 하늘 씨가 어렸을 때, 그녀는 마주치는 모든 야생 동물과 상처를 입은 동물을 구조하고 싶었습니다. 하늘 씨는 자신이 살고 있는 지역의 동물 보호소와 수의사의 연락처를 모두 알고 있었고 각 연락처를 활용했습니다. 때때로 하늘 씨는 떨어진 새나 사람들의 쓰레기 조각에 걸린 작은 동물 등 상처를 입은 야생 동물을 돕기 위해 직접 나섰습니다. 하늘 씨는 동물을 돕지 못하면 화가 나곤 했습니다. 이러한 강한 양육 본능은 그녀가 응급실 간호사가 되고자 하는 영감을 주었습니다. 이러한 본능은 직업의 요구

와 매일 마주하는 불편한 상황에서도 그녀를 지탱해 주었습니다. 하늘 씨는 친절성 강점이 자신의 삶의 원동력이 되어 자신의 삶을 온전히 즐기도록 하고, 고통받는 사람들을 도울 수 있는 방법을 항상 찾도록 이끌었다고 설명합니다.

- 우상 씨와 지연 씨의 결혼 생활은 견고하고 탄탄합니다. 지난 15년 동안 부부가 가장 행복했던 순간은 항상 부부가 함께 여행하고, 친구들과 저녁을 먹고, 놀이공원에 놀러 가거나 영화를 보며 포옹을 했던 것들입니다. 부부는 갈등이 생기면 끝까지 이야기하고, 타협하고, 서로를 칭찬하면서 빠르게 화해의 분위기로 전환하는 것처럼 보였습니다. 부부는 자신들의 행복한 결혼 생활에 기여하는 강점을 생각해 본 결과, 두 사람은 주저 없이 우상 씨의 자기조절(강점)을 들고 있습니다. 즉, 우상 씨가 말다툼 중에 상처 주는 말을 하고 싶은 충동을 능숙하게 조절하고 긴장감 속에서도 절제되고 조화로우며 사려 깊은 대화를 나누기 위해 노력한다는 데 동의했습니다. 지연 씨에게는 용서가 바로 행복한 결혼생활에 기여하는 강점이었습니다. 지연 씨는 우상 씨의 개인적인 특성과 나쁜 습관을 자연스럽게 용서할 수 있었습니다. 지연 씨는 긴장감이 감도는 대화에 대해서도 이러한 접근 방식을 취하여, 상대방의 말을 주의 깊게 경청하고 자신의 관점을 공유한 다음 너그럽게 봐주었습니다.

앞의 각 사례에서 성격강점은 그 사람의 정체성의 핵심이라는 점을 분명히 알 수 있습니다. 성격강점은 도전과 긴장, 시련에 직면했을 때 사람들을 강하고 더 유능하게 만듭니다. 그리고 이러한 강점은 개인의 성취나 인간관계, 업무 환경 등에 유익을 가져옵니다. 이러한 사례는 성격강점이 자신을 향상시키고 다른 사람들에게 이익을 가져다주는 데 중요한 요소임을 보여 줍니다.

VIA 분류가 등장한 이후 수년간의 연구는 매우 긍정적이었으며, 이 분류에 대해 발표된 과학적 연구가 500건이 넘습니다(https://www.viacharacter.org/

www/Research/Research-Findings 참조). 그리고 개인의 강점을 측정하는 도구로 VIA 성격강점 검사가 있습니다. 이 내용은 제2장 '당신의 강점 프로파일 이해하기' 부분에서 논의합니다. 이러한 성격강점 검사를 조직, 대학, 학교, 클리닉, 병원 심지어 교정 시설(교도소 시설)과 같은 다양한 환경에서 활용하면서 성격강점의 활용이 활발해지고 있습니다.

연구에 따르면 성격강점은 다음과 같은 결과를 가져올 수 있습니다.

- 더 높은 수준의 번영
- 더 많은 회복력
- 고통 감소
- 스트레스에 대한 대처 능력 향상
- 더 긍정적인 감정
- 활동에 대한 참여도 증가
- 삶의 의미 증대
- 업무 생산성, 직무 만족도, 업무 몰입도 향상
- 더 강하고 친밀한 관계 형성

이 책은 당신의 성격강점이 어떻게 웰빙을 증진하고 스트레스를 관리하는 데 도움이 될 수 있는지 알아보는 데 도움이 될 것입니다. 곧 알게 되겠지만, 당신의 이러한 강점은 이미 존재하며 활용되기를 기다리고 있습니다.

성격강점과 함께한 나의 여정

이러한 성격강점과 함께한 나의 공식적인 여정은 2000년대 중반에 VIA 분류체계가 나왔을 때부터 시작되었습니다. 당시 나는 임상 심리학자로서 부모들의 부담감, 관계 스트레스, 새로운 의학적 진단 관리의 어려움, 영적 스트레스(삶의 의미와 목적의 부재), 우울증 및 불안 관련 스트레스 등 다양한 스트레스 요인으로 어려움을 겪고 있는 수백 명의 사람(1년 평균)을 돕고 있었습니다. 나는 각자가 무엇이 잘못되었는지, 어떻게 하면 삶을 개선할 수 있는지에 초점을 맞추도록 도왔습니다. 나는 어떻게 스트레스가 발생했는지, 왜 스트레스가 계속되는지, 어떻게 하면 스트레스를 더 잘 관리할 수 있는지 등의 질문과 함께 그들의 고통에 상당히 집중했습니다. 나는 그들의 성격강점을 이끌어 내려고 노력했지만 당시에는 그 방법에 대한 지침이 거의 없었습니다. 그러던 중 2004년에 VIA 분류가 발표되면서 기회가 찾아왔습니다. 이제 드디어 강점을 논의하고, 강점 대화의 틀을 구성하고, 강점 개입에 대한 새로운 관점을 제시할 수 있는 '공통 언어'가 생겼습니다. 내 내담자들은 그 공통 언어를 사용하기 시작했고 내담자들은 곧바로 이전에 알고 있던 것보다 훨씬 더 많은 자원을 자신들이 가지고 있다는 것을 깨달았습니다.

갑자기 내 내담자들과 나는 완전히 같은 생각을 하게 되었습니다. 내담자들에게 지난 한 주 동안 스트레스 요인에 대해 자신의 강점을 어떻게 사용했는지 물었을 때, 내담자들은 답을 찾을 수 있었습니다! 내담자들은 내가 왜 물어보는지 알았습니다. 내담자들은 호기심을 이용해 문제를 새로운 시각으로 바라보거나 끈기를 발휘해 목표를 달성하는 과정에서 장애물을 극복했다고 답했습니다. 그리고 이 체계는 과학에 기반을 둔 것이기 때문에 감사나 호기심 훈련을 제안하는 것이 더 이상 '강요'나 불편함으로 느껴지지 않게 되었습니다. 이러한 강점들은 그야말로 소통하는 대화의 일부가 되었을 뿐만 아니라 상담 회기 사이에 연습할 숙제 활동의 일부도 되었습니다. 그리고 그 이상도 있었습니다. 이러한 성격강점은 내담자들의 개인적인 성장과 내면 변화의 중요한 부분이 되었습니다.

나는 여기서 멈추지 않았습니다. 멈출 수가 없었어요! 나는 세상에 단 하나뿐인 무언가를 제공하는, 인간으로서 우리의 본질을 깊이 파고드는 이 매력적인 작품에 끌렸습니다. 내가 꼭 참여하고 싶었던 작품이었죠. 그래서 2009년에 나는 이 일을 시작하고 매일 성격강점에 대한 과학적 연구와 실천을 지속적으로 발전시켜 온 비영리 단체인 VIA 성격강점 연구소의 교육 책임자로 임명되는 영광을 누렸습니다. 이 역할을 맡으면서 나는 대부분의 시간을 학문적 탐구와 실천에 몰두하기 시작했습니다. 오늘날까지도 나는 이러한 성격강점을 연구하고, 실천하고, 가르치고, 개인적으로 적용하고, 글을 쓰고, 전 세계 사람들과 토론하고 있습니다. 이것이 내 천직입니다!

책, 과학 기사(학문적인 글), 블로그를 쓰고 기조연설과 워크숍을 진행하는 동안 스트레스는 내 곁에서 때로는 나를 일으켜 세우고 때로는 나를 끌어내리려고 했습니다. 그러나 성격강점은 스트레스의 긍정적인 측면을 드러내어 우리가 생각보다 강하고 회복력과 번영을 이룰 수 있는 상당한 역량이 있음을 상기시켜 줍니다. 나는 이러한 메시지를 마음에 새기고 있습니다.

이 워크북을 사용하는 방법

이 워크북은 스트레스와 당신의 강점을 파악하는 데 도움을 주고 스트레스에 접근하고 강점을 활용하는 새로운 방법을 안내하는 도구를 제공하기 위해 특별히 고안되었습니다. 각 장이 마지막 부분을 기반으로 다음 장으로 이어지므로 이 책을 순서대로 읽어 나가기를 추천합니다. 읽으면서 다음과 같은 요소가 도움이 될 수 있습니다.

일기 쓰기(글쓰기)

아리스토텔레스가 자주 인용한 "당신은 당신이 반복한 행동의 결과이다."라는 말을 언급하고 싶습니다. 다른 말로 표현하자면, 당신이 삶에서 반복적으로 하는 행동(또는 무행동)이 곧 당신입니다. 그것이 바로 당신의 정체성입니다. 우리는 이러한 행동을 강하고 긍정적으로 만들 수 있습니다. 이를 위해 중요한 부분은 좋은 습관을 만드는 것입니다. 일기는 이러한 행동을 취해 습관화하는 데 도움을 주는 한 가지 방법입니다.

따라서 이 책 곳곳에 다양한 활동을 되돌아보고 탐구할 수 있는 공간이 할당되어 있습니다. 또한 수첩(작은 노트), 스마트폰 앱 또는 컴퓨터 파일 형태로 '강점과 스트레스' 일기를 따로 작성해 개념, 연구 및 연습을 더 자세히 살펴보는 것도 유용할 수 있습니다. 이렇게 하면 당신의 좋은 습관을 유지하는 데 도움이 됩니다.

자기 통찰하기

연구에 따르면 자신의 생각, 감정, 행동을 되돌아보고 평가하는 것도 스트레스 회복력에 중요하지만, 자기 통찰력은 스트레스를 극복하는 데 훨씬 더 유익한 것으로 나타났습니다(Cowden & Meyer-Weitz, 2016; Grant, Frankline, & Langford, 2002). 자기 통찰력은 자신의 생각, 감정, 행동을 인식하고, 특정 방식으로 생각하고, 느끼고, 행동하는 이유를 이해하는 것을 말합니다. 이 책은 인식(자각)과 통찰력을 모두 강조하며, 특히 새로운 통찰력을 촉매로 긍정적인 변화의 방향으로 더 쉽게 나아갈 수 있도록 도와줍니다.

강점 연습하기

강점 연습에 참여하는 것은 당신의 성격강점을 더 잘 인식하고 숙달하는 데 필수적인 방법입니다. 각 장에서는 시도해 볼 수 있는 다양한 활동이 제공됩니다. 각 장의 연습 부분은 그 순간에 끝나지만 일상생활에서 꾸준히 실천할 수 있는 것입니다. 당신이 좋아하는 강점 활동을 계속 연습하기를 바랍니다. 좋아하는 활동을 일상생활의 일부로 만들어 보세요. 편리하게 반복해서 사용할 수 있도록 온라인(http://www.newharbinger.com/42808)[1]에서 이러한 활동 중 일부를 찾아볼 수도 있습니다.

명상하기

제8장에서는 사용자가 접근할 수 있는 특별한 오디오 명상에 대한 설명과 링크를 제공합니다. 이 책의 아이디어와 활동에 대한 이해를 높이기 위해 고안된 강점 기반 명상입니다. 여기에서는 당신이 매일 연습하고 사용할 수 있는 도구가 제공됩니다.

배우고 실천하고 나누기

각 장의 마지막에는 '배우고 실천하고 나누기'라는 부분이 있습니다. 이 아이디어는 우리의 행동이나 사고방식을 변화시키는 데 가장 효과적인 것으로 알려진 학습 모델을 기반으로 합니다(McGonigal, 2015). 여기에는 새로운 지식과 아이디어를 구축하고, 받아들이고(배우기), 그 지식과 아이디어를 실험하고, 탐구하고, 성찰하고, 행동으로 옮기는 과정(실천하기)을 거친 다음, 배운 것을 전수하거나 다른 사람들과 함께 탐구하고 다른 사람들과 함께 작업(나누기)합니다.

각 장에서는 다양한 학습 및 연습 활동을 다루고 있습니다. 따라서 마지막 연습 부분은 다른 사람들과 직접 대면하거나 소셜 미디어, 전화 또는 다른 사람들과 연결하는 모든 방법으로 당신의 경험을 공유하도록 상기시키기 위한 것입니다. 예를 들어, 다른 사람과 함께 활동에 참여하고, 특정 주제에 대해 토론하고, 발견한 소식을 공유하거나, 사람들이 강점과 스트레스에 대한 자료를 연습하도록 도울 수 있습니다.

---

1) 역자 주: 링크는 원어(영어)로 되어 있음.

감사한 마무리, 희망찬 시작

　서론을 마무리하며 나 자신의 강점 두 가지로 당신을 격려하고자 합니다. 첫째, 당신에게 이러한 통찰력과 경험을 제공할 수 있는 위치에 있다는 사실에 감사합니다. 정말 영광입니다. 나는 살아오면서 많은 스트레스를 경험했고, 긍정 심리학의 도구, 즉 성격강점을 사용해 이러한 스트레스를 해결하면서 엄청난 유익을 경험했습니다. 둘째, 이 여정을 시작하는 당신에게 기대하는 희망이 있습니다. 강점 찾기 작업을 통해 다른 사람들과의 관계와 개인적인 통찰력이 깊어질 것이라고 확신합니다. 더 많은 것을 성취하고, 목표를 달성하고, 인생에서 더 많은 자신감과 의미를 찾는 데 도움이 될 것입니다. 이 작업을 통해 폭넓은 적용과 혜택을 누리시기를 바랍니다.

　이제 여정을 계속해 봅시다.

제1장

현재 스트레스와 웰빙 수준 점검하기

민호 씨는 폐암 진단을 받았을 때 충격을 받았습니다. 어떻게 이런 일이 있을 수 있을까? 민호 씨는 겨우 마흔다섯 살이었고 평생 비흡연자였습니다. 민호 씨는 내가 암이라고? 반문했습니다. 민호 씨는 결혼해 두 명의 어린 자녀를 두고 있었으며, 자녀들이 성장해 세상에서 성공하고 의미 있게 사는 것을 보고 싶었습니다. 민호 씨는 대기업에서 근무하며 승승장구했고, 지난달에는 상당한 연봉 인상과 함께 중간 관리직에 올랐습니다. 그러던 어느 날 갑자기 의사가 민호 씨에게 말문이 막히는 걱정스러운 소식을 전했습니다. 흩어져 있던 퍼즐 조각이 제자리에 깔끔하게 맞춰지는 것처럼 민호 씨의 삶이 마침내 좋은 방향으로 맞춰지는 듯 보였는데, 이제 모든 것이 다시 뒤죽박죽이 된 것입니다. 말할 필요도 없이 민호 씨의 스트레스는 급격하게 높아졌습니다. 이러한 민호 씨의 진단 결과는 업무량 증가와 자녀들의 지속적인 요구와 맞물리면서 민호 씨를 점점 한계점에 이르게 했습니다.

민호 씨는 의료진과 더 많은 이야기를 나누면서 다행히도 자신이 질병의 초기 단계에 있다는 것과, 5년 생존율이 약 50% 정도 된다는 사실을 알게 되었습니다. 하지만 민호 씨의 마음 한구석에는 인생의 끝점인 결승선에 다다른 것처럼 느껴졌습니다. 민호 씨는 다른 교수 의료진들과 상의하고 주로 인터넷을 통해 연구를 시작했습니다. 민호 씨는 스트레스를 하나의 기회이며 긍정적인 시각으로 바라볼 수 있다는 스트레스 전문가들의 말을 듣고 놀랐습니다. 민호 씨는 이것이 말도 안 된다고 생각했습니다. '그런 말을 하다니 너무 무신경하고 모욕적이잖아요! 분명히 그 사람들은 진짜 스트레스를 받아 본 적이 없을 겁니다. 만약 그랬다면 그런 말을 하지 않았을 것입니다.'

그런데 알고 보니 전문가들의 말이 맞았습니다. 이 장의 뒷부분에서 민호 씨에 대해 다시 이야기하겠습니다.

당신의 스트레스 수준은 어느 정도인가

스트레스의 본질과 스트레스에 대처하는 방법에 대해 알아보기 전에, 잠시 멈춰 당신의 생활 영역과 경험을 돌아보고 다양한 상황에서 나타나는 당신의 현재 스트레스 수준을 살펴보기를 바랍니다.

다음의 양식을 사용해 당신이 스트레스를 느끼는 크고 작은 상황을 10~15가지 적어 보세요. 직장, 학교, 가족, 인간관계, 건강, 육아, 여가, 공동체, 영성 등 삶의 모든 영역을 고려해서 적어 보기를 바랍니다. 예를 들어, 내 업무뿐만 아니라 주간 팀 회의에서 발표를 하거나 큰 마케팅 프로젝트에서 까다로운 동료와 상호작용할 때 등과 같이 구체적인 상황에 대해 작성하기를 바랍니다. 관계 영역에서는 '아픈 아버지가 걱정돼서 전화하기' 또는 '퇴근 후 집에 돌아와서 아이의 간식, 숙제, 하교를 관리하기' 등과 같이 기록할 수 있습니다.

각 구체적인 예 뒤에 해당 상황에서 일반적으로 경험하는 스트레스의 강도를 1부터 10까지의 척도로 해당 점수를 표시해 보기를 바랍니다. 이때 1과 2는

구체적인(특정) 상황	초반 (1~10점)	중반 (1~10점)	후반 (1~10점)
우리 동네 월간(매월) 공동체 모임에서 댓글을 공유할 때	7		
소셜 미디어에 로그인했는데 내 사진과 게시물에 많은 '좋아요'나 댓글이 표시되지 않을 때	3		

매우 경미하고 낮은 강도의 스트레스를, 9와 10은 매우 강하고 높은 강도의 스트레스를 나타냅니다. 당신의 스트레스 강도 체크를 위한 빈칸이 있는데 왼쪽 빈칸 부분에 당신의 특정 상황을 적고 이에 대한 당신의 스트레스 점수를 작성해 보기를 바랍니다.

이는 공식적인 평가가 아니라 현재 스트레스 요인과 스트레스 수준을 파악하기 위한 하나의 방법입니다. 스트레스 요인과 스트레스가 당신에게 얼마나 영향을 미치는지 파악했으니 이제 실험을 해 보겠습니다.

스트레스 사고방식: 스트레스에 대한 마음가짐

두 가지 관점 또는 사고방식을 생각해 봅시다. '스트레스는 해롭다'와 '스트레스는 도움이 된다'입니다. 다음은 각 사고방식과 관련된 몇 가지 진술입니다.

첫째, 스트레스는 해롭다.
- 스트레스는 학습, 성장 및 생산성을 방해합니다.
- 스트레스는 나의 건강과 열정 수준을 악화시킵니다.
- 스트레스는 부정적인 영향을 미치므로 피해야 합니다.

둘째, 스트레스는 도움이 된다.
- 스트레스는 학습, 성장 및 생산성을 향상시킵니다.
- 스트레스는 나의 건강과 열정 수준을 향상시킵니다.
- 스트레스는 그 효과가 긍정적이기 때문에 사용해야 합니다.

두 진술 중 어느 쪽에 더 강하게 동의하는지 적어 보기를 바랍니다. '스트레스는 해롭다'인가요 아니면 '스트레스는 도움이 된다'인가요?

    해당 진술을 선택한 이유를 생각해 보세요. 가장 먼저 떠오르는 것을 적어 봅니다.

    대부분의 사람들과 마찬가지로 당신은 스트레스는 해롭다고 생각합니다. 스트레스는 일반적으로 우리에게 상처를 주는 부정적이고 나쁜 것으로 생각됩니다. 이는 부분적으로 스트레스가 수년에 걸쳐 나쁜 평판을 얻었기 때문입니다. 그리고 그 중 일부는 그럴 만한 이유가 있습니다. 스트레스는 신체적·정신적·정서적·사회적·영적 등의 모든 면에서 부정적인 영향을 미치며 우리에게 해를 끼칠 수 있다는 것은 의심의 여지가 없습니다. 고통 또는 만성 스트레스라고 불리는 과도한 스트레스는 특정 질병과 장애를 유발하고 기존의 통증과 만성 질환을 악화시키며 불안, 우울증, 고립감, 소진 등의 문제를 일으킬 수 있습니다.

    만성 스트레스와 이에 대한 부적절한 대처는 건강 악화뿐만 아니라 인간관계 악화, 집중력 저하 및 기타 여러 가지 부정적인 영향과도 관련이 있습니다. '상사가 추가 업무를 지시해서 오늘 너무 스트레스를 받고 지쳤어요.' 또는 '아이들이 계단 난간에서 뛰어내리고 위험한 행동을 해서 너무 스트레스를 받았고, 더 이상 아이들을 감당할 수 없어요.'와 같이 화가 나고 흥분된 관점에서 스트레스를 표현합니다. 많은 사람이 스트레스를 몸과 마음을 짓누르는 커다란 검은 돌덩어리로 상상합니다. 스트레스를 받으면 심박 수 증가, 두통, 얕은 호흡, 근육 긴장, 어지러움, 메스꺼움 등의 신체적 증상으로 이를 느낄 수 있습니다. 스트레스를 받으면 우리는 불편해집니다.

연구에 따르면, 스트레스로 인해 자신이 부적절하다고 느끼거나 통제 불능 또는 무의미함, 다른 사람들로부터 고립감을 느낄 때 스트레스의 유해 가능성이 가장 높다고 합니다(McGonigal, 2015). 나는 이 세 가지 범주를 스트레스 위험의 '3H', 즉 무력감(helplessness), 절망감(hopelessness), 은폐감(hiding)으로 재구성했습니다. 이 모든 것을 고려해 봄에도 불구하고 어떻게 스트레스가 우리에게 도움이 될 수가 있을까요?

스탠퍼드 대학교의 앨리아 크럼(Alia Crum)과 켈리 맥고니걸(Kelly McGonigal) 같은 스트레스 연구자들은 수년간 스트레스와 스트레스 관련 사고방식을 조사해 왔습니다. 이들은 방금 읽은 것과 비슷한 스트레스에 대한 진술과 신념을 연구 대상자에게 제시합니다. 그런 다음 피험자들이 스트레스를 얼마나 잘 관리하는지, 행복지수가 얼마나 높은지, 체내 스트레스 호르몬 수치와 같은 생리적 지표, 다양한 삶의 기능 척도 등 여러 가지 측정 항목을 조사합니다.

연구 결과, 스트레스가 도움이 된다고 믿는 사람들은 삶의 만족도가 높고, 우울감이 적고, 직장에서 생산성과 행복감이 높으며, 삶의 어려움에 대처할 수 있다는 자신감이 높다는 사실이 일관되게 나타났습니다. 그들은 삶의 고난에서 더 많은 의미를 찾아내고 있습니다(McGonigal, 2015).

그렇지만 당신은 이러한 결과에 대해 회의적일 수 있습니다. 이 장의 시작 부분에서 민호 씨가 언급한 것처럼 스트레스가 도움이 된다고 생각하는 사람들은 정말로 삶에서 스트레스를 덜 경험했을까요? 연구원들은 그 가능성도 조사했는데, 그 결과 두 가지 사고방식(마인드셋)을 가진 사람들 모두가 고통과 스트레스를 똑같은 정도로 경험한다는 것을 발견했습니다. 다시 말해, 스트레스는 누구도 피할 수 없는 삶의 일부입니다. 이처럼 우리 모두는 스트레스를 받으며 살고 있지만, 스트레스에 대한 사고방식(마인드셋)은 모두가 같지 않습니다.

스트레스는 정말 긍정적인 것이 될 수 있는가

　스트레스는 인간이 성장하는 데 필요한 기본적인 요건입니다. 민호 씨는 병원 검사실에 앉아서 처음 진단을 받은 지 몇 달 후에 이 사실을 깨달았습니다. 하지만 그러한 깨달음에 이르기까지 결코 쉽지 않았습니다. 병원을 나선 지 얼마 지나지 않아 민호 씨는 세상이 무너지는 것을 느꼈고 우울해졌습니다. 민호 씨는 아내와 아이들과 함께 그에게 남은 모든 순간을 붙잡으려는 듯 끊임없이 시간을 보내려고 노력했지만, 잘 집중하지 못했습니다. 몸은 그곳에 있었지만 마음은 허공을 맴돌고 있었습니다. 민호 씨 삶의 다른 영역들이 약해지고 있었습니다. 직장에서 병가를 내자마자 민호 씨의 삶에서 개인적인 의미와 성취감의 중요한 원천이 사라져 버렸습니다. 민호 씨는 친구들과 연락을 끊고 취미와 스포츠 활동에서도 손을 뗐습니다. 민호 씨의 슬픔 지수는 최고조에 달했고, 침대에 누워 있는 시간이 너무 많았으며, 집중력도 떨어졌습니다. 민호 씨의 마음은 가족의 미래와 자신의 임박한 죽음에 대한 걱정으로 가득 차 있었습니다. 한편 민호 씨가 많은 활동에 참여하는 것도 그만두고 더 많은 개인적 여유 시간을 가졌음에도 불구하고 민호 씨의 스트레스 수준은 달라지지 않았습니다. 실제로 민호 씨는 더 악화되고 있었습니다. 민호 씨는 스트레스의 축소(좁아짐)효과에 사로잡혔습니다.

　스트레스의 축소효과는 다음과 같이 작동합니다. 스트레스가 당신을 사로잡을 때, 당신의 주의가 좁아지면서 지나치게 스트레스에 더 집중하기 시작합니다. 이는 당면한 문제에 집중해 이를 해결하려는 뇌의 대처 방식입니다. 고속도로 한쪽 차선에서 공사가 진행 중일 때 차선이 하나로 줄어들어 차량이 정체되고 늘어설 때와 같이 갑자기 긴장감이 높아지는 경우와 같은데, 때때로 이것이 당신에게 도움이 될 수 있습니다. 운전자의 주의력이 도로에 집중되어 차량의 중심을 잡고, 공사 작업자를 주시하며, 앞차와의 간격과 근접성에 주의를 기울이게 됩니다. 이러한 상황에서는 스트레스로 인한 시야 축소효과가 유리하게 작용합니다.

하지만 업무상 발표를 앞두고 스트레스와 불안감이 고조되는 상황이라면 스트레스 축소효과가 그다지 도움이 되지 않을 수 있습니다. 그래서 청중 중 당신에게 비판적일 것으로 생각되는 한 사람 때문에 당신의 초점이 좁아질 수 있습니다. 또는 준비가 부족하거나 실수할 것 같다는 느낌으로 생각이 좁아질 수도 있습니다. 주의를 좁히는 것이 무엇이든 간에, 당신은 스스로를 제한하고 있는 것입니다. 이 경우, 스트레스가 당신에게 해를 끼치게 됩니다.

민호 씨는 몇 주 동안 우울증과 금단 증상을 겪은 후 자신의 행동을 되돌아보며 자신에 대한 통찰력을 얻기 시작했습니다. 민호 씨는 스스로가 자신의 건강이나 치유에 제대로 참여하지 않는다는 것을 깨달았습니다. 민호 씨는 스스로를 돕기 위한 어떠한 행동도 취하지 않고 있었습니다. 이것이 다른 사람들에게는 명백하게 보였지만 민호 씨는 자신의 생각에 너무 빠져 있어서 그런 자신의 모습을 볼 수가 없었습니다. 어느 날 민호 씨는 생각했습니다. '나는 위선자야. 예전에는 새로운 가능성에 열려 있었고, 스스로를 발전시키며, 가족을 위해 새롭고 흥미로운 일을 하곤 했었는데, 지금은 뭔가 잘못되어 가고 있고, 반대로 행동하면서 나 스스로 문을 닫고 있어.' 그때 민호 씨는 깨달았습니다. '이건 내가 아니야. 원래 나는 일을 개선하고 발전시키는 사람이야. 도전과 압박 덕분에 그동안 나는 내 삶 전체를 성장시켰어—내 직장 일과 육아에서 했던 것과 마찬가지로 내 건강도 같은 방식으로 해낼 수 있어. 암은 나에게 새로운 기회가 될 수 있어. 이 스트레스로 인해 나는 더 나아질 수 있을 거야.'

민호 씨의 사고방식(마인드셋)은 바뀌고 있었습니다. 민호 씨에게는 여전히 같은 어려움이 남아 있었지만, 천천히 이전의 건강 습관, 사회적 관계, 활동으로 되돌아갔습니다. 자신감도 커졌습니다. 민호 씨의 독특한 스트레스는 더 강해질 수 있는 그만의 기회가 되었습니다. 민호 씨는 자신의 폐암을 변화의 촉매제이자 관계의 소중함을 일깨워 주는 계기로 바라보기 시작했습니다. 민호 씨는 새로운 방식으로 도전하기 시작했습니다. 이웃들과 새로운 우정을 쌓고 연락이 끊겼던 친척들과도 다시 연락을 취하기 시작했습니다. 민호 씨와 가족들은 한 번도 가보지 못한 곳을 여행하고 탐험하기 시작했습니다. 민호 씨는 처음으로 아들의 농구팀 코치도 맡았습니다. 치료 중이라 업무에 대한 부담이 너무 컸지만 민호 씨는 일을 그만두고 싶지 않다는 것을 깨달았습니다. 그래서 상사와 상의한 끝에, 민호 씨는 회사와 계속 관계를 맺으면서 자신의 기술을 통해 후배 직원들에게 기여할 수 있는 시간제 컨설턴트(자문자) 역할로 전환했습니다.

여기서 민호 씨는 자신의 성격강점을 전면에 내세웠습니다. 그의 타고난 호기심과 개방성은 스트레스가 가져다주는 새로운 기회에 대해 열린 자세를 유지할 수 있는 길을 열어 주었습니다. 암 치료가 시작되었을 때 민호 씨는 자신의 호기심을 이용해 같은 치료를 받고 있는 새로운 사람들을 만날 수 있는 기회를 만들었습니다. 민호 씨는 자제력(자기조절)을 발휘해 규칙적인 건강 루틴을 고수했고, 사회적 지능과 사랑을 바탕으로 주변의 많은 사람과 소통했습니다.

내가 마지막으로 민호 씨와 만났을 때 그는 잘 지내고 있었습니다. 나는 그가 육체적으로나 정신적으로 강하고 자신의 새로운 기회를 잘 활용하여 역경에 능숙하게 대처하고 있다는 의미에서 그가 번영하고 있다고 표현하고 싶었습니다. 민호 씨는 스트레스가 인생이 끝날 때까지 계속 도움이 될 것이라는 사고방식(마인드셋)을 결코 잃지 않았습니다. 스트레스 요인에 대한 이러한 신념의 변화는 민호 씨에게 새로운 전환점이 되었습니다. 내가 보기에, 그러한 신념의 변화는 민호 씨가 만족스러운 방식으로 살 수 있도록 '자신의 진정한 삶을 되찾는 데' 가장 중요한 요소 중 하나가 되었습니다.

삶에 스트레스가 찾아올 때 많은 사람은 민호 씨와 같은 통찰력이나 결론에 잘 도달하지 못합니다. 하지만 이는 우리가 배워야 할 관점이며, 우리의 강점이 그러한 점에서 큰 역할을 합니다. 민호 씨는 자신의 강점을 활용해 스트레스에 대한 더 큰 그림, 즉 스트레스가 자신에게 도움이 될 수도 있고 해가 될 수도 있다는 사실 그리고 그 결정의 열쇠는 자신이 쥐고 있다는 사실을 주시하는 법을 배웠습니다. 민호 씨가 스트레스를 자신에게 유리하게 활용하는 법을 배웠을까요, 아니면 스트레스의 무게에 무너졌을까요?

이제 '스트레스의 긍정성'이라고 부르는 것을 유스트레스(유익한 스트레스)와 동기부여적 디스트레스(괴로움, 고통을 주는 스트레스)라는 두 가지 수준으로 나눠서 살펴보겠습니다.

유스트레스

20세기 중반, 헝가리의 내분비학자 한스 셀리(Hans Selye)는 좋은 스트레스 또는 긍정적인 스트레스를 지칭하기 위해 '유스트레스(eustress)'라는 용어를 만들었는데, 이는 약간의 화, 걱정, 근심을 유발하지만 궁극적으로는 긍정적인 상황 또는 긍정적이고 유익한 스트레스 요인이 되는 것을 의미합니다. 예를 들어, 자녀의 생일 파티 준비, 가족 휴가, 은퇴, 새집으로의 이사, 직장에서의 승진 등이 이에 해당합니다.

긍정적이고 즐거운 일이지만 스트레스를 유발하는 생활 영역의 몇 가지를 생각해 보기를 바랍니다. 여기에 몇 가지를 나열해 보세요.

_____

_____

_____

이러한 사건들에서 어떤 긍정적인 면을 볼 수 있나요? 아니면 관련 압박감으로 인해 긍정적인 면이 가려지는 경향이 있나요? 설명해 보세요.

_____

_____

_____

동기부여 디스트레스

긍정적인 스트레스의 두 번째 범주는 우리의 고통(부정적인 스트레스 요인)을 유용하고 유익하거나 의미 있는 스트레스로 바꾸는 것입니다. 즉, 걱정, 갈등 또는 문제가 학습, 동기부여, 자기계발 또는 타인을 도울 수 있는 새로운 기회로 전환될 수 있다는 뜻입니다. **동기부여 디스트레스**(motivating distress)는 걱정을 없애지는 못하지만, 하나의 문이 닫히면 다른 문이 열린다는 또 다른 관점을 제공할 수 있습니다. 예를 들어, 기대했던 승진에서 탈락한 것(문 닫힘)은 앞으로 더 열심히 일하거나 업무에 대해 보다 다른 창의적인 접근 방식(문 열림)을 취할 수 있는 핑계나 계기가 될 수 있습니다. 스트레스로 인한 입원은 당신의 건강을 개선하기 위해 더 강력하고 결단력 있는 강력한 조치를 취하도록 하는 계기를 만들어 줄 수 있습니다. 가족 구성원, 예컨대 부모로부터 받은 열악한 처우가 당신의 자녀에게는 그 같은 처우를 하지 않도록 하게 하는 강한 동기를 부여할 수 있습니다. 부부간의 별거는 당신에게 새로운 개인적 성찰과 당신의 부부관계를 새로운 시각으로 바라볼 수 있게 할 수 있습니다.

스트레스 가운데에서 성장하는 것은 계속되는 과정입니다. 그것은 마치 끝이 없는 우리 자신과의 대화와 같습니다. 그 대화의 내용은 성장을 향해 끊임없이 도전하고 인생 최고의 잠재력을 실현하는 것입니다. 우리가 너무 편안한 곳에서 안주한다면, 성장은 저해되고, 결국 우리에게 주어진 삶을 최대한 활용하지 못하게 됩니다. 스트레스가 없으면, 우리의 마음은 넓어지거나 발전하지 않게 됩니다. 우리의 지식과 지성은 정체됩니다. 인간관계에 스트레스가 없으면 관계가 발전하고 깊어지지 않습니다. 대신 관계는 정체되고 간단히 급하게 말하고 끝내는 관계가 됩니다.

스퍼터링(sputtering; 급하게 말하고 끝내는 것, 대충 하고 끝내는 것)을 극복하고 성장하는 접근 방식을 보여 주는 다음의 예를 생각해 보기를 바랍니다.

- 규리 씨는 자신의 직업에 만족하고 있지만, 직장에서 '똑같은 일'을 반복하는 타성에 젖는 것을 방지하고, 앞으로 자신의 업무에 새롭게 활용하기 위한 코칭 수업을 저녁에 듣기로 결정했습니다.
- **동준 씨는 친밀한 관계에서 점점 더 논쟁적인 태도를 보여, 많은 스트레스와 말다툼을 경험했는데, 그는 이것을 배움의 기회로 삼아 보기로 결심했습니다.** 동준 씨는 서점에서 인간관계에 도움이 되는 책 두 권을 구입했습니다.
- 도진이는 학교에서 괴롭힘을 당하고 있었습니다. 도진이는 가해자를 신고하는 것 외에도, 이러한 사건을 놀림을 받거나 고립된 다른 학생들과 소통하기 위한 계기로도 활용했습니다. 도진이는 반 친구들과 친구가 되기 위해 최선을 다했습니다.
- 상미 씨는 병원에서 과체중이라고 진단받았습니다. 상미 씨는 이 소식을 가족 유전자 탓으로 돌리고 같은 식습관을 계속 유지하기보다는 이 스트레스 요인을 자신에게 새로운 동기를 부여할 기회로 생각했습니다. 상미 씨는 하프 마라톤 훈련을 시작하고 매일 과일과 채소 섭취량을 늘렸습니다.

당신은 언제 동기부여 디스트레스 경험을 한 적이 있나요? 가능한 한 많은 예를 적어 보기를 바랍니다.

_____

_____

_____

이러한 도전을 통해 어떤 문이 열렸나요?

_____

_____

_____

스트레스 스퍼터링을 넘어 직접적인 스트레스 경험으로 나타나는 '실패'라는 또 다른 형태의 스트레스를 생각해 봅시다. 농구팀에 들지 못하거나, 직장에서 해고당하거나, 남자친구 또는 여자친구와 헤어지는 등 삶의 중요한 일에 **실패했을 때 비참하고 속상한 기분을 느끼는 것은 당연한 일입니다.** 이러한 상황에서 스트레스, 슬픔, 실망감을 느끼는 것은 정상입니다. 그런데 스트레스 자체에 대해 화가 나면 기분이 더 나빠집니다. 이런 상황에서 어려움을 인정하고 낙관적인 태도로 성장과 기회 또는 장기적인 유익을 찾는 것이 어려울 수 있습니다.

하지만 실패와 스트레스를 성장의 기회로 전환시키면 일반적으로 긍정적인 변화가 일어납니다. 과학자 켈리 맥고니걸은 『스트레스의 장점(The Upside of Stress)』에서 방대한 양의 스트레스 연구를 검토하고 "스트레스의 가장 일반적인 효과에는 강점, 성장, 회복탄력성이 포함된다."고 강조합니다(McGonigal, 2015: 45). 맥고니걸은 이를 상실, 트라우마 또는 삶의 도전 이후에 사람들이 경험하고 가장 많이 보고하는 다음의 5가지 긍정적인 변화로 분류해 제시합니다.

1. 개인적 강인함
2. 삶에 대한 감사 증가
3. 영적 성장
4. 사회적 연결 및 타인과의 관계 향상
5. 새로운 가능성과 삶의 방향성 파악

스트레스를 성장으로 전환하기

맥고니걸의 다섯 가지 긍정적인 변화 목록을 자세히 살펴보기를 바랍니다. 각 항목은 특히 주의력이 좁아질 때 지나치기 쉬운 것들입니다.

인간관계, 프로젝트, 시험, 잠재적인 수상 또는 승진 또는 기타 중요한 일에서 부족하고 실패했던 시기를 찾아보기를 바랍니다. 솔직하게 있는 그대로 그때 경험을 자세히 묘사해 보기를 바랍니다. 어떤 일이 있었고 그 일에 어떻게 반응했나요?

_____

_____

_____

이제 그 상황을 긍정적이고 성장적인 관점에서 다시 생각해 보세요. 이 경험을 통해 무엇을 배웠고, 어떤 면에서 도움이 되었나요? 당신의 답변을 적을 때, 스트레스로 인한 긍정적인 변화의 다섯 가지 유형 각각에 대해 생각해 보기를 바랍니다.

_____

_____

_____

이제 당신은 스트레스에 대한 사고방식(마인드셋)을 바꾸는 과정을 시작했습니다. 스트레스를 받으면 그때는 대개 잘 느끼지 못하지만, 스트레스는 배우고, 도전하고, 더 강해질 수 있는 새로운 기회를 제공한다는 중요한 사실을 알아차리기 시작했기를 바랍니다. 이제부터는 웰빙(행복)의 관점에서 스트레스를 살펴보겠습니다.

당신의 웰빙 수준 평가하기

스트레스와 좋은 기분은 서로 배타적인 관계가 아닙니다. 실제로 스트레스를 학습과 성장에 활용할 때, 스트레스는 웰빙 경험의 중심이 됩니다. 따라서 스트레스의 긍정적인 측면을 포용하려면 웰빙에 대한 이해가 필요합니다.

웰빙은 삶의 행복감이나 만족감 그 이상의 것입니다. 고대 그리스 철학자들은 행복을 헤도니아(hedonia)와 유다이모니아(eudaimonia)라는 두 가지 주요 영역으로 나누어 생각했습니다. 헤도니아 또는 쾌락주의는 즐거움을 추구하고 고통을 피하는 것을 의미합니다. 우리 모두는 그것을 원합니다! 좀 더 구체적으로 말하자면, 일상에서 추구하는 즐거움을 의미합니다. 초콜릿 바를 천천히 씹거나 뺨에 스치는 선선한 바람을 느낄 때 즐거움을 느낍니다. 유다이모니아는 삶의 성취감, 몰입감, 의미에서 오는 행복을 말합니다. 친구와 신나는 대화를 나누거나 좋아하는 일을 하면서 바쁘고 생산적으로 일할 때 이러한 행복을 경험할 수 있습니다. 앞의 두 가지 유형의 행복 모두 중요합니다.

현대의 심리학자들은 행복에 대한 이러한 초기 생각을 보다 포괄적인 웰빙 이론으로 확장했습니다. 이 분야의 선구자 중 한 명인 이론가이자 긍정심리학의 창시자 마틴 셀리그먼(Martin Seligman, 2011)은 웰빙의 다섯 가지 핵심 영역을 다음과 같이 설명합니다.

1. 긍정 정서(Positive emotions)
2. 적극적 참여/몰입(Engagement)
3. 긍정적 관계(Relationships; positive)
4. 의미(Meaning)
5. 성취(Accomplishment)

이러한 영역은 PERMA라는 약어로 표현됩니다. 셀리그먼의 이론이 나온 이후 긍정심리학 분야의 많은 리더가 웰빙의 여섯 번째 영역으로 건강(Health)을 주장해 왔습니다. 나는 건강이 스트레스와 웰빙의 영역에서 추가되어야 할 중요한 요소라는 데 동의하기 때문에 다음 표에 PERMA-H 이론을 제시했습니다.

웰빙 영역	설명(정의)	예시
긍정 정서 (Positive emotions)	기쁨, 흥분, 흥미, 평화와 같은 즐거운 감정을 느낍니다.	다은 씨와 소망 씨는 롤러코스터를 타기 위해 줄을 서며 스트레스와 두려움을 느꼈지만 (뱃)속에서 짜릿한 설렘을 느꼈습니다.
적극적 참여/몰입 (Engagement)	당면한 과제에 몰입합니다.	주아 씨는 어머니에게 보내는 감사 편지에 온전히 집중하고 있었습니다.
긍정적 관계 (Relationships; positive)	삶을 풍요롭게 하는 건강한 관계를 형성하고 연결합니다.	수호 씨는 여동생과 매우 친밀합니다. 주말에는 함께 시간을 보내며 매주 스트레스와 기쁨을 정기적으로 공유합니다.
의미 (Meaning)	자신을 넘어선 (다른 사람, 기관 또는 더 큰 우주와의) 연결감과 목적의식을 추구하거나 경험합니다.	정아 씨는 숲속을 산책하며 '삶'과의 연결고리를 느끼며 의미 있는 시간을 보냈습니다.
성취 (Accomplishment)	목표 달성. 삶의 하나 이상의 영역에서 벤치마크, 수상 또는 성취를 통해 성공을 찾습니다.	재준 씨는 7년간의 헌신과 노력을 통해 추구해 온 직장에서 승진을 했습니다.
건강 (Health)	신체적 건강과 웰빙을 경험해 몸과 마음이 편안해지는 것. 건강은 단순히 '질병이 없는 상태'를 넘어 질병 유무와 관계없이 활력을 느끼는 것입니다.	대호 씨는 일반적으로 좋은 건강 습관을 가지고 있지만 특히 친구들과 소프트볼을 할 때 활기차고 '살아 있다'고 느낍니다.

셀리그먼은 가장 중요한 부분인 24가지 성격강점이 웰빙의 각 영역을 뒷받침하거나 웰빙으로 가는 통로 역할을 한다는 점을 강조하면서 PERMA 이론을 완성했습니다. 모든 성격강점이 PERMA 영역으로 가는 통로 역할을 할 수 있

지만, 특히 PERMA 영역별로 어떤 강점이 더 지배적일 수 있습니다. 예를 들어, 끈기와 자기조절은 성취 영역에서 특히 중심이 되는 반면, 감사와 영성은 의미 영역에서 매우 중요합니다(Wagner et al., 2018).

또한 각 영역은 서로 중첩되는 부분이 있습니다. 예를 들어, 인생에서 어떤 성취를 이루기 위해서는 적어도 어느 정도 몰입할 수 있는 일이나 훈련이 필요하며, 긍정적인 관계를 맺을 때 긍정적인 감정뿐만 아니라 많은 의미를 경험하게 되는 것은 당연합니다. 이러한 웰빙의 모든 영역은 서로 연결되어 있지만, 각 영역은 독립적으로 측정하고 개선할 수 있는 고유한 영역으로 존재합니다.

지금부터 당신의 PERMA-H 수준에 대한 통찰력을 개발할 수 있는 기회에 관심을 기울여 보기를 바랍니다.

다음 질문(VIA 성격강점 연구소의 대규모 연구에서 웰빙의 핵심 영역을 정확하게 측정하는 것으로 밝혀짐)은 각 영역에 대한 종합적인 평가는 아니지만, 전반적인 웰빙에 대한 첫인상을 파악할 수 있습니다. 다른 사람과 자신을 비교하는 것이 목적이 아니기 때문에 '좋다, 나쁘다' 또는 '높다, 낮다'의 기준점은 없습니다.

지금부터 여섯 가지 영역을 하나씩 살펴봅시다. 각 질문 세트 앞에 이 영역에 해당되는 예시가 제공되고 각 영역에서 당신 자신의 경험을 더 깊이 생각해 보도록 요청받게 됩니다. 당신 자신의 삶을 전반적으로 돌아보면서 각 영역에 해당하는 세 가지 진술 각각에 대해 다음 평가 척도(1~5점)를 사용해 자신의 초기 점수를 부여하기를 바랍니다.

5 = 나와 매우 비슷함

4 = 나와 비슷함

3 = 나와 비슷하지도, 나와 다르지도 않음

2 = 나와 다름

1 = 나와 매우 다름

긍정 정서

사례 희정 씨는 많이 웃는 것을 좋아합니다. 희정 씨가 웃으며 즐거운 시간을 보내지 않는 경우는 거의 없는 것 같습니다. 희정 씨는 일주일에 서너 번 친구들과 어울리는 것을 우선시하며, 호프집, 레스토랑, 지역 이벤트에 나가서 이야기하고 어울리며 즐거운 시간을 보냅니다. 희정 씨는 즐거운 시간을 보낼 때는 기쁨, 흥미, 사랑, 감사, 흥분, 즐거움, 욕망 심지어 평화로움까지 다양한 긍정 정서를 경험합니다. 희정 씨는 긍정 정서 영역에서 높은 점수를 받았습니다.

_____ 나는 즐거움과 긍정적 감정을 그렇지 않은 사람보다 훨씬 더 많이 경험합니다.

_____ 나는 내 삶에서 신체적 즐거움에 관해서는 충분히 음미하려고 노력합니다.

_____ 나는 과거를 회상하거나 미래의 좋은 일을 상상하면서 종종 즐거움을 느낍니다.

_____긍정 정서에 대한 총점

일상생활(직장, 가정, 학교, 사회, 공동체)에서 긍정 정서를 가장 많이 느끼는 때는 언제인가요? 어떤 특정 상황에서 긍정 정서를 가장 크게 느끼나요(예: 가장 좋아하는 레스토랑에서 가장 친한 친구와 함께 있을 때, 온라인에서 재미있는 동영상을 볼 때 등)?

_____

_____

_____

_____

스트레스를 다루거나 대처할 때 당신의 긍정 정서를 어떻게 사용하나요?

_____

_____

_____

_____

이 웰빙 영역이 당신에게 얼마나 중요한가요? 이 영역이 당신이 개선하고 싶은 부분인가요? 어떻게 시작할 수 있을까요? 여기에 당신의 답변을 기록해 보기를 바랍니다.

_____

_____

_____

_____

적극적 참여(몰입)

사례 중기 씨는 일상생활에서 자신이 '몰입 상태'에 있다고 느낄 때 또는 몰입 상태에 있다고 느낄 때의 여러 가지 예를 빠르게 나열할 수 있습니다. 중기 씨는 테니스를 치면서 코트에서 움직이며 리듬을 찾을 때를 가장 좋아합니다. 중기 씨는 샷 하나하나에 대해 생각하지 않고 경기에 집중하면서 몸이 자연스럽게 움직이는 지점에 도달합니다. 또한 중기 씨는 직장에서 팀 회의나 동료 선수들과의 일대일 토론을 하거나, 컴퓨터로 숫자를 계산하는 데 몰두하는 등 꽤 많은 시간에 집중하는 것으로 보고합니다. 집에 돌아가면 다섯 살배기 아들과 가상의 게임을 만들고 아들의 일거수일투족 모든 행동과 말을 따라하며 함께 놀아 주는 데 전념합니다. 중기 씨는 적극적 참여에서 높은 점수를 받았습니다.

_____ 내 인생의 많은 경험은 나에게 도전을 주고 온전히 집중하게 합니다.

_____ 내 삶은 나의 강점을 살리고 내가 어떤 사람인지를 연결하는 활동으로 가득합니다.

_____ 나는 크게 산만하거나 집중력 저하 없는 하루를 자주 보냅니다.

_____ 적극적 참여에 대한 총점

일상생활(직장, 가정, 학교, 사회, 공동체)에서 언제 가장 몰입감을 느끼나요? 시를 쓸 때, 이웃과 동네 이야기를 할 때 등 어떤 특정한 상황에서 몰입감을 가장 실질적으로 느끼나요?

_____

_____

_____

_____

스트레스를 다루거나 대처할 때 당신의 적극적 참여(몰입감)를 어떻게 활용하나요?

_____

_____

_____

_____

이 웰빙 영역이 당신에게 얼마나 중요한가요? 이 영역이 당신이 개선하고 싶은 부분인가요? 어떻게 시작할 수 있을까요? 여기에 당신의 답변을 기록해 보기를 바랍니다.

_____

_____

_____

_____

긍정적 관계

사례　수아 씨는 항상 다른 사람에게 관심을 집중하는 것 같습니다. 수아 씨는 귀를 기울여 다른 사람의 고민을 들어 주거나 도움이 필요한 사람에게 시간을 내어 줍니다. 수아 씨는 자신의 자녀와 자녀의 친구들에게 대부분의 에너지를 쏟으며 한 명 한 명에게 지원을 아끼지 않습니다. 이웃, 친척, 동료들은 수아 씨를 매우 신뢰할 수 있고 진실하다고 생각합니다. 사람들은 수아 씨가 어떤 문제나 상황에 대해 어떤 입장을 취하고 있는지 금방 파악할 수 있으며, 다른 사람을 도와야 하는 상황이라면 수아 씨가 그 사람 편에 설 것이라고 확신할 수 있습니다. 수아 씨는 긍정적인 관계 영역에서 높은 점수를 받았습니다.

_____ 나는 서로 주고받는 따뜻하고 배려하는 관계를 적어도 한 명 이상 맺고 있습니다.

_____ 힘들 때 도움을 청할 수 있는 사람이 있습니다.

_____ 나는 사랑받고 있다고 느낍니다.

　　　　　　　　　　　　　_____ 긍정적 관계에 대한 총점

일상생활(직장, 가정, 학교, 사회, 공동체)에서 긍정적 관계를 통해 연결될 가능성이 가장 높은 때는 언제인가요? 어떤 특정 상황에서 긍정적 관계를 가장 크게 경험하나요(예: 파트너와 스트레스가 많은 경험에 대해 이야기할 때, 동료와 점심을 먹으며 업무 상황에 대해 이야기할 때 등)?

_____

_____

_____

_____

긍정적 관계가 스트레스를 다루거나 대처할 때 어떻게 도움이 되나요?

_____

_____

_____

_____

이 웰빙 영역이 당신에게 얼마나 중요한가요? 이 영역이 당신이 개선하고 싶
은 부분인가요? 어떻게 시작할 수 있을까요? 여기에 당신의 답변을 기록해 보
기를 바랍니다.

_____

_____

_____

_____

의미

사례 상윤 씨는 은퇴한 교수로 지역사회에서 정기적으로 자원봉사를 하
고 있습니다. 상윤 씨는 동네 지역사회(커뮤니티) 센터에서 요리사로 일하고
지역 공원을 청소하는 위원회에서 활동하고 있습니다. 상윤 씨는 지역 정부 회
의에 참석해 무엇이 가장 많은 사람에게 도움이 될지에 대한 자신의 견해를 제

시합니다. 상윤 씨는 이러한 단체에 참여할 때마다 목적의식을 느낍니다. 상윤 씨는 다양한 종교 및 영적 모임, 윤리 포럼, 교회, 센터에 참석하여 가능한 한 많은 것을 배우고 여러 집단에서 공통점을 찾으려고 노력합니다. 이를 통해 상윤 씨는 세상에 대한 깊은 연결감을 갖고 있습니다. 상윤 씨는 의미 영역에서 높은 점수를 받았습니다.

_____ 내가 하는 일의 대부분은 다른 사람들의 삶에 긍정적인 변화를 가져옵니다.

_____ 내 삶에서 하는 대부분의 활동은 나에게 목적과 의미를 부여합니다.

_____ 나는 내 삶에서 중요성과 목적의식을 자주 느낍니다.

_____ 의미에 대한 총점

일상생활(직장, 가정, 학교, 사회, 공동체)에서 언제 가장 의미를 느낄 가능성이 높습니까? 청소년기 아들이 학교 토론팀에서 발표하는 모습을 볼 때, 여러 사람과 함께 명상이나 요가를 할 때 등 어떤 특정한 상황에서 가장 크게 의미감을 느끼나요?

_____

_____

_____

_____

의미가 스트레스를 다루거나 대처할 때 어떻게 도움이 되나요? 또는 의미는 스트레스 관리에 어떻게 도움이 될까요?

_____

_____

_____

_____

　이 웰빙의 영역이 당신에게 얼마나 중요한가요? 이 영역이 당신이 개선하고 싶은 부분인가요? 어떻게 시작할 수 있을까요? 여기에 당신의 답변을 기록해 보기를 바랍니다.

_____

_____

_____

_____

성취

사례 　규선 씨는 흔히 A형 성격의 목표 지향적인 사람으로 묘사됩니다. 규선 씨는 대학원 학위를 가지고 있으며 대인 관계, 일, 레크리에이션 활동 등 자신이 하는 모든 일을 열심히 합니다. 연간, 주간, 때로는 일일 목표를 설정하는 것을 좋아하고 이를 달성하기 위해 노력합니다. 규선 씨는 추가 업무와 노력에 대한 보답으로 직장에서 특별한 혜택(보너스)을 받았습니다. 수년 동안 규선 씨는 직장과 공동체에서 이룬 업적에 대해 상과 표창을 받았습니다. 규선 씨는 성취에서 높은 점수를 받았습니다.

_____ 나는 목표 달성을 위해 충분한 시간을 할애합니다.

_____ 나는 스스로 설정한 가장 중요한 목표를 달성합니다.

_____ 나는 일을 완수하고 책임을 다하기 위해 스스로를 밀어붙입니다.

_____ 성취에 대한 총점

　일상생활(직장, 가정, 학교, 사회, 공동체)에서 언제 가장 성취감을 느낄 가능성이 높습니까? 어떤 특정한 상황에서 이 웰빙의 영역을 가장 많이 활용하나요(예를 들면, 한 시간 내에 특정 수의 이메일에 응답한다는 목표를 달성했을 때, 상사가 당신이 잘했다는 것을 알려 줄 때, 파트너와 스트레스 요인을 공유하고 서로를 지원할 때 등)?

　목표를 달성하는 것이 스트레스를 다루거나 대처할 때 어떻게 도움이 됩니까?

　이 웰빙의 영역이 당신에게 얼마나 중요한가요? 이 영역이 당신이 개선하고 싶은 부분인가요? 어떻게 시작할 수 있을까요? 여기에 당신의 답변을 기록해 보기를 바랍니다.

건강

사례   영원 씨는 체질량 지수 점수가 자기 나이와 성별에 비추어 볼 때 정상 범위의 양호한 신체 상태를 유지하고 있습니다. 영원 씨는 여자 친구와 일주일에 몇 번씩 20분 동안 걷습니다. 영원 씨는 매주 조깅, 수영 또는 자전거 타기로 운동량을 보완합니다. 영원 씨는 매일 7인분 이상의 과일과 채소를 먹고 설탕, 패스트푸드, 건강에 해로운 간식 섭취를 조절하지만 가끔씩(일주일에 한 번 정도)은 허용합니다. 영원 씨는 매일 이완 또는 명상 기법을 연습하고 적어도 일주일에 한 번은 친구들과 어울립니다. 영원 씨는 담배를 피우지 않고 사회생활을 할 때에만 술을 마시며 절대 마약은 하지 않습니다. 영원 씨는 매일 밤 안정적으로 7~9시간의 수면을 취하고 일반적으로는 밤 동안은 잠을 자고, 한 번만 일어나 화장실을 사용합니다. 영원 씨는 건강 영역에서 높은 점수를 받았습니다.

_____ 동성 및 비슷한 연령의 다른 사람들에 비해 내 건강 상태가 양호합니다.

_____ 나는 현재 건강 수준에 만족합니다.

_____ 나의 식단, 운동, 수면 습관은 건강합니다.

_____ 건강에 대한 총점

당신은 삶의 어떤 영역(직장, 가정, 학교, 사회, 공동체)에서 가장 '살아 있음'과 활력을 느낍니까? 해당 영역에서 '건강'에 대한 경험을 적어 보세요.

_____

_____

_____

_____

　건강이 좋거나 좋지 않은 것이 스트레스를 다루거나 대처하는 방식에 어떤
영향을 미치나요?

_____

_____

_____

_____

　이 웰빙의 영역이 당신에게 얼마나 중요한가요? 이 영역이 당신이 개선하고
싶은 부분인가요? 어떻게 시작할 수 있을까요? 목표로 삼고 싶은 특정 건강 습
관(수면, 식사, 운동)이 있나요? 여기에 당신의 답변을 기록해 보기를 바랍니다.

_____

_____

_____

_____

　이 질문들에 답함으로써 이제 6가지 주요 영역에서 당신의 웰빙 상태를 잘 파
악할 수 있습니다. 발달이 덜 된 영역은 당신의 강점을 활용하여 개선할 수 있습
니다. 이러한 웰빙 영역을 염두에 두면 이 워크북을 진행하는 데 도움이 될 것
입니다. 당신이 강점을 보이는 영역을 확인할 수 있으며, 이는 스트레스 관리
에 중요한 자원이 될 것입니다.

노력을 이끌어 낼 목표 확인하기

　스트레스 수준과 웰빙 수준을 살펴봤으므로 현재 당신의 상태를 잘 알고 있을
것입니다. 웰빙 관련 설문지에 대한 답변을 통해 당신이 성장하고 싶은 영역을

파악할 수 있습니다. 지금 이 순간 당신의 인생에서 가장 원하는 것이 무엇인지 생각해 보세요. 더 많은 행복(행복한 일) 만들기, 스트레스 관리 도구 추가하기, 자신감 키우기, 지속적인 관계 찾기, 건강 개선하기, 직업 또는 경력 발전시키기 등 다양한 목표가 있을 수 있습니다. 이를 고려하면 스트레스 해소의 여정에서 '초기 목표'를 설정하는 데 도움이 될 것입니다.

구체적으로 이 장에서 수행한 작업을 살펴보세요. 가장 먼저 시작할 수 있는 행동은 무엇인가요? 이 장의 앞부분에서 파악한 스트레스 요인 중 하나를 해결할 수 있나요? 개선이 필요한 웰빙의 여섯 가지 영역 중 하나를 개선할 수 있나요? '스트레스는 도움이 된다'는 마음가짐을 삶의 스트레스 요인 중 하나에 적용하는 실험을 해 볼 수도 있습니다!

여기에 당신의 '초기 목표'를 잘 생각해서 적어 보기를 바랍니다.

_____

_____

_____

_____

배우고 실천하고 나누기

이 장에서는 스트레스의 긍정적인 측면에 대해 배웠습니다. 현재 스트레스와 웰빙 수준을 파악하고 이것이 삶에서 어떻게 작용하는지에 대해 더 깊이 성찰하기 시작했습니다.

성장을 지속하기 위한 중요한 방법은 학습하고 적용한 것을 가지고 다른 사람들과 소통하는 것입니다. 다음과 같이 생각해 보기를 바랍니다. 지금 다른 사람들과 나눌 수 있는 가장 중요한 통찰력이나 활동은 무엇인가요?

　제2장으로 넘어가기 전에 적어도 한 명과 통찰력, 연습(실천) 또는 목표를 공유해 보기를 바랍니다. 오늘 사랑하는 사람에게 '스트레스는 도움이 된다'는 마음가짐에 대해 설명하거나 소셜 미디어에서 스트레스의 긍정적인 측면에 대한 통찰력을 공유할 수 있습니다. 또는 친구에게 웰빙 영역 중 하나에 대해 물어볼 수도 있습니다. 당신이 '나눌 것'을 찾아보고 누구와 소통할지 적어 보기를 바랍니다.

_____

_____

_____

_____

제**2**장

자신의 강점 평가하기

 35세 작가 지망생인 수진 씨는 파트타임 백화점 점원으로 일하고 있습니다. 대가족 속에서 자란 수진 씨는 종종 형제들과 부모님에게 무시당한다고 느꼈습니다. 수진 씨는 현재 결혼을 했고 두 살인 아들이 있습니다. 수진 씨는 자신을 더 잘 알아가는 것에 관심이 있습니다. 수진 씨는 온라인에서 심리검사를 받는 것, 인기 있는 책과 잡지를 읽는 것 그리고 육아, 건강, 도자기, 태극권에 관한 기술과 정보를 제공하는 웹사이트와 블로그 검색을 좋아합니다. 수진 씨는 지난 1년 동안 집필에 어려움을 겪으면서, 가끔씩 짧은 블로그 기사만 올렸을 뿐 실질적인 집필 실적은 아무것도 없었습니다. 수진 씨는 백화점에서 일하는 것에 큰 의미를 두지 못했지만, 꾸준하게 들어오는 월급을 누렸습니다. 수진 씨에게 특히 신경 쓰이는 것은 어린 자녀를 키우면서 느끼는 불안감이 커지는 것이었습니다. 아들의 배앓이가 잦은 귀 감염으로 이어졌고, 그 후 가벼운 심장 결함이 밝혀지면서 의학적 공포증(건강 이상에 대한 두려움)도 뒤따라왔습니다. 이로 인한 스트레스는 남편과의 관계에 큰 타격을 주었고, 아이만 아니었다면 수진 씨는 2~3일 동안의 짧은 별거가 이혼으로 이어졌을지도 모른다고 생각했습니다.

수진 씨는 보다 전문적인 직장 생활을 위해 몇 개의 입사 지원서를 제출하고 면접 준비를 시작했습니다. 어느 날 친구와 커피를 마시던 중 친구가 수진 씨에게 "면접관들이 네 강점에 대해 물어볼 텐데, 수진이 네 강점이 뭐야?"라고 물었습니다. 평소에는 여러 주제에 대해 할 말이 많았던 수진 씨였지만, 이 질문에는 머릿속이 하얘졌습니다. 수진 씨는 속이 약간 불편한 듯 고개를 돌렸습니다. 이 질문은 면접에서 자주 묻는 질문이었지만 수진 씨는 어떻게 대답해야 할지 몰랐습니다. '글을 잘 쓴다'거나 '점토로 그릇을 만드는 것을 좋아한다'고 말하는 것은 긍정적으로 들렸지만 질문의 취지에는 맞지 않는 대답처럼 생각되었습니다. 수진 씨는 자신의 최고 자질을 더 좋은 방법으로 설명할 수 있는 방법을 알고 있었지만 자신이 가진 자질이 어떤 것이 있는지에 대해서는 확신이 없었습니다.

그런데 좀 더 알고 보니 수진 씨의 가장 큰 성격강점은 호기심, 친절성, 감사, 판단력(비판적 사고, 개방성)인 것으로 밝혀졌습니다. '이것이 사실일까?' 수진 씨는 방금 실시한 온라인 검사 결과를 검토하면서 궁금해했습니다. '꽤 정확해 보이긴 하네. 나는 항상 온라인에서 새로운 주제를 탐구하고 있고, 사람들을 돕기 위해 노력하고 있어. 비판적인 사고도 잘하고, 사소한 일에도 감사를 잘하는 편이야.'

자신이 가진 자질에 대해 아직 확신이 없던 수진 씨는 성격강점 검사 실시 후 자기 자신에 대한 이해가 흑백에서 컬러로 바뀌는 것 같은 느낌이 들었습니다. 베일이 벗겨지고 자신을 더 선명하고 생생하게 볼 수 있게 된 것입니다. 수진 씨는 스트레스를 받는 삶의 영역에 자신의 강점을 적용하기 시작했고, 호기심을 가지고 백화점의 고객들과 남편과 아들에게도 더 친절해지는 방법을 탐구했습니다. 또한 수진 씨는 감사하다고 느꼈던 모든 순간을 적어 강조하기 시작했습니다. 수진 씨가 자신의 강점을 수용한 결과, 수진 씨의 스트레스는 더 큰 긍정과 행복감으로 바뀌기 시작했습니다.

강점의 방향으로 나아가기

수진 씨도 우리 모두와 마찬가지로 자신만의 고유한 성격강점 프로파일을 가지고 있습니다. VIA 성격강점 분류체계는 개인의 성격강점 고유성을 보다 구체적이고 분명하게 보여 주는 방법입니다. 이것은 일종의 처방이 아니라 자신을 이해하도록 돕는 설명입니다. 즉, 한 사람의 성격 또는 인성의 핵심적인 부분을 설명해 주는 것이지, 그 사람이 삶에서 무엇을 해야 하는지 정확하게 처방하는 것이 아닙니다. 수진 씨에게는 특히 감사와 친절성에 강점이 있는 반면, 다른 사람에게는 겸손, 창의성, 용감성, 희망 강점이 있을 수 있습니다. 각 개인 안에는 24개의 성격강점이 있기에 실제로 개인별 프로파일이 구성되어 나타날 수 있는 가능한 조합은 6천해 개(숫자 6 뒤에 0이 23개나 있습니다!)가 넘습니다.

어느 누구도 강점이 똑같은 사람은 없습니다. 뿐만 아니라 같은 강점이라도 사람마다 표현하는 방식이 제각각 다릅니다. 예컨대, 사랑 강점의 경우 사려 깊은 행동, 자비로운 경청, 누군가와 함께 보내는 좋은 시간, 긍정의 말, 보살피는 손길 등과 같이 다양하게 표현될 수 있습니다. 유머는 농담, 웃음과 미소, 영리한 재치, 익살스러운 행동, 코믹한 스토리텔링 등과 같이 다양하게 표현될 수 있습니다. 이처럼 우리는 자신의 성격강점을 경험하고 표현하는 방식이 모두 다릅니다.

이 장에서는 자신의 강점을 인식하고 활용하는 데 중점을 둡니다. 자신의 성격강점에 대한 인식을 키우기 위해 내면에 있는 강점의 여러 범주를 평가하고 탐색한 다음, 이 강점을 어떻게 사용하는지, 즉 강점을 삶에서 얼마나 가능한 한 많이 행동으로 옮기고 있는지를 평가하고 탐색할 것입니다.

24개 강점 모두가 중요하다

10여 년 전, 성격강점에 대한 워크숍을 진행하면서 나는 24가지 강점 모두가 얼마나 중요한지에 대해 그룹원들과 이야기를 나누었습니다. 그때 참석자 중 한 명이 손을 들었습니다. 내가 참석자를 호명하니 그 분이 일어나 흥분한 목소리로 "이 강점들은 스타벅스 커피 사이즈와 같아요."라고 외쳤습니다.

"어떻게요?" 나는 진지하게 호기심을 갖고 물었습니다.

"스타벅스에서는 큰 사이즈인 톨 사이즈, 그란데 사이즈, 벤티 사이즈만 팔아요. 그것이 우리의 성격강점과 같은 방식이죠. 성격강점은 우리 삶에서 모두 크고 중요하잖아요!"

"맞아요." 내가 웃으며 대답했습니다. 그런 다음 그 참석자의 비유를 바탕으로 "우리의 대표강점은 가장 큰 벤티입니다. 우리의 중간 강점은 그란데입니다. 그리고 우리의 작은 강점은 여전히 크고 중요한 톨입니다."라고 말했습니다.

물론 이 참여자의 통찰이 옳았습니다. 그분은 우리의 일상에서 24개의 강점 중 작거나 중요하지 않은 강점이 없다는 사실을 바로 파악했습니다. 이러한 강점들은 우리의 삶, 관계, 건강, 목표, 미래의 잠재력 등에서 모두 '큰' 역할을 합니다.

연구에 의하면 끈기가 목표 달성에 특히 중요한 강점인 것으로 나타났는데, 당신이 흥미로운 목표를 세우고 이를 실행하기 위해 끈기 외에 당신은 당신의 벤티 강점(대표강점)인 창의성과 학구열 강점을 활용할 수 있습니다. 또한 연구에서 감사가 삶의 의미를 창출하는 데 중요한 강점이라고 나타나지만, 당신은 다른 사람들에게 당신의 벤티 강점(대표강점)인 친절성과 공정성을 표현하는 것을 통해 가장 큰 삶의 의미를 찾을 수도 있습니다. 따라서 각자의 고유한 강점 프로파일을 이해하는 것이 특히 중요합니다. 당신의 벤티(대표강점), 그란데(중간 강점), 톨(작은 강점)은 무엇인가요?

당신의 강점 프로파일 이해하기

첫 번째 단계는 당신의 성격강점 프로파일, 즉 1번부터 24번까지 전체 성격강점의 등급 순위를 파악하는 것입니다. 당신의 프로파일은 http://www.viacharacter.org/www에서 얻을 수 있는데, 이미 7백만 명이 넘는 수많은 사람(2019년 기준)이 VIA 성격강점 검사에 참여했습니다. 이 검사는 무료이며 검사 실시 후 즉시 자신의 성격강점 순위 결과를 받아 볼 수 있습니다. 사실, 이만한 성격강점 검사가 없는데, 이 검사는 과학자들과 실무 전문가들이 성격강점을 평가할 때 추천하는 최고의 표준검사 도구입니다. 검사 결과를 검토한 후 개인 맞춤형 보고서를 구매할 수 있는 옵션이 있지만, 우리 워크북에서는 이것이 필요하지는 않습니다. 이 시점에서 당신은 검사 결과를 출력해 이 장(및 이 책의 나머지 부분)에서 설명할 때 유용하게 사용하도록 잘 보관하면 됩니다. 당신의 성격강점 프로파일을 보면 가장 높은 강점, 가장 낮은 강점, 중간 강점들을 바로 확인할 수 있습니다.

당신의 성격강점 프로파일을 잘 이해하기 위해서는 당신에게 있는 다양한 성격강점 유형을 이해하는 것이 필요합니다. 다음에 살펴볼 성격강점 유형과

성격강점의 유형	뜻(정의)	사례
대표강점	자신의 가장 높은 강점. 당신을 가장 잘 드러내는 핵심 요소이자 당신의 고유성을 가장 잘 표현하는 강점입니다. 이 강점들은 여러 상황에 걸쳐 나타나며 당신이 사용하기에 가장 쉽고, 사용할 때 에너지가 넘치는 강점입니다.	영미 씨는 자신의 가장 높은 강점인 끈기를 발휘해 밤을 새우며 회의 전에 프로젝트 작업을 마쳤습니다.

행복강점	전 세계의 여러 연구 결과에 따르면, 행복과 가장 밀접한 관련이 있는 강점은 활력(열정), 희망, 사랑, 감사, 호기심으로 나타납니다.	지훈 씨는 회사에서 힘든 하루를 보냈지만 자신의 상황에서 긍정적인 면을 보고 곧 자신의 감사 강점으로 전환해 자신이 좋은 직업을 가지고 있고 다른 사람들의 삶에 의미 있게 기여할 수 있다는 사실에 감사함을 느꼈습니다. 이 덕분에 지훈 씨는 남은 저녁 시간 동안 행복감을 느낄 수 있었습니다.
낮은 강점	이 강점들은 24가지 강점 중 가장 낮은 강점들로, 스스로 깊이 이해하거나 개발하기 위해 많은 노력을 기울이지 않은 강점일 가능성이 높습니다.	효린 씨는 신중함이 자신의 가장 낮은 강점임에도 불구하고 신중함을 적용해 딸의 생일 파티 일정을 세심하게 계획했습니다. 효린 씨는 신중성 강점을 사용해 자신에게 스트레스가 된 상황을 즐겁고 성공적인 이벤트로 바꿨습니다.
상황적 강점	상황적으로 필요할 때 강하게 드러나는 강점입니다.	가족 모임에서 대화가 '정치적'인 주제로 바뀌는 도중 긴장감이 고조되자 용민 씨는 화제가 바뀔 때 친절성을 사용해 다른 사람들의 관점을 경청하고 각자에게 사려 깊게 반응을 했습니다.
지원강점	특별히 높거나 낮지 않은 강점으로 다른 강점들을 지원하거나 강화할 수 있는 강점입니다.	팀 회의에서 혜준 씨는 자신의 중간 강점인 활력을 사용해 에너지와 열정을 발휘하면서 자신의 대표강점인 리더십 활용을 꾸준히 해 나갈 수 있었습니다.
잊힌 강점	인식하지 못하거나 인식이 부족해서 일정 기간 동안 사용하지 않아 잠자고 있는 강점입니다.	태훈 씨는 어렸을 때 가족들이 태훈 씨의 강점인 호기심을 많이 꺾어 버렸기 때문에("질문하지 마!") 청장년이 되어서도 태훈 씨는 이 강점에 크게 주목하지 못했습니다.

각 유형에 대한 몇 가지 예시를 통해 앞으로 우리가 할 것에 대해 이해할 수 있습니다. 이 장에서는 먼저 성격강점의 네 가지 유형(대표강점, 행복강점, 낮은 강점, 상황적 강점)에 초점을 맞추는데, 이 유형들은 매우 강력한 개념적 근거 또는 연구 기반 근거를 갖고 있는 유형들입니다(Niemiec, 2018).

대표강점: 당신의 최고 모습

강점 프로파일에서 가장 중요한 범주인 최고 강점부터 시작하겠습니다. 이는 내가 어떤 사람인지, 즉 자신의 정체성과 가장 관련이 깊은 강점입니다. 서류에 손 글씨로 쓴 서명이 나만의 고유한 것이듯, 대표강점도 나만의 고유한 것입니다. 모든 사람에게 다 적용되는 것은 아니지만 대부분의 사람들은 약 5가지 정도의 대표강점을 가지고 있습니다. 물론 대표강점이 어떤 사람은 더 많고 어떤 사람은 더 적을 수 있습니다.

대표강점을 설명하는 좋은 방법으로 대표강점은 다음의 '세 가지 E'를 포함할 가능성이 매우 높다는 것입니다(Niemiec, 2018).

- 핵심(Essential): 이 강점들은 당신이 누구인지, 즉 당신의 정체성을 보여 주는 핵심강점입니다. 예를 들어, 미정 씨는 자신의 영성에 대해 이렇게 말합니다. "제게 중심이 되며, 제가 누구인지, 제가 세상을 어떻게 살아가는지를 보여 주는 핵심입니다. 저는 제 삶에 신념과 믿음을 반영하려고 노력합니다."
- 활력(Energizing): 이 강점들은 우리에게 기운을 북돋아 주고 에너지나 기쁨을 줍니다. 호영 씨는 누군가에게 질문을 할 때마다 약간의 에너지가 폭발한다고 말합니다. "그것이 제 호기심입니다. 호기심을 사용하면 행복해집니다."

• 애쓰지 않음(Effortless): 이 강점들은 쉽고 자연스럽게 나타나기에 힘들이지 않고도 사용할 수 있습니다. 예를 들어, 태현 씨는 솔직해지는 것이 별로 어렵지 않다고 설명합니다. "정직함은 제 모공에서 스며 나옵니다. 가끔씩 힘들 때도 있지만 대부분 의식하지 않고 사람들에게 솔직해지는 것이 나의 기본입니다."

당신의 대표강점은 자신의 정체성을 설명하는 자질일 뿐만 아니라 더 큰 행복을 주는 통로로서도 중요한 기능을 합니다. 연구에 따르면 대표강점을 규칙적으로 사용할 때 우울증 수치는 낮아지고 행복감이 높아진다고 보고됩니다 (Gander et al., 2013; Seligman et al., 2005). 이러한 결과에 대해서는 나중에 강점 활용에 대해 이야기할 때 논의하겠습니다. 지금은 강점 인식에 집중해 보겠습니다.

당신의 대표강점을 발견하는 한 가지 방법은 대표강점 검사를 통해 강점을 객관적으로 평가하는 것입니다. 앞서 언급한 VIA 성격강점 검사와 비슷하면서도 다른 이 대표강점 검사는(앞의 웹사이트 링크 참조) 간단한 2단계의 과학적인 검사로 VIA 성격강점 연구소에서 만들고 검증했습니다.

대표강점 검사

1단계. 24가지 성격강점에 대한 다음 설명을 읽어 보세요. 누구나 때때로 이러한 강점들을 사용합니다. 자신에게 절대적으로 필요한 강점들, 자신의 정체성을 나타내며, 자신의 일부분이라고 생각되는 강점들이면 그 강점들의 옆에 있는 빈칸(핵심강점 체크 칸)에 표시해 보기를 바랍니다. 예를 들어, 다른 사람을 돕는 데 평생을 바친 사람은 친절성을 핵심강점(대표강점) 중 하나로 선택할 수 있고, 다른 사람의 감정이나 상태를 파악하는 데 자부심이 있는 사람은 사회적 지능이 자신의 정체성의 핵심이라고 생각할 수 있으며, 끊임없이 새로운 정

핵심강점 여부	성격강점의 특성
	1. **창의성**: 창의적인 사람으로 여겨지며, 유용한 것을 찾고, 실행하고, 창조하며, 문제를 해결하고 생산성을 높일 수 있는 독특한 방법을 생각해 냅니다.
	2. **호기심**: 새로운 것을 추구하고, 새로운 활동, 아이디어, 사람에 관심이 있으며, 새로운 경험에 개방적입니다.
	3. **판단력(비판적 사고, 개방성)**: 분석적이며, 사물을 모든 측면에서 검토하고, 섣불리 결론을 내리지 않고 모든 증거를 검토해 결정을 내립니다.
	4. **학구열(탐구심)**: 지식과 경험을 심화할 수 있는 방법을 자주 찾고, 정기적으로 새로운 배움의 기회를 찾고, 지식 구축에 열정적입니다.
	5. **통찰력(조망, 지혜)**: 사물을 '큰 그림'으로 바라보는 관점. 현명한 조언을 하고, 다른 사람들이 세상을 이해하도록 돕고, 실수로부터 배웁니다.
	6. **용감성**: 두려움에 맞서고 도전과 역경을 극복하며, 옳은 것을 옹호하고, 고통이나 내면의 긴장 또는 혼란에도 위축되지 않습니다.
	7. **끈기**: 목표를 염두에 두고 꾸준히 나아가며, 모든 장애물을 극복하려고 노력하고, 시작한 일을 끝까지 완수합니다.
	8. **진실성(정직)**: 높은 성실성과 진정성을 지닌 사람으로 상처를 주더라도 진실을 말하며, 다른 사람에게 진실한 태도로 자신을 표현하고, 자신의 행동에 책임을 집니다.
	9. **활력(열정)**: 열정적으로 생활하며 활기차고 활동적이며 자신의 에너지를 최대한 활용합니다.
	10. **사랑**: 다른 사람들에게 따뜻하고 진실하며, 사랑을 공유할 뿐만 아니라 사랑을 받는 것에도 개방적입니다. 다른 사람과 친밀하고 가까워지는 것을 중요하게 생각합니다.
	11. **친절성**: 사람들을 위해 좋은 일을 하고, 다른 사람들을 돕고 돌보며, 관대하고 베풀며, 자비심이 있습니다.
	12. **사회지능(정서지능)**: 사회적 뉘앙스와 타인의 감정에 세심한 주의를 기울이고, 무엇이 사람들을 '자극'하는지에 대한 통찰력이 뛰어나며, 어떤 사회적 상황에서도 무엇을 말하고 어떻게 행동해야 하는지 잘 알고 있습니다.
	13. **협동심(시민의식, 팀워크)**: 그룹 및 팀의 협력적이고 참여적인 구성원이며 그룹에 대한 충성심이 강합니다. 그룹에 대한 강한 의무감을 느끼고 항상 자신의 몫을 다합니다.
	14. **공정성**: 모두에게 평등하고 공정한 기회가 주어져야 한다고 굳게 믿으며, 개인적인 감정에 따라 타인에 대한 결정을 편향되게 내리지 않고, 자신이 대접받고 싶은 방식으로 사람들을 대합니다.

	15. 리더십: 자신이 이끄는 사람들에게 긍정적인 영향을 미치며, 따르는 것보다 주도하는 것을 선호합니다.
	16. 용서: 잘못이 일어난 후에 쉽게 상처를 잊고 상처 준 사람들에게 다시 기회를 줍니다. 복수심이나 원한을 품지 않으며 사람들의 단점을 받아들입니다.
	17. 겸손: 자신의 업적을 스스로 드러내어 나타내지 않습니다. 자신의 선의를 보이지만 다른 사람에게 관심을 집중하는 것을 더 선호합니다. 자신을 다른 사람보다 더 특별하다고 생각하지 않으며 자신의 불완전함을 인정합니다.
	18. 신중성: 현명하게 분별하고, 계획적이고 성실하며, 과도한 위험을 감수하거나 나중에 후회할 수 있는 일을 하지 않도록 주의합니다.
	19. 자기조절: 매우 훈련된 사람으로 악습과 나쁜 습관을 잘 관리합니다. 압박감 속에서도 침착하고 냉정하며 충동과 감정을 적절히 관리합니다.
	20. 심미안(심미성): 주변의 아름다움과 탁월함을 알아차리고, 아름다움과 위대함, 도덕적 선함을 목격할 때 종종 경이로움으로 가득 차게 됩니다.
	21. 감사: 정기적으로 감사를 경험하고 표현합니다. 삶에서 일어나는 좋은 일들을 당연하게 여기지 않습니다. 많은 상황에서 축복을 받는다고 느끼는 경향이 있습니다.
	22. 희망(낙관성): 낙관적이며 최선의 일이 일어날 것으로 기대합니다. 긍정적인 미래를 믿고 노력합니다. 목표를 달성하기 위한 다양한 경로를 생각할 수 있습니다.
	23. 유머: 당신은 장난기 많고, 사람들을 즐겁게 하고 웃게 만드는 것을 좋아하며, 이를 통해 다른 사람들과 긴밀하게 연결되며, 재미와 농담으로 우울한 상황을 밝게 만듭니다.
	24. 영성: 삶의 의미와 목적의식이 충만하고, 자신보다 더 큰 무언가와 연결되어 있다고 느끼며, 신앙을 통해 자신이 누구인지, 우주에서 자신의 위치를 알 수 있고, 규칙적으로 영적·종교적 수행을 실천합니다.
주의사항	당신의 대표강점(핵심강점, 필수 강점)의 이러한 특성은 다른 강점의 특성보다 자신의 정체성에 더 본질적인 것입니다. 24개 강점이 모두 똑같이 자신에게 필수적이어야 한다고 보기 때문이 아니라, 특별히 어떤 강점들이 자신에게 필수적(본질적)이라고 판단될 때 이 강점들을 대표강점으로 선택해야 한다는 점을 기억하기를 바랍니다.

보를 찾는 사람은 학구열이 핵심강점(대표강점)이라고 생각할 수 있습니다. 대부분의 사람들은 몇 가지 핵심강점(대표강점)에 체크합니다. 자신이 되고 싶은 사람이 아니라 현재 자신이 어떤 사람인지 있는 그대로의 자신을 설명하는 강

점에 체크하기를 바랍니다. 또한, 한두 가지 상황에서만의 자기 모습이 아니라, 자신의 전반적인 삶에 대해 생각하면서 체크해 보기를 바랍니다.

2단계. 체크한 강점을 검토합니다. 다른 강점보다 나에게 더 중요하다고 생각되는 강점이 있나요? 그렇다면 이미 체크한 해당 강점 옆의 확인란에 다시 한번 체크하기를 바랍니다.

이 대표강점 검사와 온라인 VIA 성격강점 검사는 동일한 24가지 강점을 중심으로 진행되지만, 결과에 도달하는 방법은 다릅니다. 즉, 각 평가에서 동일하게 같은 결과가 나오지 않을 수도 있습니다. 따라서 계속해서 다음 부분에 설명된 접근 방식을 따르는 것이 자신의 고유한 대표강점을 성찰하고 탐색할 때 중요합니다.

당신의 대표강점 확증하기

이제 당신의 대표강점을 확인했으므로 이러한 강점이 당신에게 얼마나 적합한지 살펴볼 차례입니다. 다음 질문은 인생에서 각 강점의 중요성을 이해하고 각 강점이 현재의 나에게 어떤 영향을 미쳤는지 알아보는 데 도움이 될 것입니다.

먼저, 대표강점 검사에서 파악한 상위 5가지 강점과 VIA 성격강점 검사에서 파악한 상위 5가지 강점을 비교해 보세요. 두 가지 결과가 동일한가요? 그렇다면 다음 각 항목의 질문에 답변하되, 체크 표시를 두 번 한 항목은 반드시 포함시키기를 바랍니다. 그렇지 않은 경우(동일하지 않은 경우), 각 강점 검사 결과의 상위 5가지 강점을 각각 기록해 서로 다르게 나온 강점도 포함해 자유롭게 더 탐색해 보기를 바랍니다.

성격강점 #1: _____

이 강점은 어떤 면에서 당신을 진정으로 잘 설명해 주나요? 이 강점을 생활에서 어떻게 활용하나요?

_____

_____

_____

이 강점이 삶에서 어떻게 가장 잘 드러났나요? 이 강점이 어떻게 당신에게 가장 도움이 되었나요? 가족, 직장, 인간관계, 학교, 건강, 여가 활동, 사회생활, 종교생활, 공동체(커뮤니티) 등에서 잘 살펴보기를 바랍니다.

_____

_____

_____

성격강점 #2: _____

이 강점은 어떤 면에서 당신을 진정으로 잘 설명해 주나요? 이 강점을 생활에서 어떻게 활용하나요?

_____

_____

_____

이 강점이 삶에서 어떻게 가장 잘 드러났나요? 이 강점이 어떻게 당신에게 가장 도움이 되었나요? 가족, 직장, 인간관계, 학교, 건강, 여가 활동, 사회생활, 종교생활, 공동체(커뮤니티) 등에서 잘 살펴보기를 바랍니다.

_____

_____

성격강점 #3: _____

　이 강점은 어떤 면에서 당신을 진정으로 잘 설명해 주나요? 이 강점을 생활
에서 어떻게 활용하나요?

_____

_____

_____

　이 강점이 삶에서 어떻게 가장 잘 드러났나요? 이 강점이 어떻게 당신에게
가장 도움이 되었나요? 가족, 직장, 인간관계, 학교, 건강, 여가 활동, 사회생
활, 종교생활, 공동체(커뮤니티) 등에서 잘 살펴보기를 바랍니다.

_____

_____

_____

성격강점 #4: _____

　이 강점은 어떤 면에서 당신을 진정으로 잘 설명해 주나요? 이 강점을 생활
에서 어떻게 활용하나요?

_____

_____

_____

　이 강점이 삶에서 어떻게 가장 잘 드러났나요? 이 강점이 어떻게 당신에게

가장 도움이 되었나요? 가족, 직장, 인간관계, 학교, 건강, 여가 활동, 사회생활, 종교생활, 공동체(커뮤니티) 등에서 잘 살펴보기를 바랍니다.

_____

_____

_____

성격강점 #5: _____

이 강점은 어떤 면에서 당신을 진정으로 잘 설명해 주나요? 이 강점을 생활에서 어떻게 활용하나요?

_____

_____

_____

이 강점이 삶에서 어떻게 가장 잘 드러났나요? 이 강점이 어떻게 당신에게 가장 도움이 되었나요? 가족, 직장, 인간관계, 학교, 건강, 여가 활동, 사회생활, 종교생활, 공동체(커뮤니티) 등에서 잘 살펴보기를 바랍니다.

_____

_____

_____

당신의 대표강점을 파악하고 있다면, 그 강점이 삶에서 나타나는 다양한 방식을 이해하고 자기 인식을 위한 탄탄한 토대를 쌓아가고 있는 것입니다. 이제 성격강점이 행복과 연결될 수 있는 또 다른 방법을 살펴봅시다.

행복강점: 기분을 좋게 만드는 또 다른 방법

인정하든 인정하지 않든 우리 대부분은 행복을 원합니다. 48개국 1만 명을 대상으로 한 설문조사에 따르면 행복이 성공, 지능, 지식, 성숙도, 지혜, 인간관계, 부, 삶의 의미보다 더 중요하다고 응답했습니다(Oishi, Diener, & Lucas, 2007). 좋은 소식은 마치 우리 발이 편안한 신발 속으로 잘 맞추어 들어가듯이 성격강점도 행복과 발맞추어 함께 가는 것 같다는 것입니다.

다양한 집단의 사람들을 대상으로 한 연구 결과, 다섯 가지 성격강점이 행복과 가장 밀접하게 연관되어 있으며 특히 이 강점들이 행복을 증진시킨다는 사실이 밝혀지기 시작했습니다(Buschor, Proyer, & Ruch, 2013; Park, Peterson, & Seligman, 2004; Proyer, Ruch, & Buschor, 2013). 이 다섯 가지 강점에 대한 관심이 높아지면서 일부 연구자들은 이를 '행복강점'이라고 부르고 있는데 그 강점들과 내용은 다음과 같습니다.

- **활력(열정)**: 활기차고 열정이 넘치는 느낌
- **희망(낙관성)**: 낙관적이고 미래에 집중하는 느낌
- **사랑**: 따뜻하고 다른 사람들과 긴밀하게 연결되어 있다는 느낌
- **감사**: 감사함을 느끼고 정기적으로 감사를 표현함
- **호기심**: 새로운 주제와 상황에 흥미를 느끼고 탐구하고 싶어 하는 마음

이러한 행복강점들은 모두 당신 안에 내재되어 있으며, 행복을 구축할 수 있는 또 다른 통로 역할을 합니다. 지금부터 하나씩 살펴보도록 하겠습니다.

활력 탐구하기

VIA 성격강점 검사의 강점 순위 프로파일에서 당신의 활력 강점은 몇 위인가요?

_____

당신은 언제 가장 활기차고 열정이 넘친다고 느끼나요?

_____

_____

_____

당신이 활력 강점을 사용했던 상황을 말해 보세요. 그 상황에서 활력 강점이 어떻게 도움이 되었나요?

_____

_____

_____

_____

희망 탐구하기

VIA 성격강점 검사의 강점 순위 프로파일에서 당신의 희망 강점은 몇 위인가요?

_____

당신은 언제 가장 희망적이고 낙관적이라고 느끼나요?

_____

_____

_____

당신이 희망 강점을 사용했던 상황을 말해 보세요. 그 상황에서 희망 강점이 어떻게 도움이 되었나요?

_____

_____

_____

_____

사랑 탐구하기

VIA 성격강점 검사의 강점 순위 프로파일에서 당신의 사랑 강점은 몇 위인가요?

_____

당신은 언제 가장 사랑하고 있다고 느끼고 다른 사람과 연결되어 있다고 느끼나요?

_____

_____

_____

당신이 사랑 강점을 사용했던 상황을 말해 보세요. 그 상황에서 사랑 강점
이 어떻게 도움이 되었나요?

_____

_____

_____

_____

감사 탐구하기

VIA 성격강점 검사의 강점 순위 프로파일에서 당신의 감사 강점은 몇 위인
가요?

_____

당신은 하루 중 언제 가장 감사하고 고맙다고 느끼나요?

_____

_____

_____

당신이 감사 강점을 사용했던 상황을 말해 보세요. 그 상황에서 감사 강점
이 어떻게 도움이 되었나요?

_____

_____

_____

_____

호기심 탐구하기

VIA 성격강점 검사의 강점 순위 프로파일에서 당신의 호기심 강점은 몇 위인가요?

_____

당신은 하루 중 언제 가장 호기심과 흥미를 느끼나요?

_____

_____

_____

당신이 호기심 강점을 발휘했던 상황을 말해 보세요. 그 상황에서 호기심 강점이 어떻게 도움이 되었나요?

_____

_____

_____

_____

이제 웰빙과 연관된 또 다른 강점 범주를 살펴봅시다.

낮은 강점: 약점이 아니라 여전히 당신의 강점이다

VIA 성격강점 검사 결과를 받고, 자신의 낮은 강점(더 낮은 강점이라고도 함) 때문에 한탄하거나 속상해하는 반응을 보이기 쉽습니다. 그리고 자신의 낮은 강점을 약점이라고 자동적으로 생각할 수도 있습니다. 우리의 부정적 편견은 항상 자신의 결점이나 문제를 먼저 찾으려고 합니다. 자신의 가장 낮은 강점을 보며 "난 자제력이 없어!" "나는 전혀 창의적이지 않아." 또는 "다른 사람을 용서하는 것은 나의 큰 약점이야."라고 외치는 자신을 발견하는 것 또한 흔히 보는 자연스러운 일입니다.

물론 이러한 것들이 약점일 수도 있더라도, 이러한 관점은 이 강점 범주에 접근하는 좋은 방법은 아닙니다. 그 이유는 VIA 성격강점 검사는 강점을 탐색하는 것이지 약점, 문제 또는 정신병리를 탐색하는 것이 아니기 때문입니다. 이 검사는 약점을 측정하는 것이 아니므로 이러한 해석은 이 검사가 의도하는 바가 아닙니다. 자신의 강점을 약점이라고 지칭하는 것은 자신을 '고쳐야 할 것' 또는 '결함이 있거나 잘못된 것'으로 간주하는 결핍 기반 사고방식에 갇힌 결과입니다. 대신 24가지 강점 모두를 자신의 강점으로 간주하고, 그 중 일부는 다른 강점보다 더 강력하거나 능숙하게 발휘되는 것으로 간주하는 것이 더 생산적입니다. 당신의 낮은 강점은 몇 년 동안 그 강점들에 당신이 주의를 덜 기울였거나 다른 강점들만큼 그 강점들을 중요하게 생각하지 않았기 때문일 수 있습니다.

그렇긴 하지만, 낮은 강점도 중요하며, 연구에 따르면 낮은 강점도 집중할 때 행복감을 높일 수 있는 또 다른 방법이 있다고 보고합니다(Proyer et al., 2015; Rust, Diessner, & Reade, 2009). VIA 성격강점 검사 프로파일에서 가장 낮은 성격강점을 고려해 보세요. 낮은 강점에 마법의 숫자가 있는 것은 아니지만, 지금부터 하위 5개 강점에 집중해 보기를 바랍니다. 아직 온라인 검사를 해 보지 않았다면 이 책의 서론에 있는 표나 이 장에 있는 표를 사용해 자신의 성격강점 순위를 직접 매겨 보기를 바랍니다. 다음 중 자신을 가장 잘 설명하지 못하는 강점은 무엇이라고 생각하나요? 자신에게 가장 활력을 주지 않는 것은 무엇인가요? 어떤 강점이 그것을 당신에게서 이끌어내기 위해서는 상당한 노력을 기울여야 할 것 같나요?

자신의 성격강점 중 가장 낮은 강점을 3~5개 적어 보세요.

_____

_____

_____

_____

이러한 당신의 강점을 '하위' 강점이라고 부를 때 어떤 기분이 드나요? 어떤 사람들은 이러한 강점이 프로파일의 맨 아래에 표시되는 것에 실망하고 더 높은 위치에 표시되기를 원합니다. 다른 사람들은 매우 자기 비판적이어서 자신의 이런 강점은 자신을 충분히 나타내 주지 못한다고 생각합니다. 반면 또 다른 사람들은 더 높은 순위의 강점과 함께 전체적으로 바라볼 때 이러한 결과를 받아들이거나 나름대로 만족스러워하며 그것들이 정확하다고 느낍니다. 당신은 어떤가요?

_____

_____

_____

당신의 하위 강점 한 가지와 삶의 영역(직장, 가족, 사회, 공동체) 한 가지를 선택해 보기를 바랍니다. 삶의 그 영역에서 이 강점을 어떻게 사용했으며, 적어도 어느 정도는 성공적으로 사용한 적이 있는지에 대해 설명해 보기를 바랍니다.

낮은 강점: _____

영역: _____

과거 사용: _____

상황적 강점: 당신은 언제 기회를 포착하는가

앞서 언급했듯이, 상황적 강점은 상황에 따라 나타나는 비대표적 강점입니다. 우리는 다양한 상황에서 우리의 대표강점을 강하게 표현할 수 있지만, 상황적 강점은 특정 상황에서만 드러납니다. 상황적 강점이 되려면 필요한 상황에서 그것을 표현할 뿐만 아니라 그때 강하게 표현해야 합니다. 실제로 당신의 성격강점 프로파일을 모르는 사람이 당신을 관찰한다면 당신이 표현하는 상황적 강점을 당신만의 대표강점(독특한 특징)으로 인식할 수도 있습니다!

브로드웨이의 인기 뮤지컬 〈해밀턴(Hamilton)〉은 우리에게 '일어나서' '당신의 기회를 잡으라고' 상기시켜 줍니다. 마찬가지로, 상황적 강점은 우리가 상황에 맞서 일어나 표현하는 강점을 의미합니다. 우리는 눈앞에 놓인 상황을 보고 그런 기회를 잡습니다. 즉, 우리의 중요한 부분을 앞으로 내세웁니다.

당신이 약 100명의 지역사회 구성원들이 참석하고 있는 시청회의장에 있다고 상상해 보세요. 여기서 여러 사람이 당신의 의견과 다른 의견을 이야기합니다. 그때 평소 조용한 성격의 한 여성이 일어나서 모든 사람들이 들을 수 있도록 강력하면서도 적절한 방식으로 반론을 표현합니다. 그리고 그 여성은 "누가 저와 함께하시겠습니까?"라고 묻습니다. 그리고 스무 명이 손을 듭니다. 이 여성의 상황적 강점은 그 상황이 요구할 때 강력하게 사용하는 용감성일 수 있습니다.

아내가 저녁에 외출하고 혼자 어린 세 자녀를 돌볼 때면 나의 (대표강점이 아닌) 신중성이 드러납니다. 나는 아이들을 매우 체계적이고 계획적으로 돌보게 되고, 아이들에게 필요한 일상적인 일과와 부가적인 재미있는 활동들을 짧은 시간 내에 모두 완수합니다. 이런 상황에서는 신중성이 나에게 상황적 강점이 될 수 있습니다.

당신은 어떤가요? 당신의 비대표(상황적)강점을 생각해 볼 때 다음과 같은 질문을 고려해 보기를 바랍니다.

- 프로젝트를 완수해야 할 때 강한 끈기(인내심)를 가지고 그 상황을 극복한 적이 있나요?
- 스트레스에 압도당했을 때 불안감 대신 호기심으로 전환해 보았나요?
- 발표(프레젠테이션)를 할 때마다 엄청난 열정을 발휘해 보았나요?
- 자녀와 반복적으로 갈등이 있을 때 자기조절/자제력의 모본을 보여 주었습니까?
- 언제 그런 일들이 일어났나요?

관찰한 내용을 적어 보기를 바랍니다.

_____

_____

_____

_____

자신의 상황적 강점 주장하기

최근에 스트레스를 받았을 때를 생각해 보세요. 당시의 행동을 돌아보고 그 상황에 어떻게 대처했는지 생각해 보세요. 그 상황에 대처하는 방식에서 가장 효과적이었던 점은 무엇인가요? 상황을 해결했거나, 관리했거나, 혹은 최소한으로 극복했을 수도 있습니다. 이 상황에서 가장 잘 드러난 당신의 성격강점을 기록해 보세요. 일반적으로 당신은 어려운 상황에서 분명하고 강력한 방식으로 이러한 강점을 발휘하나요? 그렇다면 이 강점은 당신의 상황적 강점일 수 있습니다. 다음에서 그 가능성을 살펴보세요.

상황적 강점: _____

그것이 나타난 상황에 대한 이야기: _____
_____
_____
_____

이 상황적 강점이 당신의 삶에서 어떻게 나타나나요? _____
_____
_____
_____

명확히 해야 할 점: 다른 강점도 중요하다

지금까지 당신의 대표강점과 강하게 드러나지 않는 강점 모두에 대해 살펴보았습니다. 여기에 또한 모든 인간을 독특하게 구성하는 추가적인 요소들이 있습니다.

먼저, 키, 몸무게, 눈 색깔, 머리 모양, 혈압 등 성격강점과는 무관한 신체적 특성이 많이 있습니다. 더불어 신경증 수준이나 외향성/내향성 수준과 같이 성격강점과 구별되는 인성 특성도 있습니다. 그리고 재능·능력, 기술, 흥미, 가치, 자원 등 성격강점과는 다른 종류의 인간 강점도 있습니다(Niemiec, 2018).

이러한 영역을 좀 더 명확히 하기 위해 다음 범주를 검토해 봅시다. 이 과정에서 성격강점이 각 영역과 어떤 연관성이 있는지 이해하는 것이 중요하기에, 각 영역에 대한 예시가 제시되어 있습니다. 요컨대, 성격강점은 다른 강점들

개인적 특질	정의	사례	성격강점이 이러한 개인적 특질과 어떻게 연결되는지 보여 주는 예시
성격 강점	개인 정체성의 중심적이고 긍정적인 부분, 자신의 본질적인 부분	호기심, 용기, 끈기, 진실성, 친절성, 공정성, 용서, 자기조절, 희망(낙관성), 유머, 감사 등	
재능 · 능력	선천적으로 타고난 능력, 즉 자연스럽게 잘하는 것	공간 추론, 논리, 수학적 능력, 대인관계의 적성, 음악성, 운동 능력 등	정현 씨는 절제력과 집중력을 유지하는 자기조절과 규칙적인 스케줄을 만드는 신중성을 바탕으로 달리기 재능을 키웠습니다.
기술	개발할 수 있는 숙련된 능력, 무엇을 하기 위해 훈련된 것	컴퓨터 프로그래밍, 분노 관리, 목공, 의사소통 등	누리 씨는 더 나은 직업과 더 나은 미래를 위해서 희망 강점을 사용해 소프트웨어 프로그램과 소셜 미디어 등의 분야에서 가능한 한 많은 직무 기술을 쌓았습니다.
흥미	열정, 취미, 몰입 활동, 정기적으로 즐겨 하는 일	요리, 그림 그리기, 스포츠, 공예, 수집하기, 글쓰기, 특정 장르 독서하기, 소셜 미디어, 게임 등	진우 씨는 비디오와 온라인 게임하는 것을 좋아합니다. 이것은 게임 속 캐릭터와 게임에서 이길 수 있는 모든 세부적인 방법을 분석적으로 살펴보는 진우 씨의 판단력(비판적 사고, 개방성) 강점에서 비롯됩니다.
가치	어떻게 살거나 살고자 하는지에 대한 원칙 또는 기준, 내적으로 소중하게 여기는 것 (실제 행동은 다루지 않음)	행복한 가정, 성취, 노력, 다른 사람에 대한 배려, 평화로운 대화와 관련된 생각과 감정 등	미희 씨의 삶에서 가족의 가치는 가장 두드러지게 나타납니다. 미희 씨는 자신의 성격강점인 사랑, 친절성 그리고 무엇보다도 가족에게 집중하는 겸손을 통해 이러한 가치를 행동으로 실천합니다.
자원	도와주고 지지해주는 외부자원	지지적인 가족, 친구, 안전한 이웃, 영적 공동체, 자원봉사 그룹 등	은미 씨와 창민 씨는 좋은 학군인 안전하고 끈끈한 관계가 있는 동네에서 살고 싶었습니다. 그 동네로 이사할 때, 그들의 계획적인 신중성 강점과 열망적인 희망 강점은 그들에게 긍정적인 자원을 현실로 만드는 데 도움이 되었습니다.

을 보다 활성화하는 데 도움이 됩니다. 예를 들어, 음악이나 스포츠에 대한 재능을 발휘하려면 끈기와 자기조절이라는 성격강점을 활성화하여 많은 시간을 연습에 투자하고, 희망(낙관성) 강점을 발휘해 미래를 긍정적으로 상상하며 나가야 합니다. 또한 외부 자원과 연결할 때는 사회지능, 친절성, 공정성 등 다른 성격강점을 활용할 수 있습니다.

다음 장에서 강점 자원을 총체적으로 구축하는 데 초점을 맞출 때 이러한 다른 범주의 강점에 대해 다시 살펴보겠습니다.

당신이 사용할 수 있는 24가지 강점 역량

24가지 강점은 당신 안에 있는 '역량'입니다. 즉, 각각의 강점을 사용할 수 있는 능력이 당신 안에 있다는 뜻입니다. 당신의 강점을 표현할 수 있는 잠재력은 항상 당신 안에 있습니다. 여러분은 매주 24가지 강점을 모두 어느 정도 사용하고 있으며, 실제로 의식하지 못하지만 매 시간마다 몇몇 강점을 자주 사용하고 있습니다.

인터넷 검색을 할 때 사용하는 호기심, 양치질과 옷을 입는 아침 루틴에 필요한 자기조절, 신중하게 운전해 출근하는 신중성 등을 생각해 보세요. 이러한 예는 아주 작은 범위에서 강점을 사용하는 예입니다. 상사에게 새로운 업무 프로젝트를 제안할 때 창의성을 발휘하고, 동생의 어려움을 공감하며 경청할 때 사회지능(정서지능)을 발휘하고, 놀림을 당하는 사람을 옹호할 때 공정성을 발휘하고, 수행을 건너뛰고 싶은 충동에도 불구하고 명상을 위해 자리에 앉으며 영성을 발휘할 때 당신의 더 큰 강점 사용이 이루어집니다.

인간의 삶에서 시간과 역사를 통해 가치를 인정받고 있는 성격강점 역량이 모두 우리 안에 있습니다.

강점 사용 평가하기

성격강점을 활용하는 데 있어 강점의 인식과 이해가 당신에게 유익하며 당신의 웰빙을 증진하는 데 도움이 됩니다. 하지만 무엇보다 중요한 것은 자신의 성격강점을 활용하는 것(행동)입니다. 영향력 있는 작가 괴테(Goethe)가 이렇게 말했습니다. "아는 것만으로는 충분하지 않으며, 반드시 적용해야 한다. 의지만으로는 충분하지 않으며, 반드시 실행해야 한다." 성격강점을 활용하면 더 큰 힘과 유익을 얻을 수 있습니다. 그렇다면 가장 활기차고, 사용하기 쉬우며, 당신의 가장 진정성 있는 부분을 활용해 보기를 바랍니다.

일상생활에서 자신의 성격강점을 더 많이 활용하면 스스로의 강점을 적용할 수 있는 다양한 상황에 대해 더 잘 인식하게 됩니다. 하나의 긍정성이 또 다른 긍정성과 선으로 이어지는 '선순환'을 다음 그림과 같이 생각해 보세요.

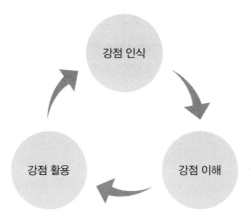

자신의 강점을 더 잘 인식하고, 성찰을 통해 강점을 탐색하고 강점에 대한 통찰력(조망, 지혜)을 얻게 되면, 다양한 방식으로 행동을 취하고 싶어지는 것이 자연스럽고 당연한 일입니다. 중년의 은행원 정숙 씨는 자신의 성격강점을

파악하고 이를 성찰한 후 이렇게 말했습니다.

> 마치 제 안에 문이 열리는 것 같은 느낌이 듭니다. 희망, 창의성, 리더십 등 제
> 가 닫아 두었던 영역이 제 안에 있는 것을 보게 됩니다. 그 강점들에게 그동안 전
> 혀 관심을 기울이지 않았어요. 하지만 이런 부분들은 제게 중요한 부분입니다. 저
> 는 이제 저에게 돌아올 준비가 되었습니다. 이 강점의 문들을 계속 열어 둘 필요
> 가 있어요!

정숙 씨의 다음 단계는 자신의 대표강점 사용 범위를 넓히는 것입니다. 당신은 어떤가요? 당신이 자신의 대표강점을 얼마나 규칙적으로 사용하고 있는지 자세히 살펴봅시다.

대표강점 사용 검사

다음 연습에는 정답이나 오답이 없으며, 도달해야 할 특정 점수도 없습니다. 대신, 이 질문들을 자기 통찰과 탐색을 위한 도구로 활용하고, 자신의 강점 사용을 통한 개선 정도를 측정해 보기를 바랍니다.

먼저, 당신의 대표강점을 나열하는 것으로 시작합니다. 이렇게 하면 각 질문에 답할 때 당신의 대표강점을 떠올리는 데 도움이 됩니다. 자신의 가장 높은 (대표)강점을 5~7가지 적어 보세요.

_____   _____

_____   _____

_____   _____

_____

그런 다음, 다음 7점 척도를 사용해 자신의 대표강점 관련 질문에 답해 보기

를 바랍니다.

1	2	3	4	5	6	7
전혀 아니다	아니다	약간 아니다	보통이다	약간 그렇다	그렇다	매우 그렇다

_____ 나는 매일 규칙적으로 나의 대표강점을 사용한다.

_____ 나는 대표강점을 활용할 수 있는 다양한 방법을 생각해 낸다.

_____ 나는 스트레스를 관리하기 위해 대표강점을 활용한다.

_____ 나는 대표강점을 활용하기 때문에 내 삶의 도전이 그다지 힘들지 않다.

_____ 나는 개인적이고 친밀한 관계에서 대표강점을 정기적으로 사용한다.

_____ 나는 다른 사람을 돕거나 지원하기 위해 대표강점을 사용할 방법을 찾는다.

_____ 나는 업무 생산성을 높이기 위해 대표강점을 자주 활용한다.

_____ 나는 매일 직장에서 대표강점 몇 가지를 사용한다.

_____ 나는 내 인생에서 대표강점을 사용할 때 가장 행복하다.

_____ 나는 대표강점을 사용할 때 최고의 나를 표현하고 있다고 느낀다.

_____ 대표강점 사용의 총점

성찰하기

당신의 응답을 좀 더 자세히 살펴보세요. 무엇이 가장 인상 깊었나요? 흥미롭거나 놀라운 점은 무엇인가요?

_____

_____

_____

당신의 응답에서 어떤 패턴을 발견할 수 있나요? 모두 높은 점수, 중간 점수 또는 낮은 점수 인가요? 점수가 낮게 나온 한두 개의 질문항목이 있나요? 높은 점수를 받은 한 가지 영역(스트레스 질문 또는 관련 질문 등)이 있나요?

문제 중 한 가지를 대상으로 하더라도 좀 더 자세히 살펴보고 싶은 것이 있으면 메모해 두세요. 예를 들어, 직장에서 대표강점을 얼마나 잘 활용하고 있는지에 더 집중하고 싶을 수도 있습니다.

이미 당신이 활용하고 있는 성격강점은 무엇인가

당신은 당신의 성격강점 사용을 간과하기 쉽습니다. 이것은 미묘한 부분인데 우리는 쉽게 24가지 강점 각각을 당연한 것으로 여기고 이에 무관심할 수 있습니다. 그러나 이러한 강점들은 항상 당신의 관심과 주목을 기다리고 있으며, 당신 안에서 표현될 준비가 되어 있습니다(Niemiec, 2014). 이것은 우리의 강점에 대해 배울 수 있는 잠재력이 매우 많은 일상생활에서 특히 두드러지게 나타납니다.

예를 들어, 서연 씨는 자신의 강점인 호기심 때문에 페이스북에서 친구들의 말과 행동을 확인하게 되었다는 사실을 깨달았습니다. 또한 인스타그램에 올리는 모든 사진에서 자신의 창의성과 심미안(심미성)을 표현할 수 있어서 인스타그램을 좋아했습니다. 또한 경석 씨는 매일 아침 정확히 2분 동안 양치질을 하는 자기조절과 최근 당뇨병 진단을 받은 후 매일 건강하고 균형 잡힌 아침 식사를 주의 깊게 선택하는 신중성 강점에 주목하게 되었습니다.

다음 표에 당신이 매일 또는 일주일 중 대부분의 생활에서 나타나는 일상적인 활동 10가지를 생각해 보세요. 포착하기 어렵더라도(첫 번째 예에서 제시한 것처럼) 활동 중에 사용하는 성격강점 중 한 가지 이상을 발견할 수 있는지 확인해 보기를 바랍니다.

일상적인 활동	사용된 성격강점	강점 사용 방법
머리 감기	신중성, 호기심	나는 머리카락을 한 올 한 올 꼼꼼히 씻습니다. 샴푸의 향과 내 머리에 몇 개의 모낭이 있는지가 궁금하고 이에 대한 호기심이 많습니다.
알람시계에 맞춰 일어나기		
양치질하기		
출근길 운전하기		
점심 준비하기		
동료 또는 친구에게 이메일 보내기		
소셜 미디어에 글 올리기		

가족과 대화하기		
간식 먹기		
책, 잡지 또는 온라인 기사 읽기		
동네 산책하기		
기타 활동		

우리는 크고 작은 다양한 방식으로 자신의 강점을 활용합니다. 이러한 강점을 당연하게 여기기 쉽고, 간과하기 쉬우며, 자신과 타인의 강점을 무시하기 쉽습니다. 우리의 강점이 이미 우리 주변에 있다는 사실을 깨닫는 것은 큰 힘이 됩니다. 조금만 자세히 살펴보면 이런 당신의 강점 사용을 발견할 수 있습니다. 당신의 잠재력을 발휘해 보세요!

대표강점을 새로운 방식으로 활용하기

과학적 연구에 따르면 강점을 한 단계 더 발전시켜 활용하면 특히 더 유익하다고 합니다. 무작위 대조 연구에 따르면 행복감을 높이고 우울증을 낮추는 데 특히 좋은 활동이 있는데, 이것은 바로 자신의 강점 중 하나를 매일 새로운 방식으로 사용하는 것입니다(Gander et al., 2013; Seligman et al., 2005).

매일 새로운 방식으로 강점을 사용하는 활동은 간단합니다. 자신의 가장 큰 대표강점 중 하나를 선택합니다. 그런 다음 일주일 동안 매일 그 강점을—비록 작고 사소한 방식이더라도—새로운 방식으로 사용해 보는 겁니다. 사회지능을 선택한 사람은 어느 날 새로 알게 된 사람과 대화를 시도해 보고 다음 날에는 사랑하는 사람과 서로의 감정에 대해 이야기할 수 있습니다. 호기심을 선택한 사람은 하루는 새로운 음식을 먹어 보고 다음 날 동료에게 새로운 질문을 할 수 있습니다.

다음의 빈 활동지를 http://www.newharbinger.com/42808에서 다운로드해 이 활동을 당신의 정기적인 강점 연습의 일부로 삼아 보기를 바랍니다.

대표강점:

	매일 이 강점을 사용했거나 사용할 방법
1일	
2일	
3일	
4일	
5일	

6일	
7일	

여기 같은 유형의 활동에 대한 또 다른 변형된 방법이 있습니다. 하나의 대표강점을 가지고 요일마다 새로운 방식으로 사용하는 대신, 당신의 상위 7가지 강점을 가지고 각 강점을 요일마다 다르게 적용해 보는 것입니다. 예를 들어, 월요일에는 직장 동료의 이야기를 사려 깊고 진지하게 경청하는 데 시간을 할애함으로써 새로운 방식으로 사랑 강점을 사용할 수 있습니다. 화요일에는 시를 쓰면서 창의성을 새로운 방식으로 사용할 수 있고, 수요일에는 명상을 시도하면서 영성 강점을 사용할 수 있습니다. 당신이 이 방식(방법)을 선호한다면 다음 표를 사용해 보기를 바랍니다.

우리의 강점을 새로운 방식으로 활용하는 것은 재미있고 도전적이며 우리의 행복과 웰빙을 증진하는 매우 보람 있는 모험이 될 수 있습니다.

날짜	사용(된) 성격강점	사용(한) 방법에 대한 설명
1일		
2일		

3일		
4일		
5일		
6일		
7일		

배우고 실천하고 나누기

이 장에서는 당신이 가진 다양한 유형의 성격강점에 대해 배웠습니다. 당신의 대표강점, 행복강점, 하위강점, 상황적 강점을 탐색한 다음 당신의 강점 사용 수준을 살펴보기 시작했습니다. 강점을 탐색하는 것에서 더 나아가 강점을 생활에서 더 많이 사용하는 것, 특히 새롭고 다양한 방식으로 강점을 사용하는 것까지 연습했습니다.

이 장을 마치기 전에 다음 사항을 생각해 보세요. 지금 당신이 다른 사람들과 나누고 싶은 가장 중요한 것은 무엇인가요?

적어도 한 사람과 당신이 통찰한 것, 실천하는 방법(실천한 것) 또는 앞으로의 목표를 나눠 보세요. 친구와 상황적 강점의 개념과 이것이 중요한 이유를 공유할 수 있습니다. 당신의 대표강점 중 하나를 사랑하는 사람에게 도움이 되는 방식으로 사용할 수 있습니다. 또는 이 장의 질문에 대한 답변 중 하나를 소셜 미디어에 게시하고 그 이유를 설명할 수도 있습니다. 당신이 '나눌 것'을 찾아보고 누구와 소통할지 적어 보기를 바랍니다.

_____

_____

_____

_____

_____

제**2**부

강점 사고방식(마인드셋) 개발하기

제**3**장

스트레스에 강점으로 대응하기

나는 수학을 잘하는 편도 아니었고 특별히 수학에 관심이 있는 것도 아니었습니다. 가능한 한 수학 숙제는 피했고, 막상 숙제를 하게 되면 괴로워하곤 했습니다. 그래서 내가 스트레스를 생각하고, 이해하고, 관리하는 방법에 대한 방정식을 만들게 된 것은 나에게 놀라운 일이었습니다. 이 간단한 방정식은 스트레스를 구체적으로 파악하는 데 도움이 될 수 있습니다.

$$S = P-C$$

스트레스(Stress) = 압박감(Pressure) − 감당능력(Capacity)

스트레스는 자신의 다양한 역량, 자원, 적응력을 고려한 후에 나타나는 압박과 요구의 총량을 의미합니다. 이 공식에 따르면 스트레스를 성공적으로 관리하는 방법은 당신이 경험하는 압박감을 줄이거나 스트레스를 처리할 수 있는 능력(역량)을 높이는 두 가지 방법뿐입니다. 스트레스와 같은 복잡한 현상에 비해 단순한 소리로 들릴지 모르지만, 이것은 적어도 우리에게 좋은 출발점을 제공합니다.

스트레스와 마찬가지로 우리의 감당 능력도 매우 광범위하고 다양합니다. 이러한 것을 가장 잘 이해하려면 생물학적·심리적·사회적·영적 관점에서 바라볼 필요가 있습니다. 우리는 신체적 긴장, 아픔, 질병과 같은 생물학적 압박과, 우울증, 불안, 분노, 자기 패배적인 생각과 같은 심리적 압박, 고립, 놀림, 거부, 방치, 인간관계의 어려움과 같은 사회적 압박과 더불어 의미나 삶의 목적 결여와 같은 영적 압박을 경험할 수 있습니다. 또한 업무에 대한 부담(장시간 근무, 추가 프로젝트 수행), 육아에 대한 부담(방과 후 활동에 자녀를 데려다주기, 자녀의 기본적 필요 돌보기), 학교에 대한 부담(숙제, 시험공부), 가족/관계에 대한 부담(갈등 처리, 파트너로부터 사랑받지 못한다는 느낌, 관계에 충분한 시간을 할애하지 못함) 등 우리 삶의 각 부분에는 그 나름의 고유한 압박이 존재합니다.

마찬가지로 생물학적 역량(최적의 수면 시간 확보, 건강한 식습관), 심리적 역량(평화와 기쁨의 감정을 창조하기), 사회적 역량(친구들과 시간 보내기), 영적 역량(의미를 증진하는 활동, 자연 속에서 시간 보내기) 등 우리가 개발할 수 있는 역량에도 다양한 종류가 있습니다. 역량에는 성격강점과 함께 흥미, 능력, 자원 등 기타 여러 가지 긍정적인 특질이 포함되는데, 이번 장에서 이 모든 것을 살펴볼 것입니다.

앞서 소개한 방정식의 목표는 스트레스를 다른 방식으로 바라보고 이해하는 것이지, 스트레스 수준을 제로(0)로 만들려는 것이 아닙니다. 이 방정식은 즉각적으로 적용될 수 있습니다. 당신의 스트레스가 유난히 높거나 이에 대한 감당능력 수준이 유난히 낮다면 당연히 지속적인 스트레스를 경험하게 될 것입니다. 그러나 당신의 감당능력이 특히 높다면 당신은 스트레스를 잘 관리하고 있거나 스트레스를 별로 의식하지 않고 생활할 수 있습니다.

이 방정식을 살펴보면서 스트레스와 관련해 몇 가지 일반적인 해석을 하면 다음과 같습니다. 스트레스와 관련해 '압박감' 또는 '감당능력' 중 어느 한쪽이

극단적으로 높은 수준이라면 다음의 설명이 정확할 수 있습니다. 혹시 당신의 스트레스 수준이 중간 정도에 해당하더라도 다음의 네 가지 대안을 스트레스를 이해하기 위한 출발점으로 사용할 수 있습니다.

- ↑압박감(P), ↓감당능력(C) = 압도됨. 높은 수준의 스트레스를 관리할 수 있는 능력과 자원의 부족이나 결핍은 디스트레스(고통을 주는 스트레스)로 가는 완벽한 지름길이 됩니다.
- ↓압박감(P), ↑감당능력(C) = 만족스럽거나 혹은 지루함. 사용할 수 있는 자원과 강점이 충분이 있음에도 불구하고 낮은 압박감 상태는 도전을 직면하지 않기 위해 의도적으로 만들어 낸 것일 수 있으며, 이러한 상태가 고통의 원인이 될 수도 있습니다.
- ↑압박감(P), ↑감당능력(C) = 참여(몰입). 이 상황에서는 높은 자원과 잠재력이 높은 수준의 압력을 충분히 대처할 수 있습니다. 이는 당신에게 최적의 시나리오이자 기회일 수 있으며, 당신이 '잘 감당할 수 있는 상태로 들어가는' 몰입을 경험할 수 있습니다.
- ↓압박감(P), ↓감당능력(C) = 자동조종장치. 많은 압박도 없고 감당능력(역량)의 사용도 없이 주변 사람들에게 특별한 존재감 없이 어떤 도전도 받지 않고 그저 근근이 삶을 살아가는 것 외에는 하는 것이 거의 없는 상태입니다. 이러한 상태가 고통의 원인이 될 수 있습니다.

다시 말씀드리지만, 이는 여러 수준의 압박과 감당능력에 대한 지극히 일반적인 설명입니다. 이는 당신이 어떤 상태에 있게 될 수 있는지 또는 어떤 방향으로 나아갈 수 있는지에 대한 일반적인 아이디어를 제공하기 위한 안내의 예입니다.

이 장에서는 특히 이러한 감당능력의 향상과 사용이 스트레스 관리의 핵심 요소가 되며 스트레스가 주는 압박감 수준(낮은 수준, 중간 수준 또는 높은 수준)

에 상관없이 그 압박감 수준을 초월할 수 있다는 사실과 우리의 성격강점 속에 내재되어 있는 잠재력이 강조될 것입니다. 우리의 강점 역량은 최고의 외부 자원과 내부 능력과 열정을 찾아 사용할 수 있게 해 줍니다.

잠재력 최대치로 끌어올리기

스트레스를 긍정적인 것으로 바꿀 수 있다고 생각하나요? 당신이 강점 역량을 강화하면 할수록 이 질문에 '그렇다'라고 대답할 가능성이 높아집니다.

앞선 제2장에서는 이번 장에서도 기억해야 할 몇 가지 핵심 사항을 다음과 같이 제시했습니다.

1. 24개의 성격강점이 모두 중요하다.
2. (많은 상황에서) 자신의 대표강점이 가장 중요하다.

스트레스 관리에 대해 생각할 때 이 두 가지를 놓쳐서는 안 됩니다. 당신에게 이미 자연스러운 대표강점을 강화하든, 비대표강점을 강화하든 상관없이 강점으로 당신의 역량을 강화할 수 있습니다. 당신의 24가지 성격강점은 당신이 모두 활용하거나 개발할 수 있는 에너지 저장고 역할을 합니다. 이 책의 서론에서 언급했듯이, 당신의 강점은 이미 존재하며 당신이 사용하기를 기다리고 있습니다. 그러나 때때로 이것이 사실처럼 느껴지지 않을 수도 있습니다. 당신은 나약하고, 길을 잃었으며, 힘이 없다고 느낄 수 있습니다.

가라테 수련장에서 스승과 함께 소그룹으로 수련하던 초보 무술가 아미 씨에 대한 이야기가 생각납니다. 아미 씨는 2년 동안 수련을 해 왔지만 불안하고 자신에 대해 확신이 없었습니다. 아미 씨의 그룹은 대부분 자신보다 더 강한 남학생들로 구성되어 있었고, 모두 아미 씨보다 수련을 더 많이 한 사람들이었습니다. 수업이 진행되는 동안 매주 학생들이 짝을 지어 스파링을 하는 시간이 있었는데, 실제 시합을 시뮬레이션하면서 그동안 배운 펀치, 발차기, 블로킹을 통해 일대일로 가라테 기술을 연습했습니다. 학생들은 팔뚝과 팔꿈치 보호대를 착용했고 손과 발에 테이프를 감고 가벼운 패딩을 입었으며, **벨트 아래나 목 위를 때리지 않는 등의 특정 규칙을 준수했습니다.**

아미 씨는 수업 중 이 부분이 두려웠습니다. 통제된 환경에서 맞는다는 것이 항상 제재를 받고 있는 것이라고 느꼈기 때문입니다. 그러나 아미 씨는 그것이 자신을 더 강하게 할 것이라는 것을 알았고 그것이 단지 수업의 일부였기 때문에 참아 내었습니다.

어느 주에 아미 씨가 남자 상대와 맞붙었을 때, 아미 씨의 사부는 그녀를 향해 말했습니다. "잠깐만! 준비됐니?"

"네, 사부님."

"준비가 안 된 것 같군", 지켜보던 사부가 말했습니다.

"파이터 자세를 취했습니다, 사부님. 준비됐습니다."라고 아미 씨가 설명했습니다.

"네 안에 무엇이 있는지 기억하느냐?"

"네?"

"네 안에 무엇이 있는지 기억하느냐?" 사부님은 큰 소리로 반복했습니다.

"어, 네, 네." 아미 씨가 중얼거렸습니다.

"말해 보거라."

"저는 강합니다." 아미 씨는 거의 속삭이듯 말했습니다. 하지만 아미 씨는 그래도 최소한 할 말이 있다는 사실에 안도했습니다.

"뭐라고?"

"저는 제가 아는 것보다 강해요." 아미 씨는 자신의 이 말을 믿지 않았지만 모든 동료 학생들이 듣지 않게 가능한 한 빨리 이 대화를 끝내려고 노력했습니다.

"네가 느끼는 것을 말해 봐. 내면을 들여다보고, 그런 다음 말해라."

아미 씨는 잠시 멈칫했습니다. 아미씨도 스승의 요구대로 하고 싶었습니다. 그러나 아미 씨는 무엇을 해야 할지, 무엇을 말해야 할지 확신하지 못했습니다. 잘못된 말을 하지는 않을까? 아미 씨는 최소한 같은 말을 스스로 반복하면 된다고 생각했습니다. 아미 씨는 제자리에 서서 단호하지만 격려하는 스승의 존재감을 느끼며 나머지 수강생들이 자신을 기다리고 있다는 것을 알았습니다. 그 순간 아미 씨는 자신의 몸이 단단하고 강인하다는 느낌을 받았으며, 2년간의 수련을 통해 아미 씨가 잘 훈련되었다는 것을 느꼈습니다. 아미 씨는 자신의 마음이 놀라울 정도로 차분하고 집중된 상태가 된 것을 자각했습니다. 아미 씨는 몸속에서 나오는 따뜻한 기운을 느꼈습니다. 그렇게 무언가 안에서 변화가 일어났고, 아미 씨는 차가운 전율을 느꼈습니다. 그리고는 스승의 방향으로 고개를 살짝 돌려 그의 눈을 바라보며 큰 소리로 말했습니다.

"저는 제가 알고 있는 것보다 더 강합니다!" 그 말은 단호하고 강력하게 나왔습니다. 아미 씨는 자신의 말을 스스로 다스렸고 그 말을 인정했습니다. 그리고 실제로 자신이 한 말을 믿었습니다.

"이제 준비됐구나." 스승이 말했습니다.

우리는 아미 씨가 자기조절, 용감성, 끈기, 심지어는 열정과 희망, 사랑과 같은 내면의 성격강점에 의지했다고 말할 수 있습니다. 강점이 있을 기리고 알지도 믿지도 못했을 때 그 순간에도 강점을 발견하고, 접근할 수 있는 강점이 항상 있다는 것을 자각하면서 스트레스 상황에서 힘을 북돋을 수 있다는 통찰이 특정 강점 자체보다도 더 중요합니다. 우리는 우리의 강점을 자각하고 바라보아야 한다는 것을 기억하기만 하면 됩니다.

때때로 우리는 자신의 강점 능력을 간과하거나 잊어버리지 않도록 상기시켜 주는 장치가 필요합니다. 따라서 어떤 때는 강점을 사용하는 연습을 의도적으로 할 필요가 있습니다. 어떤 경우든 성격강점은 근육과 같습니다. 운동을 하면 근육이 더 강해지고 성장하듯 성격강점도 사용하면 할수록 더 강해지고 발달합니다. 사용을 하지 않으면 강점은 그대로 있거나 약해집니다.

로드맵을 사용해 강점 역량 키우기

스트레스 역량을 높이기 위해 24가지 성격강점 중 하나에 적용할 수 있는 7가지 간단한 행동인 성찰, 관찰, 칭찬, 토론, 모니터링, 요청, 계획(Niemiec, 2014)을 의미하는 로드맵(ROAD-MAP)이라는 도구를 사용해 봅시다. 각 단계는 강점을 탐색하고 개발할 수 있는 기회를 제공합니다.

- **성찰하기(Reflection)**: 과거의 강점 사용 사례를 생각해 보세요. 상황이 좋은 때와 나쁜 때에 특정 강점을 사용한 적은 언제인가요? 예컨대, 용기를 많이 발휘했던 상황을 떠올려 보세요. 그때 용기는 실제로 어떤 모습으로 나타났나요? 배우자/파트너에게 마지막으로 호기심을 느낀 것이 언제였나요? 그 호기심을 어떻게 표현했나요? 그에 대한 반응은 어떠했나요?

- **관찰하기(Observation)**: 편안히 앉아 다른 사람들의 행동을 주의 깊게 관찰하세요. 쇼핑몰에서, 직장 팀에서, 연극 무대에서 사람들은 한 가지 이상의 성격강점을 어떻게 표현하나요? 당신은 그들이 감사나 겸손, 협동심의 강점을 표현하는 방법과 관련해 무엇을 알아차렸나요?

- **칭찬하기(Appreciation)**: 상대방이 누구인지, 즉 그 사람의 성격강점에 대해 가치와 존중을 표현하세요. 당신이 상대방의 강점 표현을 소중히 여기는 이유와 그것이 당신에게 얼마나 중요한지 설명하세요. 당신은 다정한 점원에게 그들의 친절성에 마음이 따뜻해졌고 그로 인해 프로젝트 마감일에 대한 압박감을 떨쳐버릴 수 있었다고 말할 수도 있습니다. 또는 자녀에게 식당에서 자제력(자기조절)을 발휘해 줘서 고맙다고 말할 수 있습니다.

- **토론하기(Discussion)**: 다른 사람과 자신의 강점 또는 특정한 성격강점에 대해 진지하게 대화를 나눠 보세요. 그 사람과 함께 한 가지 강점을 살펴봅니다. 주고받는 대화의 결과로 얻게 되는 통찰력에 주목하세요.

- 모니터링하기(Monitoring): 이것은 내면으로 눈을 돌려 자신의 행동을 관찰하는 것을 말합니다. 당신의 강점 사용을 추적합니다. 하루 중 예상했거나, 혹은 예상치 못하게 강점을 사용한 시간과 상황을 기록해 보세요. 또는 **특별히 한 가지 강점을 정해서 혹은 창의성, 친절성, 겸손 강점의 행동을 '세어 보세요'.**
- 요청하기(Asking): 다른 사람에게 도움이나 지원을 요청하세요. 당신의 성격강점에 대한 피드백을 요청하세요. 가정에서 스트레스가 많은 상황에 직면하게 될 때, 다른 사람들에게 그러한 상황을 잘 처리하기 위해 성격강점을 어떻게 사용할지 물어보세요. 그 상황에서 통찰력 강점을 어떻게 사용할지 물어보세요.
- 계획 세우기(Planning): 당신의 강점을 사용하기 위한 실천 계획을 세웁니다. 이번 달 동안 강점 중 하나를 개발하기 위한 구체적인 목표를 정하세요. 하루 중 가장 바쁜 시간에 당신의 강점 중 하나를 사용하도록 미리 계획해 보세요.

일곱 가지 행동 중 당신의 스트레스 관리 스타일에 가장 잘 맞는 것은 무엇인가요? 예를 들어, 어떤 사람은 스트레스에 대해 이야기하는 것(토론하기)을 좋아하고, 어떤 사람은 사색하는 것을 좋아하며 일기를 쓰거나 조용히 묵상하는 것(성찰하기)을 좋아할 수 있습니다. 7가지 방법 중 당신의 강점을 실천하는 데 자신에게 가장 적합한 방법은 무엇인가요? 그 이유는 무엇인가요?

당신의 대표강점을 생각해 보세요. 대표강점 하나를 선택하고 일곱 가지 행동 중 하나를 선택하세요. 이 두 가지를 어떻게 유익한 방식으로 연결할 수 있

을지 브레인스토밍하기를 바랍니다.

_____

_____

_____

_____

당신의 비대표강점을 생각해 보세요. 비대표강점 한 가지를 선택하고 일곱 가지 행동 중 하나를 선택하세요. 이 두 가지를 어떻게 유익한 방식으로 연결할 수 있을지 브레인스토밍해 보세요.

_____

_____

_____

_____

일곱 가지 행동과 24가지 성격강점을 모두 고려해 볼 때 강점 역량을 키울 수 있는 가능성은 매우 다양해집니다. 이것은, 즉 인생의 거의 모든 순간에서 당신의 강점을 발휘할 수 있는 방법을 발견할 수 있다는 뜻입니다. 로드맵 약어를 잘 기억해 두었다가 매일 적절히 활용하기를 바랍니다!

역량 강화를 위한 능력, 흥미, 자원 활용하기

제2장에서 말했듯이 당신에게는 성격강점 외에도 다른 긍정적인 특질이 많다는 것을 기억할 겁니다. 이러한 강점들을 이해하면 역량을 강화하는 데 도움이 되기 때문에, 지금부터 스트레스 관리에 이러한 강점을 활용하는 것과 관련해 다음 세 가지 유형(재능/재력, 흥미, 외부 자원)에 중점을 두어 살펴보겠습니다.

재능/능력

이것은 당신이 자연스럽게 잘하는 것들을 말합니다. 당신은 피아노, 붓, 골프채를 잘 다루나요? 숫자를 잘 다루거나, 읽은 내용을 이해하는 데 능숙합니까? 아니면 사람과의 관계에 재능이 많이 있나요?

아마도 사람들의 좋은 재능과 능력에 대해 알아볼 수 있는 방법 중 하나는 하버드 심리학자 하워드 가드너(Howard Gardner)의 다중 지능에 관한 연구를 살펴보는 것입니다. 가드너는 인간에게는 단 하나의 일반 지능만 있다고 믿었던 기존의 통념에 도전했습니다. 가드너(1983)는 인간은 여러 가지 기본 지능을 가지고 있다고 주장하며, 이것을 특별히 7가지 능력(지능)으로 분류했습니다.

1. **공간적 지능**: 공간 이미지를 이해하고 변환할 수 있는 시각적 이미지 능력입니다. 건축가, 도시 계획가, 조각가, 당구 선수 등에게 강하게 나타납니다.
2. **논리−수학적 지능**: 숫자와 데이터에 능숙하고 추상적인 방식으로 아이디어를 구성합니다. 수학 교수, 회계사, 정량적 연구자 및 물리학자 등에게 강하게 나타납니다.
3. **신체 운동적 지능**: 자신의 신체와 공간에서의 움직임에 대한 신체 운동 능력으로, 자신의 신체를 숙달하고 정밀하게 제어할 수 있습니다. 대학/프로 농구선수, 스키선수, 댄서, 외과의사, 요가 강사 등에게 나타납니다.
4. **언어적 지능**: 언어의 기능과 의미에 대한 이해, 언어 민감성 및 사용, 단어로 명확하고 정확하게 주제를 설명하는 다양한 방법을 제공할 수 있습니다. 시인, 인기 소설 작가, 영화 대사 편집자, 연설가, 모범적인 교수 및 교사 등에게 나타납니다.
5. **음악적 지능**: 정해진 음정과 리듬에 따라 소리를 구성하고 생성하는 능력으로 가수, 연극/뮤지컬 연주자, 오케스트라 구성원 및 기타 음악가 등에게 강하게 나타납니다.

6. **개인적 지능**: 자신의 생각, 감정, 필요, 욕구, 희망을 성찰하고 이해할 수 있는 개인내적 능력으로 임상 심리학자, 소설가, 영화 제작자, 정기적으로 명상/관조하는 사람 등에게 나타납니다.

7. **사회적 지능**: 사람들과 연결하고, 사람들을 동기화하는 요인을 이해하며, 사람들의 감정과 욕구에 조율하는 대인관계 능력으로 사회복지사, 목사, 영업사원, 마케터, 정치인 등에게서 자주 나타납니다.

이러한 각 능력에는 당신이 스트레스나 기타 생활 속 어려움을 관리하기 위해 이미 자연스럽게 사용하고 있을지 모르는 문제 해결 기술이 수반됩니다. 이러한 능력은 서로 독립적으로 작동할 수 있으므로 한 개인 내에서 한두 가지 능력은 높고 다른 능력은 낮을 수 있습니다.

이 일곱 가지 지능의 목록을 볼 때, 극단주의적인 생각에 사로잡히지 말기를 바랍니다. 즉, 당신이 앞에서 나열된 전문 직업 중 어느 하나에도 해당되는 것이 없거나 올림픽 운동선수 또는 대단한 과학자도 아니기 때문에 이것이 당신과는 아무 관련이 없다고 속단하지 말기를 바랍니다. 대신 가장 관련이 높다고 생각되는 한두 가지(또는 그 이상)의 능력(지능)을 찾아보세요.

당신의 업적이나 성취를 고려해 보세요. 지금까지 살아오면서 무엇을 성취했는지, 어떻게 이 지점에 도달하게 되었는지 살펴본다면 당신의 능력 중 하나 또는 그 이상을 생각해 볼 수 있습니다. 당신이 직장에서 상을 받은 것은 단순히 당신이 열심히 일했기 때문만이 아니라, 많은 사람과 잘 어울리거나 정치적으로 유능하기 때문 아닌가요? 그렇다면 이는 당신의 사회적 능력(지능)에 대해 무언가를 말해 줄 수 있습니다. 고등학교 1학년 뮤지컬에서 공연했을 때 상당한 칭찬을 받은 적이 있나요? 그렇다면 음악적 지능이 당신의 핵심 능력일 수 있습니다.

호기심을 고려해 보세요. 당신에게 어떤 범주가 가장 흥미롭나요? 특정 능력을 가진 사람들은 보통 다른 사람들이 그런 능력을 발휘하는 것에 상당히 민감합니다. 과학자의 전기문에 흥미를 느낀다면 당신에게 논리-수학적 능력이 잘 맞을 수 있습니다. 훌륭한 테드(TED) 강연을 하는 연설가에게 감탄한다면 당신은 언어적 능력이 뛰어날 수 있습니다. 당신이 존경하는 사람, 가장 기억에 남는 사람이 누구인지 생각해 보세요. 우리는 종종 우리 자신이 가지고 있는 능력에 흥미를 느끼곤 합니다.

당신은 무엇을 잘하나요?

일곱 가지 능력 중 어떤 능력이 당신에게 가장 관련이 있나요? 당신이 가장 잘한다고 생각하는 능력을 적어 보세요.

_____

이 능력을 일상생활에서 어떻게 표현하고 있나요?

_____

_____

_____

_____

어떤 성격강점이 당신의 능력을 가장 잘 표현하는 데 도움이 되나요? 예를 들어, 자기조절과 끈기의 강점은 신체 운동적 능력을 갖춘 운동선수가 큰 대회를 위해 매일 훈련하는 데 도움이 됩니다. 사회복지사는 자신의 강점인 공정성과 친절성을 활용해 사회적 능력을 발휘하면서 고객과 소통합니다. 건축가는 공간 능력을 활용해 설계 중인 건물의 큰 그림을 볼 수 있는 좋은 통찰력(조망, 지혜)과 도면에 들어가는 세부 사항과 결정에 주의를 기울일 수 있는 높은 판단력(비판적 사고, 개방성)을 표현합니다.

_____

_____

_____

_____

_____

　　당신이 선택한 능력과 그에 수반되는 성격강점의 조합이 스트레스 관리에 어떻게 도움이 되나요? 당신의 능력과 성격강점이 당신에게 다가온 스트레스를 해결하거나 관리하는 데 중심적인 역할을 했던 경우를 찾아보기를 바랍니다.

_____

_____

_____

_____

_____

흥미

　　흥미는 당신이 열정을 가지고 추구하는 주제나 활동을 말합니다. 때로는 주의를 분산시키기 위해, 때로는 순수한 즐거움으로, 때로는 의미를 찾기 위해 흥미 있는 일에 참여하지만, 어떤 이유든 상관없이 흥미는 분명 당신을 몰입하게 만듭니다. 흥미는 당신의 주의를 집중시키고 활기를 불어넣어 줍니다. 흥미는 사적이든 공적이든 상관없이 직장, 학교, 사회, 가정, 공동체 등 모든 상황에서 나타날 수 있습니다. 대체적으로 사람들은 독서, 텔레비전 시청, 낚시, 정원 가꾸기, 소셜 미디어 팔로우, 가족과의 시간 보내기 등에 흥미를 갖습니다. 하지만 기계공학 관련 잡지 읽기, 좀비에 관한 TV 시리즈 시청하기, 캐나다에서 낚시하기, 매일 식사를 위한 허브와 향신료 재배하기, 인스타그램에 올릴 사진 편집하기, 매주 금요일 가족 영화의 밤 갖기 등 훨씬 더 구체적인 흥미의 예들도 들 수 있습니다.

직장에서 나는 마음챙김, 영성, 성격강점 등의 주제에 대해 다른 사람들을 가르치는 데 흥미를 갖고 열정을 쏟고 있습니다. 집에서는 아이들과 함께 창의적인 놀이를 하는 데 흥미가 많습니다. 그리고 혼자 있을 때는 수집품, 온라인 체스, 긍정심리 관련 영화감상에 흥미가 있습니다. 내 흥미와 열정이 불붙으면 나의 성격강점도 불붙게 됩니다. 새로운 것을 배우기 위해 호기심을 자극하고, 새로운 수집품을 얻기 위해 희망을 키우며, 아이들과 함께 놀면서 나의 창의성, 사랑, 유머가 발산됩니다. 좀 더 자세히 살펴보면, 사실 내 흥미를 불러일으키는 것은 내 성격강점인 경우가 많습니다. 예를 들어, 내가 가르칠 때 활력(열정) 강점은 당면한 주제에 대한 열정을 불러일으키고, 희망 강점이 잠재적인 긍정적인 영향력을 만들어 내는 것을 보게 합니다. 그 결과, 나는 더 많은 강의를 맡아 할 수 있는 영감을 얻게 됩니다.

당신의 흥미를 고려하면서 다음과 같이 질문해 보는 것이 도움이 될 것입니다. 여가시간에 무엇을 하는지, 시간을 어떻게 보내는지(생산적으로 보내는지, 비생산적으로 보내는지, 일상적인 작업을 하는지, 게으른지)를 통해 당신의 흥미뿐만 아니라 스트레스 수준도 알 수 있습니다. 예를 들어, 스트레스 해소를 위해 주로 하는 활동이 TV 앞에서 운동하는 것이라면 TV 시청이 중요한 흥미 분야일 가능성이 높습니다. 주요 관심사에 더 집중할 수 있도록 다음 질문에 답해 보세요. 매주 여가를 위한 시간을 계획할 수 있다면 무엇을 하겠습니까? 지금 당장 재미있는 활동을 할 수 있다면 무엇을 선택하겠습니까?

당신은 무엇에 열정을 가지고 있나요?

삶의 한 가지 이상의 영역에서 당신의 흥미 분야를 생각해 보세요. 여가시간에 가장 하고 싶은 일은 무엇인가요? 가장 재미있는 것은 무엇인가요? 당신의 상위 세 가지 흥미를 나열해 보기를 바랍니다.

_____

_____

_____

앞의 세 가지 흥미에서 열정이 나타날 때 어떤 성격강점을 가장 많이 활용하나요? 당신의 성격강점이 이러한 흥미에 불을 붙이는 데 어떻게 도움이 되나요?

_____

_____

_____

이 세 가지 흥미 분야에 당신의 성격강점을 얼마나 자주 활용하나요? 이 중 하나 또는 그 이상에 더 많은 시간을 할애할 수 있도록 당신의 생활을 조정하는 것이 중요하다고 생각하나요? 그렇다면 그 방향으로 어떻게 행동할 수 있을까요?

_____

_____

_____

이러한 흥미 분야와 그에 수반되는 성격강점의 결합이 당신이 스트레스를 받을 때 당신에게 어떻게 도움이 되나요? 스트레스 상황에서 당신의 흥미와 성격강점이 스트레스를 해결하고 관리하는 데 중심적인 역할을 했던 사례 한 가지를 찾아보세요.

_____

_____

_____

외부 자원

외부에 존재하는 사람, 기관, 공동체 및 기타 지원 네트워크 등이 당신의 외부 자원이 될 수 있습니다. 이러한 자원 또한 당신의 강점 역량을 강화하는 데 도움이 되며 당신이 스트레스를 처리하고 관리할 수 있다는 믿음에 중요한 역할을 합니다.

만약 당신이 많은 외부 자원을 가지고 있다면, 그것은 아마도 몇몇 친한 친구들이 있고, 자신의 학습 향상을 위해 참여 가능한 수업이 있으며, 의지할 수 있는 가족 구성원들과 안전하고 신뢰할 수 있는 동네에 살고 있는 것 등일 수 있습니다. 자원봉사 단체, 종교 단체 및 영적 단체, 당신의 지역 학교 또는 사업체와 관련된 단체 등과 같이 당신을 지원하는 기관의 구성원이 되는 것은 당신의 자원 개발에 도움이 될 수 있습니다. 중독으로 고통받는 사람들은 지원 단체에 정기적으로 참석하는 것이 중요하다는 것에 굳게 서약할 수 있을 것입니다. 이러한 외부 자원은 회복에 도움이 될 뿐만 아니라 공감, 지혜, 용기, 회복탄력성과 같은 내적 역량 증진에 도움이 됩니다.

성격강점은 특정 자원과 연결되는 데 도움이 됩니다. 예를 들어, 당신의 사회지능과 협동심(시민의식, 팀워크) 강점은 당신이 새로운 자원봉사사 그룹을 탐색하는 데 도움을 줄 수 있고, 반면, 용서와 사랑 강점은 영적인 모임에 함께 참여하는 다른 사람들 앞에서 더 잘 실천될 수 있습니다. 적십자단체에서 자원봉사를 하는 경우 친절성이, 걸스카우트나 보이스카우트에 참여하는 경우 판단력(비판적 사고, 개방성)과 용감성이 활용되는 것처럼 외부 자원 자체가 성격강점을 표현할 수 있는 직접적인 출구가 될 수 있습니다.

우리의 이러한 자원은 어려운 시기에 우리를 지탱해 주는 깊은 우물 역할을 합니다. 다음은 72세의 영숙 씨가 오래전에 45세의 남편을 잃고 받은 스트레스와 그 시기에 자신의 강점을 되짚어 본 것의 가치를 나눈 내용입니다.

남편을 잃은 후 저는 어떻게 해야 할지 몰랐습니다. 그냥 집에 앉아만 있었어요. 먹기도, 잠을 자기도 어려웠어요. 혼자 있고 싶었어요. 친구들이 방문하러 오기도 했지만 보고 싶지 않았어요. 모든 것이 힘들었어요. 그러던 중 다운타운 쉼터와 무료 급식소에서 봉사활동을 했던 기억이 떠올랐어요. 저는 일주일에 두 번씩 다시 봉사하기로 결심했습니다. 복귀 첫날, 다른 모든 자원봉사자들과 주최 측이 저를 반갑게 맞아 주었어요! 자원봉사 팀의 일원으로 다시 돌아와서 뜻 깊었습니다. 하지만 제가 가장 놀랐던 것은 서비스를 받는 사람들이 대부분 노숙자였다는 점이었습니다. 제가 자원봉사 팀에 복귀했을 때 그들은 너무 기뻐했어요. 그들 대부분은 저에게 와서 큰 포옹을 해 주었습니다. 저는 이 모든 것에 눈물이 났어요. 그리고 제 사랑하는 남편을 잃은 것에 대해 쏟아지는 그들의 지지와 응원은 정말 대단했습니다. 정말 말로 표현할 수 없을 정도였죠. 사랑과 따뜻함을 느꼈어요. 1~2주간의 자원봉사를 마치고 나서 저는 친구, 자녀, 손자 등과의 일상적 지원 네트워크로 돌아갈 준비가 되었습니다. 그들 모두가 없었다면 제가 어떻게 살 수 있었을지 모르겠어요.

당신의 외부 자원은 무엇인가요?

당신의 지지자는 누구인가요? 직장, 가정, 사회 및 공동체 생활을 생각해 보세요. 당신이 도움을 받는다고 느끼는 사람과 당신의 지원 네트워크에 속한 사람의 이름을 나열해 보세요.

_____

_____

_____

당신의 기관 또는 집단 지원에는 무엇이 있나요? 자신을 지지해 주는 기업, 비영리 단체, 자원봉사 단체, 교육 또는 영적 단체의 이름을 적어 보세요.

_____

_____

_____

    앞의 두 질문에서 나열한 자원을 고려할 때, 지지해 주는 사람 및 기관과 관계를 맺을 때 당신이 사용하는 성격강점은 무엇인가요? 이러한 관계에서 성공하는 데 도움이 되는 성격강점은 무엇인가요?

_____

_____

    이러한 외부 자원과 그에 수반되는 성격강점의 조합은 당신이 스트레스를 받을 때 어떻게 도움이 되나요? 삶에서 스트레스를 받을 때 당신의 자원과 성격강점이 그 스트레스를 해결하거나 관리할 때 중심적인 역할을 했던 사례 한 가지를 찾아보세요.

_____

_____

모든 강점 종합하기

    여기에서는 우리의 역량을 증진하고 스트레스를 다루는 가치 있는 방법으로 다른 종류의 강점과 성격강점의 결합과 상호 관계를 적절하게 포착해서 제시하고자 합니다.

    기업과 청소년 교육 프로그램에서 재능이 있고 영향력 있는 발표자로 활동하는 청년 병규 씨의 감동적인 이야기가 있습니다. 병규 씨는 결혼해서 두 명의 자녀가 있었고, 강한 연대의 영적 공동체와 많은 친구가 있었습니다. 병규 씨는 많은 재능과 자원, 흥미를 지닌 카리스마 넘치는 사람이었습니다. 안타깝게도 업무 스트레스, 재정적 어려움, 또래의 유혹이 병규 씨에게 영향을 미치기 시작했고, 병규 씨는 수입을 보충하기 위해 마약 판매로 눈을 돌렸습니다. 병규 씨는 불량한 사람들을 우선시하고 어릴 적 친구들을 피하면서 자신의 자원이 줄어들기 시작했다는 것을 알게 되었습니다. 병규 씨의 상황은 그가 이 위험한 생활 방식에 깊이 빠져들면서 악화되었습니다. 어느 날 병규 씨는 대낮에 차로 걸어가던 중 불량배에게 칼로 복부와 팔을 여러 번 심하게 찔렸습니다. 병규 씨는 17번의 수술을 받았고, 그 사이 모아둔 재산을 모두 잃었으며, 더 이상 직장을 유지할 수 없었고, 아내는 그를 떠났으며, 자녀와 교회 공동체와도 멀어졌습니다. 이러한 상황들은 그가 이전에 관심을 가졌던 것에 대한 흥미 상실과 무감각을 가져왔고 깊은 우울감도 동반되었습니다. 병규 씨는 자신의 이야기를 하던 중 어느 날 병원 침대에 누워 천장을 바라보며 깨달은 감동적인 통찰에 대해 이야기했습니다. "저는 모든 것을 잃었습니다. 제 인생의 사람들, 돈, 직업, 심지어 신체 일부도 사용하지 못하지만, 한 가지 잃지 않은 것은 저의 핵심강점입니다. 제 핵심강점들은 누구도 빼앗아 갈 수 없습니다." 병규 씨는 자신의 용감성, 진실성, 창의성, 사회지능, 희망 강점에 대해 이야기하고 있었습니다.

　요약하자면, 우리의 재능(능력)은 낭비될 수 있고, 자원은 금방 사라질 수 있으며, 흥미는 시들해지고 변화하며, 시간이 지남에 따라 기술도 감소하면서, 모든 것을 완전히 잃어버린 것처럼 보일 때에도 우리는 여전히 우리의 성격강점을 가지고 있습니다. 성격강점에 초점을 맞출 때, 성격강점은 구체화되고 발전하며 다른 여러 가지 긍정적인 자질과 통합되어 더 큰 선에 기여할 수 있습니다 (Niemiec, 2018: 17).

　이제 당신의 역량을 강화하기 위한 다양한 전략을 배웠으니 스트레스 방정식의 반대편, 즉 압박감의 측면에 대해 살펴보겠습니다.

압박감 다루기: 재구성할까, 줄일까

아이스크림? 맛있지요! 그런데 맛있는 아이스크림이라도 매일 먹어야 한다면 끔찍하지요. 마찬가지로 스트레스가 끔찍해 보여도 우리에게 나쁘기만 한 것이 아닙니다. 중요한 것은 우리가 스트레스를 어떻게 관리하느냐입니다. 스트레스 방정식을 사용할 때 아이스크림이 '신체적' 압박으로 보일 수 있습니다. 당분과 칼로리 섭취는 신체에 영향을 미치고 약간의 압박감을 유발할 수 있습니다. 그런데 이것이 사람마다 다르지요. 당뇨병이 있는 사람은 건강한 18세 청소년보다 아이스크림(1회 제공량이라도)으로 인한 '스트레스 압박감'을 훨씬 더 많이 경험하게 됩니다.

우리가 스트레스 압박감에 대해 알고 있는 것은 '적절한' 양의 압박감은 건설적이고 우리의 성장에 도움이 되며, 심지어 우리가 하고 있는 일에 완전히 집중해 시간 가는 줄 모르고 생산성과 만족감을 느낄 때 나타나는 '몰입'이라는 특별하고 매우 긍정적인 주관적 경험으로 이어질 수 있다는 것입니다. 그러나 지나친 압박감은 파괴적일 수 있으며, 신체적 · 정신적 건강의 붕괴나 저하를 초래할 수 있습니다. 한편, 너무 적은 압박감은 삶에 지루함을 느끼고 어떤 일에서도 도전의식이나 성취감을 찾지 못하는 사람에게서 볼 수 있듯이 부적응을 유발할 수 있습니다.

이 장이 전개됨에 따라 우리는 다양한 역량을 활용하고 성장시킬 수 있으며 개인적인 성장과 함께 스트레스에 대처하고 스트레스 안에 있는 긍정적인 면을 자각하면서 더 큰 역량과 자신감을 경험할 수 있다는 것을 배우고 있습니다. 이번 섹션에서는 방정식의 '압박감' 측면을 다루며, 압박감의 좋은 점을 직시해 받아들이고 그로 인해 더 잘하는 법을 배우는 방법, 압박감을 낮추기 위해 노력하는 방법, 압박감이 너무 낮을 때 압박감을 높이는 방법 등 여러 가지 방법을 살펴보고자 합니다. 그러면 각 방법을 차례로 살펴보겠습니다.

압박감 속에서도 능가하기: 스트레스를 허용하고 받아들이기

임상 심리학에는 '저항과 함께 가라'는 원칙이 있습니다. 이것은 만약 내담자가 어떤 문제를 자신의 특정한 방식으로 바라보기를 고집하거나, 담배를 끊거나 밤에 간식을 먹는 것에 대해 상담자와 격렬하게 의견 차이를 보인다면, 상담자가 내담자와 갈등이나 의견 불일치의 반복에 머무르기보다는 내담자에게 동의할 수도 있다는 것을 의미합니다. 상담자는 "좋아요, 그건 당신의 선택이니 더 이상 금연에 대해 당신과 싸우지 않겠습니다."라고 말할지도 모릅니다. 심지어 상담자는 성격강점을 통합해 문제나 상황을 재구성하고 관찰할 수도 있습니다. "와, 당신은 이 논쟁을 정말 끈기 있게 견뎌내고 있군요. 내가 던지는 모든 장애물을 극복하는 것 같네요! 그리고 당신이 지닌 관점에 대한 열정과 에너지 또한 상당히 높습니다. 끈기와 열정이라는 성격강점은 대단히 중요한 강점입니다. 이런 강점들을 여러 가지 다른 방식으로 당신의 일상에서 자주 사용하나요?"

이러한 질문들은 종종 내담자의 긴장을 완화해 주고 자신을 바라보는 새로운 시각이 열리는 경험을 하게 합니다. 유도나 합기도 무술을 수련한 사람이 상대를 제압하거나 힘으로 맞서 싸우기보다는 상대의 기(에너지)를 이용하는 방법을 아는 것처럼, 당신도 스트레스의 기운(에너지)을 자각하고 이를 활용할 수 있습니다. 스트레스에 맞서 싸우는 대신 스트레스의 좋은 점을 바라보기를 바랍니다. 스트레스가 어떻게 행동하도록 동기를 부여하는지 주목해 보세요. 스트레스 없이는 인생에서 아무것도 성취할 수 없습니다. 스트레스 없이는 인간관계를 맺도록 자신을 밀어붙이지 않을 것입니다. 스트레스 없이는 인생의 의미와 목적을 충분히 찾지 못할 것입니다.

스트레스가 존재한다는 사실을 부정하는 것은 현실과 단절하는 것과 같습니다. 스트레스의 압박감 속에서도 능력을 발휘하기 위해 필요한 첫 번째 단계는 스트레스 요인이나 신체의 긴장 또는 새로운 작업 프로젝트의 도전을 인정하고 이에 이름을 붙여 말하는 것입니다. 이것은 스트레스를 피하거나 부정하거나 최소화하는 것이 아니라 "스트레스, 나는 너를 본다."라고 은근하게 말하는 방식과 같습니다.

이렇게 스트레스를 인정할 때 우리는 수용으로 나아갑니다. 상담자가 내담자의 견해를 받아들이는 것처럼 우리도 스트레스가 지금 이 순간 여기에 있다는 것을 받아들일 수 있습니다. 중학생이 매일 밤 두 시간씩 숙제를 하는 것이 그야말로 학교를 다니는 학생 현실의 일부이며 학습에 중요한 스트레스 요인이라는 것을 받아들이고, 이번 주에 누가 설거지를 할 것인지에 대해 집에서 다투는 부부는 이러한 일상적인 긴장을 결혼생활과 부부관계에서 함께 성장하는 현실의 일부로 받아들일 수 있습니다.

수용 후에는 행동이 뒤따릅니다. 그렇다면 이제 이 스트레스를 어떻게 해결하겠습니까? 어떻게 하면 긍정적인 방향으로 행동할 수 있을까요? 여기서의 관점은 '강점을 활용한 행동'으로, 스트레스를 다른 방식으로 바라볼 수 있도록 자신의 성격강점을 하나 이상 가져올 수 있는 방법을 찾는 것입니다. 최근 연구에 따르면 직장과 같은 특정 상황에서의 스트레스 대처를 포함해 일상생활 전반에서 강점을 활용해 스트레스를 관리하고 대처하는 능력을 향상시킬 수 있다고 보고됩니다(Harzer & Ruch, 2015).

스트레스를 '트리플-A 방식'으로 해결하기

생활 속 스트레스 요인을 한 가지 생각해 보세요. 스트레스를 인식(Acknowledge)하고, 스트레스를 수용(Accept)하고, 스트레스에 대한 조치를 취하는(Action) '트리플 A 방식(Triple-A Way)'을 사용해 스트레스를 새롭게 바라보기를 바랍니다. 스트레스를 완전히 인식(인정)하는 연습을 어떻게 할 건가요? 당신 스스로에게 뭐라고 말할 것입니까? 스트레스를 어떻게 받아들일 것인가요? 즉, 스트레스를 없애려고 노력하지 않고 스트레스라는 현실을 받아들이는 순간에 어떤 혼잣말을 할 수 있을까요? 이 스트레스 요인을 더 잘 관리하기 위해 자신의 강점을 활용하여 어떤 행동을 취할 수 있을까요?

당신의 스트레스 요인 한 가지를 말해 보세요. _____

_____

1. 스트레스를 인식(인정)한다. _____

_____

2. 스트레스를 받아들인다. _____

_____

3. 강점을 활용하여 행동한다. _____

_____

높은 압박감의 문제: 삶이 너무 벅찰 때 스트레스 낮추기

당신의 능력과 자원을 인식하는 과정에서 때때로 이를 과대평가할 수 있습니다. 그 결과, 너무 많은 요구를 받아들이게 되고, 어쩌면 '한계에 다다랐다'고 느낄 정도의 요구로 인한 압박감에 압도당하거나 당신의 능력을 넘어섰다고 느낄 수 있습니다. 또한 당신이 부적절하거나, 무능하거나, 게으르거나, 재능이 부족하다고 느끼기 시작할 수도 있습니다. 실제로 이러한 상태는 당신이 현재 '씹을 수 있는 것보다 더 많은 것을 물고 있는 것'일 뿐입니다.

또한, 업무 프로젝트나 과제를 쉽게 끝낼 수 있을 거라고 생각해 요구 사항을 과소평가할 수 있습니다. 자신도 모르게 많은 양의 새로운 압박을 받으면 금방 '감당할 수 없는' 상황에 처한 것처럼 느껴져 효율적으로 일할 수 없게 될 수 있습니다.

풀타임 사무실 매니저이자 두 아들을 둔 싱글 맘인 미주 씨는 새로운 프로젝트가 들어오면 재빨리 예스라고 대답했습니다. 미주 씨는 직장에서 맡은 업무에 비해 '그 이상'의 일을 하고 저녁에는 강좌를 들었으며, 일주일 내내 자녀와 자녀의 친구들을 다양한 과외 활동에 차량으로 데리러 가고 데리러 오는 정기적 자원봉사를 했습니다. 미주 씨는 스트레스를 성장을 위해 필요하고 유익한 부분으로 생각하면서 압박감과 바쁜 일정 속에서도 나름대로 잘 해냈습니다. 하지만 몇 주 동안은 미주 씨는 자신의 스트레스가 너무 많은 것처럼 느껴졌습니다. 두통에 시달리고, 식사도 제대로 하지 못하고, 잠도 충분히 자지 못했습니다. 평소에는 자상하고 온화했던 자신이 자녀들에게 쉽게 짜증을 내는 모습도 보였기 때문에 미주 씨는 극심한 스트레스가 스스로를 압박하고 있다는 것을 알 수 있었습니다.

미주 씨는 트리플 A 방식의 체제를 사용해 자신의 스트레스를 쉽게 인정하고 그 강도가 높아지는 시점을 잘 알아차렸습니다. 또한 미주 씨는 자신의 다양한 스트레스 요인들을 현실의 일부로서뿐만 아니라 자신의 삶에서 환영할 만한 현실로도 받아들였습니다. 그러나 세 번째 단계인 강점에 따라 행동하기는 미주 씨가 특별히 잘 적응한 단계가 아니었습니다.

24가지 성격강점을 검토하면서 미주 씨는 힘들었던 몇 주 동안 더 나은 건강 습관을 계획하기 위해 신중성을 더 기를 수 있었다는 것을 확실히 알게 되었습니다. 미주 씨는 이미 직장과 자녀의 스케줄에 대해 신중성을 활용하는 데 능숙했지만, 지금까지 이 강점을 식사 계획, 수면 시간 보호, 적절한 운동하기에 사용할 생각을 전혀 하지 못했습니다. 미주 씨의 통찰력 강점은 삶의 큰 그림을 바라보고 특정 시기에 더 많은 책임을 맡는 결정을 내리는 데 도움이 되었습니다. 잠재적인 새로운 활동이나 요구에 직면할 때마다 통찰력을 적용하기 위해 미주 씨는 먼저 스스로에게 '우리 가족의 삶이라는 큰 그림에서 새로운 일이 나와 내 아들들에게 더 도움이 될 것인가, 해로울 것인가?'라고 물었습니다. 이러한 질문을 통해 미주 씨는 스트레스를 조절하고 압박감 수준을 직접적으로 높이거나 낮추는 데 도움을 얻었고 미주 씨는 좋은 결정을 내릴 수 있었습니다.

새로운 잠재적 압박감: 도움이 될까, 해가 될까?

시작을 고려하고 있는 인생의 새로운 도전이나 누군가가 당신에게 요청한 것을 잠시 생각해 보기를 바랍니다. 그것이 상사가 부여한 과제 같은 것이 아니라 당신이 자유롭게 '예' 또는 '아니오'라고 말할 수 있는 것인지를 확인해 보세요. 대신, 이웃이 일상적인 부탁을 하거나, 선생님이 부가적인 과제를 제시하거나, 지역사회에 새로 생긴 자원봉사 기회 등과 같은 내용을 적어 보세요.

_____

_____

_____

_____

이 과제/요청에 대해 생각할 때, 자신에게 주어질 수 있는 요구 사항을 생각해 보세요. 이것이 얼마나 부담스러운가요? 시간은 얼마나 걸리나요? 당신의 건강, 인간관계, 여가시간, 가족, 업무에 어떤 영향을 미칠 수 있나요?

_____

_____

_____

_____

이 새로운 도전/과제/요청을 받아들이는 것이 당신에게 도움이 되는 방향으로 나아갈까요, 아니면 해가 되는 방향으로 나아갈까요? 당신의 대답을 적어 보기를 바랍니다.

_____

_____

_____

_____

_____

이 질문에서 '도움'이라고 선택했든 '해로움'이라고 선택했든, 당신의 성격강점을 고려해 보세요. 새로운 압박을 받아들이거나 거부할 때 당신의 성격강점이 어떻게 도움이 될 수 있을까요?

_____

_____

_____

_____

낮은 압박감의 문제: 스스로에게 더 많은 스트레스를 주세요!

흥미롭게도 요구 사항이 너무 적거나 압박이 너무 적어도 스트레스가 유발될 수 있습니다. 이는 좌식생활 행동에 대한 연구에서 입증되는 것으로, 최소한의 움직임과 활동도 없이 단지 앉아서 생활하는 방식이 각종 암의 위험을 증가시키고 흡연보다 신체에 더 위험하다는 것을 보여 줍니다(Schmid & Colditz, 2014). 지나친 운동이 부상으로 이어질 수 있는 것처럼 너무 적은 움직임도 부정적인 영향을 미칠 수 있습니다. 따라서 각자 균형을 찾아야 합니다.

지루함과 무관심은 몸과 마음에 큰 타격을 줄 수 있습니다. 지루함과 무관심은 자신에게 도전하지 않고 약간의 스트레스, 엄격함 또는 지속적인 노력이 필요한 상황을 피하는 패턴을 만들 수 있습니다. 지루하거나 무관심한 사람에게도 실제로 몰입하기 위해 접근하고 활성화할 수 있는 강점 역량을 찾아보면 발견할 수 있습니다.

누군가 압박감과 스트레스가 적은 생활 방식에 빠져 있다고 느낀다면, 단순한 일상을 반복하며 정신적으로도 기분이 좋지 않고, 사회적으로도 필요한 관계를 맺지 못하는 무기력한 상태에 있을 수 있습니다. 여자 친구와 지내며 자녀가 없는 서른여덟 살의 형주 씨는 건설 노동자로 일하다 해고되었는데 바로 이런 형주 씨가 그런 무기력한 상태에 빠져들었습니다. 형주 씨는 일자리가 부족한 작은 마을에 살고 있었습니다. 형주 씨는 자신의 능력과 강점에 맞는 다른 일을 찾기는커녕 그냥 소파에 누워 지내고 있었습니다. 형주 씨는 혼란스러웠고, 의욕이 떨어졌으며, 낙담했습니다. 해고된 후 비슷한 처지에 놓인 두 명의 전직 동료가 이런 생각을 더욱 강화했습니다.

한 주 한 주가 지나고 형주 씨는 여자 친구가 퇴근하면 함께 시간을 보내거나 그냥 술집에 가거나 다른 친구들과 어울렸습니다. 가끔 온라인에서 구인 공고를 찾아보기는 했지만 취직을 위해 진지하게 노력하지는 않았습니다. 형주 씨는 자신이 아무런 요구도 없고 책임도 거의 없는, 편하고 부담 없는 삶을 살고 있다고 생각했습니다. 하지만 몇 달이 지나자 그는 자신이 비참하다는 것을 깨달았습니다. 비활동적인 생활로 인해 자신의 몸을 돌보지 못했기 때문입니다. 호기심과 학구열 등 자신의 '인지적' 강점에 관심을 기울이기 시작한 후에야 그는 다시 정상으로 돌아올 수 있었습니다. 그는 자신의 성격강점을 활용해 새로운 거래방법을 배우고 온라인 자격증을 취득했습니다. 또한 그의 호기심은 새로운 관심사, 취미, 규칙적 운동을 추구하도록 이끌었습니다.

낮은 압박감 치료법: 사고력 중심의 강점 활용하기

VIA 분류체계에서 지성의 덕목은 인지적 또는 사고 지향적 강점으로 가득 차 있다는 것을 기억할 것입니다. 이러한 마음의 강점에는 창의성, 호기심, 판단력(비판적 사고, 개방성), 학구열(탐구심), 통찰력(조망, 지혜) 등이 포함됩니다. 이러한 강점을 목표로 삼으면 인생에서 더 많은 도전을 경험하고 흥미 있는 분야를 추구하는 데 유용할 수 있습니다.

각기 다른 성격강점에 대한 다음 질문을 살펴보세요.

창의성. 이 강점의 핵심은 문제를 해결하기 위해 다양한 방법을 생각해 내는 확산적(발산적) 사고를 포함한다는 점입니다. 잠시 시간을 내어 '낮은 압박감'이라는 현상을 문제로 생각해 보기를 바랍니다. 이제 이 문제를 해결할 수 있는 방법을 세 가지 이상 적어 보세요.

_____

_____

_____

_____

호기심. 당신의 삶에서 잘 진행되고 있는 것(건강, 관계, 취미, 스포츠, 예술/음악 표현, 가족, 일)을 한 가지씩 적어 보세요. 잠시 시간을 내어 이 분야에 대해 호기심을 가져 보세요. 관심을 갖고 흥미를 느껴 보세요. 이 영역이 어떻게 떠오르게 되었나요? 이 영역의 긍정적인 변화에 기여하는 데 있어 당신의 역할은 무엇인가요? 이러한 성공이 당신의 삶에서 어떻게 더 확장될 수 있을까요? 여기에서 당신의 생각을 살펴보세요.

_____

_____

_____

_____

판단력(비판적 사고, 개방성). 현재 또는 과거에 압박감을 별로 느끼지 않았던 때를 자세히 살펴보세요. 압박감이 낮았던 삶의 세부 사항을 자세히 살펴봅니다. 이 시기의 긍정적인 요소와 부정적인 요소는 구체적으로 무엇이었습니까?

_____

_____

_____

학구열(탐구심). 어떤 주제나 분야가 항상 당신의 흥미를 끌었나요? 주저하지 말고 마음에 떠오르는 흥미 있는 모든 것을 적어 보세요. 지난 5년 또는 10년 동안(또는 그 이상)에 흥미를 가졌던 분야를 생각해 보세요. 이러한 영역 중 하나를 어떻게 다시 활성화할 수 있을까요?

통찰력(조망, 지혜). 스트레스를 받았지만 그 스트레스가 당신에게 도움이 되었던 때를 생각해 보세요. 그 스트레스 요인으로부터 무엇을 얻었나요? 무엇을 배웠나요?

이 다섯 가지 강점을 종합하면 많은 지혜를 얻을 수 있습니다. 이 지혜는 특히 낮은 압박감 스트레스에 대해 적용할 수 있습니다.

스트레스에 대처하기 위한 계획 세우기

우리가 아는 한 가지 분명한 것이 있다면, 누구나 살면서 어느 정도는 압박

스트레스	성격강점	강점을 활용하는 방법	다른 특질: 능력, 흥미 또는 지원	다른 특질들을 사용하는 방법
우리 아이는 이번 주에 보는 시험공부를 하지 않고 있습니다.	창의성 사회지능 자기조절	나는 아이가 공부하도록 격려하고, 보상을 주고, 아이와 함께 공부를 할 수 있는 새로운 방법을 생각해 낼 것입니다. 아이와 다투기보다는 아이에게 공부 계획, 아이의 관점, 학습 주제에 대한 생각을 물어 봅니다. 규칙적으로 운동하는 것과는 다른 영역에서 내가 어떻게 규율을 적용했는지에 대해 이야기할 것입니다.	사회성(능력) 가장 친한 친구(지원)	함께 저녁을 먹으면서 나의 사교적인 재능을 활용해 자연스럽게 자녀와 소통하고 자녀의 감정을 이해합니다. 반에서 공부를 잘하는 절친한 친구는 숙제를 어떻게 하는지 물어 봅니다. 나는 중매체 함께 공부할 역할을 하기 위해 그 친구들과 함께 공부할 아이디어를 탐색할 수도 있습니다.

과 요구를 경험하게 된다는 것입니다. 그러니 이러한 스트레스 요인에 대한 대처 계획을 세워 보도록 합시다. 이때 자신의 강점 역량을 최대한 활용할 방법을 계획해 봅시다. 성격강점은 이 스트레스 방정식을 올바른 방향으로 풀어 나가는 데 당신의 전반적 능력에서 가장 중심 부분이 됩니다. 성격강점은 열정 (흥미)과 재능, 자원에 불을 붙이는 연료와도 같습니다. 따라서 성격강점은 스트레스의 압박을 다루고 우리의 대처 역량을 증진하는 데 필수적인 강점이 됩니다.

이 활동을 위해 지금 겪고 있거나 다음 주에 겪을 가능성이 있는 스트레스 요인 세 가지를 생각해 보세요. 예를 들어, 긴장성 두통에 대처하기, 방문하고 싶지 않은 도시로 여행하기, 자녀의 선생님과 어려운 만남을 갖기 등 세 가지 스트레스를 생각해 볼 수 있습니다. 그런 다음, 제시된 예시를 참고해 스트레스를 관리하기 위해 당신의 다양한 강점 역량을 활용하거나 강점 역량을 강화할 수 있는 방법을 계획해 보기를 바랍니다.

배우고 실천하고 나누기

이 장에서는 당신의 성격강점, 재능/능력, 흥미, 자원 등 여러 역량을 강화하고 다가오는 압박감(스트레스)을 관리할 수 있는 다양한 방법을 배웠습니다. 당신의 실습에는 당신의 다양한 능력에 맞는 새로운 방법으로 스트레스 요인을 탐색하는 것이 포함되어 있습니다.

제4장으로 넘어가기 전에 다음 사항을 생각하기를 바랍니다. 지금 당장 다른 사람들과 공유해야 할 가장 중요한 것은 무엇인가요?

한 사람과 통찰한 것, 실천 사항 또는 당신의 목표를 나눠 보세요. 친구와 스트레스 방정식을 공유하거나 배우자와 함께 팀으로 두 사람이 함께 역량을 강화할 수 있는 방법에 대해 논의할 수 있습니다. 당신이 '나눌 것'을 찾아보고 누구와 소통할지 적어 보기를 바랍니다.

_____

_____

_____

_____

_____

제**4**장

강점을 발견하는 법 배우기

우리는 문제나 약점에는 과도하게 집중하면서 강점이나 긍정적인 면은 당연하게 여기는 경향이 있습니다. 우리 삶의 긍정적인 사건들은 전혀 의식하지 못하는 바람처럼 스쳐 지나갈 수 있습니다. 우리는 부정적인 일과 함께 긍정적인 일에도 함께 주목하고 있다고 생각하지만, 실제로는 그렇지 않을 수 있습니다. 다음 표를 작성해 지금 말하는 바를 직접 확인해 보기를 바랍니다. 지난

	지난 하루 긍정적 경험/상황	알아차린 긍정적인 점은 무엇입니까?	어떤 성격강점이 관련되었습니까?	무엇을 배웠습니까? 스트레스 관리에 도움이 되었습니까?
예시	개를 산책시키다가 이웃과 이야기를 나누기 위해 잠시 멈췄습니다.	이웃이 얼마나 친절한지 알았습니다. 우리는 즐거운 대화를 나눴습니다.	활력(열정)-나, 유머와 친절성-이웃	이렇게 시간을 내서 새로운 사람과 소통하고 나니 기분이 더 좋아졌습니다. 저는 이런 노력을 더 하고 싶습니다. 그 후 어깨의 긴장이 완화되었습니다.

	지난 하루 긍정적 경험/상황	알아차린 긍정적인 점은 무엇입니까?	어떤 성격강점이 관련되었습니까?	무엇을 배웠습니까? 스트레스 관리에 도움이 되었습니까?
1				
2				
3				

24시간 동안 당신이 경험한 긍정적인 경험 세 가지를 적어 보되 그 각각의 세부 사항을 함께 적어 보기를 바랍니다.

이 활동을 하는 것이 쉬웠나요, 어려웠나요? 해당되는 예시를 떠올리는 데 시간이 걸렸나요? 대부분의 사람들 반응은 이것이 의외로 어렵다는 것입니다. 하지만 만약 지난 하루 동안 당신이 경험한 스트레스 요인 세 가지를 떠올려 보라고 하면 아마 순식간에 열 가지 이상이라도 나열할 수 있을 겁니다.

이처럼 우리는 삶에서 스트레스 요인을 알아차리는 것이 훨씬 더 쉽습니다. 그렇지만 우리 모두는 우리 자신과 주변 사람들의 좋은 점, 긍정적인 점, 미덕이나 윤리적인 점, 강점도 지금보다 더 잘 찾을 수 있습니다. 이 장에서 초점을 두고 목표로 하는 것이 바로 강점 파악(강점 발견)이라는 기술을 개발하는 것입니다.

강점 파악을 통한 '자기 자신 알기'

의료 장비 영업사원인 종호 씨는 어려운 문제에 직면했습니다. 상사로부터 팀을 대표해 백여 명 앞에서 강연을 해야 한다는 말을 들었는데 종호 씨는 대중 앞에서 말하는 것을 매우 싫어했습니다. 종호 씨는 어떻게 해서든 그 자리를 피하려 했습니다. 종호 씨의 상사는 종호 씨의 이런 성향을 잘 알고 있었습니다. 그렇다면 상사가 종호 씨를 시험한 걸까요? 아니면 그 외에는 달리 맡을 사람이 없었기 때문이었을까요? 어쨌든 종호 씨는 선택의 여지가 없었습니다. 종호 씨는 자신의 일을 매우 좋아했고 계속 유지하고 싶었습니다. 그 강연은 기존 고객과 미래의 잠재적 고객을 대상으로 하는 것이었습니다. 그 강연이 매우 중요한 것이어서 여러 생각이 밀려오면서 종호 씨의 불안감은 극에 달했습니다. 내가 실수해서 사업을 망치지는 않을까? 앞에 나가면 과연 말이나 제대로 할 수 있을까? 나를 응시하는 수많은 사람을 어떻게 마주할 수 있을까?

종호 씨는 그때 자신의 대표강점을 떠올려 보았습니다. 그리고 스스로에게 물었습니다. '어떻게 하면 나의 최고 강점인 통찰력(조망, 지혜)으로 더 큰 그림을 그려 볼 수 있을까?'

우선, 종호 씨는 이것을 '문제'로 볼 것이 아니라, 대신에 어렵지만 도전하여 성취할 수 있는 목표로 바라볼 필요가 있다고 생각했습니다. 그것은 실제로 기회가 될 수 있습니다! 종호 씨는 자신의 강연을 잠재 고객에게 자신이 알고 있는 것을 전달하고, 자신의 기술과 지식을 상사에게도 보여 주고, 자기 팀에도 도움이 될 수 있는 기회로 재구조화해서 바라보았습니다.

그런 다음 종호 씨는 자신의 대표강점인 감사를 생각했습니다. 종호 씨는 이 강점을 표현할 때마다 항상 활기를 느꼈습니다. 종호 씨는 회의실에 모인 모든 기존 고객들에게도 감사를 전하면 어떨까 하는 생각을 했습니다. 가장 긴장할 수 있는 강연 초반에 먼저 고객에게 감사를 표하고 종호 씨 팀이 고객들의 충성심에 감사하는 이유를 설명하는 시간을 갖고자 했습니다. 종호 씨는 이렇게 하면 처음부터 청중과 연결되는 유대감이 생기고 회사를 따뜻하고 고객에게 감사하는 사업 파트너로 설명할 수 있는 추가적인 이점이 있다는 것을 깨달았습니다.

마지막으로 종호 씨는 자신의 세 번째 강점인 유머를 떠올렸습니다. 종호 씨는 자신이 사람들을 웃기는 것을 좋아하고, 이야기할 때 유머를 말하는 것이 자신에게는 쉬운 일이라고 생각했습니다. 종호 씨는 자신의 강연은 다소 진지한 내용이기 때문에 유머가 지나쳐서는 안 되지만, 업무 중에 있었던 재미있는 이야기나 농담 몇 마디는 할 수 있다고 생각했습니다. 그래서 종호 씨는 그들이 처할 환경에 대한 재미있는 멘트로 가볍게 시작하려고 계획했습니다. 농담을 하면서 청중들과 함께 자신도 웃으면 긴장과 스트레스가 어느 정도 해소될 것이라고 생각했기 때문입니다. 청중이 웃지 않더라도 종호 씨는 이에 개의치 않고 계속해서 유익한 정보와 유머러스한 내용을 섞어 가기로 결심했습니다.

이런 식으로 종호 씨는 있는 그대로의 자신과 그 순간 바로 자신에게 가장 자연스럽게 떠오르는 것을 자연스런 경험으로 가져올 수 있다는 것을 알게 되었습니다. 종호 씨는 자신의 강점을 발견하고 사용함으로써 처음에는 끔찍하게 보였던 상황을 적절히 직면했고 심지어 그 일부를 즐길 수 있는 기회로 바꿀 수 있었습니다.

강점을 발견하기 위해서는 연습이 필요하지만 강점 발견은 누구나 개발할 수 있는 기술입니다. 이러한 강점 발견에는 자신의 강점을 발견하는 단계와 타인의 강점을 발견하는 단계가 있습니다.

도전할 준비가 되었나요? 그럼 좀 더 어려운 단계인 자신의 강점 발견하기부터 시작해 보겠습니다. 내가 전 세계의 청중들에게 강점 발견 단계 중 어느 단계가 더 쉽다고 생각하는지 물어보면, 90%의 사람들이 다른 사람들의 강점을 발견하는 것이 더 쉽다고 답합니다. 자신의 내면을 들여다보는 것은 다소 주관적이고 불확실하게 느껴질 수 있지만, 바로 눈앞에 있는 다른 사람의 친절성이나 공정성을 바라보는 것은 보다 명확하고 객관적이며 더 현실적으로 느꺼집니다. 하지만 강점의 언어를 먼저 자신에게 적용하는 법을 배우면 다른 사람들과 교류할 때 매우 도움이 되고, 강점을 드러내는 다른 사람들과 만날 때 그들의 강점을 확인할 수 있는 당신의 자신감은 더 높아질 수 있습니다. 따라서 강점의 언어를 먼저 자신에게 적용하는 것이 '너 자신을 알라'는 현명한 격언을 실천할 수 있는 좋은 성장 단계가 됩니다.

강점 발견을 시작하려면 당신이 찾고 있는 긍정적인 면부터 파악하는 것이 좋습니다. 이를 위해 먼저 강점이라는 기본 언어에 익숙해지는 것이 중요합니다. 이 워크북을 읽기 시작한 이후로 24가지 강점에 대한 당신의 지식이 쌓여왔고, 매 장마다 점점 더 그 지식이 더해지고 있을 것입니다. 그렇지만 모든 강점과 그에 대한 정의가 포함된 서론의 VIA 분류체계 유인물을 미리 준비해 두면 더욱 도움이 될 수 있습니다. 당신이 찾으려고 하는 것이 무엇인지 먼저 알고 있으면 행동으로 나타나는 강점을 발견하려는 의도가 더 분명해질 수 있습니다. 즉, 이것은 지나간 지루했던 일상 속에서도 강점을 발견하고 스트레스와 불편함 속에서도 예외나 긍정적인 것을 찾도록 도와주는 '강점 고글'을 착용하게 되는 것과 같습니다. '강점 고글'을 착용하는 것이 극단적으로 낙천적이거나 일방적으로만 바라보는 것이 아니라, 우리가 오늘날의 세상에서 종종 놓치게 되는 긍정적인 측면과 현실에 대한 통찰력을 갖게 도와줍니다.

지금 이 순간의 강점 발견하기

지금 이 순간부터 바로 자신의 강점을 발견하는 연습을 시작할 수 있습니다. 이 장을 읽으면서 지금 당신은 어떤 성격강점을 사용하고 있나요? 15분만 더 읽을 계획하에 신중성을 사용하고 있을 수도 있습니다. 피곤하지만 계속 읽으려는 끈기를 사용하고 있을 수도 있습니다. 또는 강점 목록을 검토해 보고 창의성을 사용해 자신의 강점에 대해 새로운 방식으로 생각할 수도 있습니다. 대부분의 상황에서 24개 성격강점 중 어떤 것이든 사용이 가능합니다. 지금

나는 어떤 강점을 어떻게 사용하고 있는지 다음에 적어 보기를 바랍니다.

강점 #1: _____

_____

강점 #2: _____

_____

강점 #3: _____

_____

성격강점을 발견하는 것은 어떤 상황에서든 실체를 부여하는 것입니다. 각각 똑같은 일이 일어나고 있는 다음의 두 가지 이야기에 대해 생각해 봅시다.

버전 1: 저는 오늘 아침에 일어나 아침 식사를 하고 옷을 입었습니다. 차를 몰고 출근하다 보니 교통 체증이 심했고 도로의 운전자들이 화를 내며 공격적으로 반응했고 종종 끼어들기까지 했습니다. 저는 업무 회의에 늦게 도착해서 상사에게 사과를 해야 했습니다.

버전 2: 오늘 아침 하루를 시작한다는 설렘으로 기분이 들떠서 일어났습니다. 나의 콜레스테롤 수치가 높은 점을 고려해 신중하고 주의 깊게 선택한 아침 식사로 신선한 채소를 곁들인 계란 흰자 오믈렛을 커피와 함께 먹었습니다. 옷을 입으면서 전날 배우자가 다림질해 준 옷의 소재에서 느껴지는 부드러움과 색상의 선명함에 감탄하며 (그 아름다움과 우수성에 감탄하며) 잠시 멈췄습니다. 배우자에 대한 감사의 마음이 솟구쳤습니다. 출근길 운전을 할 때에는 교통 체증이 심했고 도로 위의 운전자들은 화를 내며 공격적으로 보였고, 종종 내 앞에 끼어들었습니다. 나는 이런 사소한 짜증들이 일어날 때 이를 흘려보내면서 용서를 실천했습니다, 한편 통찰력(조망, 지혜) 강점을 사용해 '어떤 사람들은 처리해야 할 급한 일이 있고' '화가 난 다른 사람들에게는 친절과 연민이 필요하다'는 큰 그림을 그려 보는 관점을 취했습니다. 업무 회의에 늦게 도착한 나는 약간 당황스러웠지만 용기를 내어 상사에게 사과했습니다. 나는 상황에 대해 솔직하게 이야기하고 지각의 원인을 교통 체증 탓으로 돌리고 싶은 충동을 자제하며, 지각에 대비해 미리 계획을 세우지 못한 것에 대해 스스로 책임을 져야 한다고 분명히 말했습니다.

앞의 각 버전의 줄거리는 동일하지만 세부 사항과 뉘앙스에서 상당한 차이가 나타납니다. 첫 번째 이야기는 평범하지만 두 번째 이야기는 좀 더 흥미롭고 매력적입니다. 두 번째 버전은 이야기하는 사람에 대한 통찰력, 즉 이 사람이 특정한 상황에서 일반적으로 어떻게 삶에 접근하는지에 대한 통찰력을 제공합니다. 이 이야기에 더 큰 의미를 불어넣는 것은 직접 언급된 10가지의 성격강점(활력, 신중성, 심미안, 감사, 용서, 친절성, 통찰력, 용감성, 진실성, 자기조절)입니다. 그 강점들을 통해 이야기하는 사람의 심리와 강점 간의 관계에 대해 더 깊은 이해를 할 수 있으며, 듣는 사람과 읽는 사람이 더 많은 질문을 떠올릴 수 있게 해 줍니다.

자신의 최고 특질에 대해 알아보는 가장 좋은 방법 중 하나는 심리학자들이 자가 모니터링이라고 부르는 전략으로, 일정 기간 동안 자신의 생각, 감정, 행동을 면밀히 관찰하는 것입니다. 자가 모니터링은 분노 관리, 감정 관리, 스트레스 관리 등 다양한 영역의 개선을 돕기 위해 사용되는 과학적 방법입니다. 이 방법을 사용해 자신의 성격강점과 성격강점이 생활 속에서 나타나는 미묘한 방식에 대해 더 많이 학습할 수 있습니다.

강점 자가 모니터링

다음의 강점 자가 모니터링 활동지를 사용해 일상생활에서 당신의 성격강점이 나타나는 여러 가지 방식에 대한 추적을 시작해 보기를 바랍니다(http://

www.newhar binger.com/42808에서 반복해서 사용할 수도 있음). 먼저, 당신의 강점을 추적할 기간을 정합니다. 추적 기간은 오전 동안, 하루 동안, 일주일 동안 등이 될 수 있습니다. 다음으로, 당신의 강점을 계속 추적하도록 스스로를 상기시킬 방법을 결정합니다. 선택한 추적 기간 동안 다양한 간격으로 울리도록 설정한 스마트폰 알람이나 타이머가 일반적으로 효과적입니다. 알람이나 차임벨 소리가 들릴 때마다 잠시 멈춰서 당신이 어떤 강점을 사용하고 있는지, 현재 상황에서 사용 중인 강점을 구체적으로 어떻게 사용하고 있는지 점검해 보기를 바랍니다.

요일/시간	현재 활동	성격강점	강점 활용 방법	기타 의견 (느낀 점, 강점 활용의 장애물 등)
화요일/ 오후 2:30	팀 회의	호기심, 리더십	팀원들에게 다양한 질문하기, 새로운 프로젝트를 이끌겠다고 제안함	흥분된 느낌(설렘), 한 가지 장애물은 프로젝트를 이끌겠다고 제안할 때 동료들의 의견을 무시하고 싶지 않다는 것이었음

이러한 방식으로 자가 모니터링을 하면 당신에게 성격강점이 존재한다는 것을 인식하게 되고, 실제로 당신의 행동에서 나타나는 선한 특성을 발견하는 좋은 습관을 기를 수 있습니다. 당신의 강점을 발견하는 기술을 계속 쌓아 나가다 보면 강점을 발견하는 것이 제2의 천성처럼 자연스러운 일이 될 것입니다. 이렇게 되면 다른 사람의 강점을 발견하는 것도 쉬워질 것입니다. 이제부터 그 방법을 살펴보겠습니다.

숙련된 강점 발견자 되기

나영 씨는 아름이가 어려움을 겪고 있다는 것을 알 수 있었습니다. 아름이의 학습 장애가 스스로를 매우 힘들게 하고 있었습니다. 주어진 수학 문제를 어떻게 풀어야 할지 몰라서 아름이는 정신적으로 피곤해지고 좌절감에 빠졌습니다. 아름이의 가정교사인 나영 씨는 아름이의 좌절감을 느낄 수 있었습니다. 특히 아름이가 가끔씩 발을 쿵쿵거리는 것은 말할 것도 없고, 굳어 있는 표정에서 그 답답함을 분명히 느낄 수 있었습니다. 나영 씨는 다른 전략을 취하기로 했습니다.

"잠깐만 멈춰 보자. 잠시 멈추고 숨을 천천히 쉬어 보렴." 나영 씨가 조언했습니다.

아름이는 당황한 기색을 보였지만, 잠시 동안 숨을 쉬면서 좌절감을 가라앉힐 수 있었습니다.

"너에게 짚어 주고 싶은 게 있어."라고 나영 씨가 말했습니다. "아름아, 너에게서 많은 용기가 보여. 너는 수많은 도전에 직면하지만 그 모든 것에 맞서고 있어."

아름이는 그 말에 깜짝 놀라 조용히 귀를 기울였습니다.

나영 씨는 이어서 "너는 매일 매일 새로운 내용을 배우는 것에 어려움을 겪고 있고 자신을 이해하지 못하거나 도움을 주지 않는 선생님과 수업을 하고 있다는 것을 알면서도 꾸준히 수업에 들어가고 있어. 그리고 수업이 진행될수록 내용은 점점 더 어려워지지. 반 친구들의 이상한 시선과 가끔씩 하는 농담에 스트레스가 쌓이는 걸 느낄 거야. 그럼에도 너는 매일매일 최선을 다해 수업에 참여하고 있어. 나는 네가 수업에 참여하면서 겪는 어려움을 받아들이는 너의 용기에 놀라고 있단다. 주저하지도 않고 말이야! 나는 네가 이 모든 역경을 직면하고 계속 나아가는 모습에 감탄하고 있단다. 내가 내 부모님과 대면할 때 부담스럽고 압박감을 느끼는 상황에서도 너를 보면 나도 용기를 내어야겠다는 영감을 받게 된단다."

아름이는 눈물을 흘렸습니다. 누구도 자신의 강점을 이렇게 직접적으로 짚어 준 적이 없었고 특히 용기와 같은 강점은 더더욱 아니었습니다. 아름이는 나영 씨의 말에서 진실을 볼 수 있었습니다. 그것은 정확하고 강력했습니다.

다른 사람으로부터 자신에 대한 말을 듣는다는 것은 새로운 시각으로 자신을 바라보게 해 줍니다. 아름이의 강점을 발견해 주는 몇 마디의 말은 아름이를 다른 방향으로 나아가도록 이끌기에 충분했습니다. 나영 씨는 아름이와 함께 공부하면서 관찰한 아름이의 다른 강점들, 예를 들어 어려운 수학 문제를 지속적으로 풀어 나가는 아름이의 끈기나 자신의 어려움에 대해 솔직하게 말하는 아름이의 진실성 등을 계속해서 짚어 주었습니다. 그러자 아름이도 나영 씨의 강점을 발견하기 시작했습니다! 아름이는 수학 문제를 풀기 위해 새로운 방법을 생각해 내거나 자신의 학습을 돕는 데 결코 물러서지 않는 나영 씨의 창의성에 대해 언급했습니다. 두 사람의 관계—그리고 함께 공부하는 방식은—새로운 차원에 도달했습니다.

다른 사람의 강점을 발견할 때 나영 씨가 아름이에게 취한 세 가지 단계를 따라하면서 다른 사람의 강점을 발견하고 표현하는 법을 배울 수 있습니다.

1. **강점에 이름을 붙입니다.** 관찰 중인 성격강점의 이름을 말합니다. 나영 씨는 용기의 강점을 지적한 다음 나중에 끈기와 진실성(정직)도 이어서 발견했습니다.
2. **근거를 제시합니다.** 발견한 강점에 대한 이유나 설명을 제시합니다. 이름을 붙인 것에 대한 행동적 '증거'를 기록합니다. 나영 씨는 도움이 되지 않는 선생님과 불친절한 친구들과 함께 공부하는 어려운 교실생활에 도전해 맞서고 있는 아름이의 용기에 대한 여러 가지 근거(예)를 제시했습니다.
3. **칭찬(인정)을 표현합니다.** 그 사람과 그 사람의 강점에 대한 가치를 표현합니다. 먼저, 그 사람의 강점 사용을 확인합니다. 그리고 그것이 자신에게 어떤 긍정적인 영향을 미치는지 설명합니다. 나영 씨는 아름이의 용기가 얼마나 영감을 주었는지 그리고 그것이 자신도 용기를 부모님에게 사용하는 데 촉매가 되고 있다는 것을 설명했습니다.

다른 사람의 강점을 발견하는 것의 흥미로운 점은 언제 어디서나 이것을 연습할 수 있다는 것입니다. 소설을 읽거나, 텔레비전을 보거나, 페이스북이나 인스타그램에 글을 올리거나, 강의실에 앉아 강의를 듣거나, 직장에서 친구에게 이메일을 보낼 때 등 언제든지 강점을 발견하고 표현해 볼 수 있습니다. 주변 사람들과 이야기 속의 등장인물에서 긍정적인 것을 찾으면서 성격강점을 발견하고 표현하는 기술을 연마해 나갈 수 있습니다.

잠재적인 강점을 찾을 때 다음과 같은 언어적 단서나 비언어적 단서를 통해 강점이 존재할 수 있음을 감지할 수 있습니다. 이들 중 하나 이상이 나타날 때 이에 주의를 집중하고 잠재적인 강점을 경청할 수 있는 청신호로 여길 수 있습니다.

강점에 대한 비언어적 단서	강점에 대한 언어적 단서
자세가 개선됨	말이 더 빨라지거나 흥분됨
눈빛이 또렷해짐	말이 덜 빨라지거나 흥분됨
눈 맞춤 증가	말이 더 느려지거나 덜 느려짐/체계적/성찰적임
신체 에너지의 전반적인 상승	긍정적인 단어 사용 증가
더 빈번한 손 제스처	말의 선명도가 향상됨
몸을 앞으로 기울임	더 강하고/더 확고한 목소리
더 열린 자세(팔/다리를 교차하지 않음)	더 넓은 어휘력
미소/웃음	말하기에 대한 자신감 증가
긍정적인 감정 표현(예: 기쁨)	이야기/상황의 다양한 세부 사항에 대해 말하기

다른 사람의 강점 보기

다른 사람의 강점을 발견하는 것은 당신과 상대방 모두에게 매우 매력적이고 활력을 불어넣을 수 있습니다! 연구에 따르면 하루 동안 일어난 긍정적인 소식을 공유하는 등 강점에 기반을 둔 대화를 나눌 때 행복감이 높아진다고 합니다(Gable et al., 2004; Reis et al., 2010). 따라서 강점을 인식하는 습관을 다른 사람에게까지 확장하면 유익할 수 있습니다.

가족, 이웃, 동료 등 어떤 사람이든 관찰하는 연습을 해 보기를 바랍니다. 뉴스에 나오는 인물이나 TV 프로그램, 영화나 책에 나오는 등장인물처럼 잘 모르는 사람부터 시작하면서 당신의 강점 관찰 기술을 세밀하게 다듬어 나갈 수 있습니다. 한 동료와 나는 1,500편이 넘는 영화를 목록으로 만들고 토론하면서 등장인물의 행동에서 나타나는 성격강점을 관찰하고, 이해하고, 목격함으로써 우리만의 강점 관찰 기술을 연마했습니다(Niemiec & Wedding, 2014).

당신의 삶에서 또는 미디어에서 관찰하는 어떤 사람들에게서 당신이 찾아볼 수 있는 가장 강력한 성격강점은 무엇입니까? 그들이 어떤 성격강점을 사용하고 있는지 그들이 표현하는 언어적 또는 비언어적 단서를 통해 이를 어떻게 알 수 있을까요? 다양한 생활 상황의 몇 가지 예를 다음에서 살펴보기를 바랍니다. 발견한 각 강점에 대한 근거나 설명을 제공하는 것을 잊지 말고 함께 적어 보고 말해 보기를 바랍니다.

가족 구성원: _____

_____

_____

이웃: _____

_____

_____

동료: _____

_____

_____

유명한 사람: _____

_____

_____

_____

가상의 캐릭터: _____

_____

_____

어디서나 강점 발견하기

지금까지 당신이 과거에 관찰했던 자신과 타인의 모습에서 강점을 발견하는 연습을 해 왔습니다. 하지만 http://www.newharbinger.com/42808에서 이 워크시트를 다운로드해 정기적으로 작성함으로써 앞으로도 꾸준히 이 연습을 당신의 일상의 일부로 만들어 보기를 바랍니다.

강점유형-발견: 자기 또는 타인	활동	발견한 성격강점	발견한 강점의 증거/근거	느낀 점/새롭게 배운 것
자신	친구에게 이메일 보내기	희망(낙관성), 사회지능 (정서지능)	제 친구가 곤란한 문제로 힘들어하고 있었습니다. 저는 친구의 긍정적 자질을 말해 주기 위해 친구의 감정에 공감하고(사회지능) 낙관적(희망)인 메시지를 보냈습니다.	저는 친구를 지지해 주며 기쁨을 느꼈고 친구가 본인의 어려움을 저에게 말해 주어서 감사한 마음이 들었습니다. 저는 제가 생각하는 것보다 사회지능을 훨씬 더 자주 사용한다는 사실을 깨달았습니다!

이제 당신의 강점 발견 연습이 본격적으로 시작되었습니다! 강점에 대한 유창성, 개인적 이해, 응용력을 한층 더 키우기 위해 당신의 강점을 다른 사람의 관점에서 바라보는 과정으로 뒤집어 보겠습니다.

다른 사람의 관점 활용하기

강점을 발견하는 또 다른 방법은 다른 사람의 렌즈에 자신을 비춰 보는 것입니다. 다른 사람들은 당신에게서 어떤 성격강점을 발견하나요? 다른 사람들로부터 배우는 것은 당신의 성격강점을 더 깊이 탐구하는 데 중요한 방법이 됩니다. 때로는 다른 사람들이 우리 자신보다 우리에 대해 더 많이 알고 있기 때문에 이러한 종류의 학습에서 항상 통찰력이 생깁니다! 예를 들어, 나영 씨와 아름이의 대화를 떠올려 보세요. 아름이는 자신이 용감하다는 사실을 몰랐던 것 같았습니다. 아름이는 자신을 그렇게 생각하거나 그렇게 묘사하는 것을 예전에는 상상도 못했을 것입니다. 하지만 아름이가 자신의 이러한 특질을 깨닫는 데 필요했던 것은 나영 씨가 그것을 발견하고 한두 가지 예를 들어 주는 것뿐이었습니다. 이로 인해 아름이는 자신에 대한 '변화된' 시각을 가질 수 있었습니다.

다른 사람들로부터 이런 종류의 피드백을 공식적으로 얻는 가장 좋은 방법은 '360° 파노라마 양식'이라고 하는 것을 사용하는 것입니다. 이는 전 세계 최고의 기관에서 피드백을 제공하는 표준적인 방법입니다. 이 방식은 한 곳으로부터만 피드백을 받는 것이 아니라 각 직원이 상사/상급자뿐만 아니라 부하 직원, 동료, 고객 등 업무 환경의 여러 출처로부터 피드백을 받는 방식입니다. 이러한 자료들은 직원들이 자신의 업무 성과를 인식하는 방식에 대한 다각도의 피드백을 제공하여 균형 있고 종합적인 평가를 할 수 있도록 해 줍니다.

이러한 접근 방식을 성격강점에도 적용하면 어떨까? 나는 스스로에게 물었습니다. 그래서 나는 최고의 자질에 대한 귀중한 통찰력을 제공해 주는 간단하게 사용하기 쉬운 성격강점 360° 도구를 개발했습니다(Niemiec, 2014, 2018). 이 도구는 직장을 넘어 가족, 사회, 공동체 생활까지 확장해 활용될 수 있습니다. 그것은 전 세계 많은 사람에 의해 사용되어 왔고 그들의 성격강점 인식과 사용을 향상시키기 위해 노력하는 사람들 사이에서 매우 선호하는 활동이 되었습니다. 정식 버전은 http://www.newharbinger.com/42808에서 다운로드할 수 있습니다.

배우고 실천하고 나누기

이 장에서는 자신과 타인의 강점 발견과 관련된 다양한 방법, 사례, 실행방법에 대해 배웠습니다. 강점 발견을 일상생활에서 구현할 수 있는 다양한 경로를 살펴봤는데, 강점 발견은 평생 계속 연마하고 활용할 수 있는 중요한 기술입니다. 또한 다른 사람이 피드백하며 제공해 주는 강점을 발견하고 이를 자기 스스로 자기 인식을 통해 발견한 강점과 비교 통합해 당신의 강점을 어떻게 더 정확하게 바라볼 수 있는지도 함께 살펴보았습니다.

다음 장으로 넘어가기 전에 이 점을 생각해 보세요. 이 장에서 얻게 된 가장 중요한 것은 무엇인가요? 지금 다른 사람들과 공유해야 할 가장 중요한 것은 무엇인가요?

통찰력, 강점을 발견하는 연습, 새로운 목표 등 주변 사람과 공유할 것을 생각해 보세요. 친구와 함께 영화를 보러 가면서 주인공의 강점을 서로 찾아보는 시간을 가질 수 있습니다. 소셜 미디어 플랫폼에서 누군가의 강점을 발견하고 다른 사람에게도 같은 행동을 하도록 격려할 수도 있습니다. 아래에 당신이 '나눌 것'을 찾아 적어 보고 이를 누구와 소통할지 적어 보기를 바랍니다.

_____

_____

_____

_____

제5장

스트레스를 극복하는 강점 습관 만들기

다음 내용을 상상해 보세요.

　매일, 매달, 사람들과의 모든 상호작용에서 적어도 한 가지 이상의 강점을 발견한다고 상상해 보세요. 당신이 이야기하는 어려운 상황을 상대방이 분석하기 위해 논리를 사용할 때 당신은 상대방의 비판적 사고 능력을 알아차릴 수 있습니다. 상대방이 당신의 감정에 공감할 때 그의 사회지능을 볼 수 있습니다. 이웃집 아이가 당신의 가정에 대해 질문하는 모습에서 호기심을, 게임을 하기 위해 집단을 구성하는 아이의 모습에서 리더십을 찾아볼 수 있습니다. 식료품점 점원이 정성스럽게 물건을 포장해 주는 모습에서 친절성을 느낄 수 있습니다. 이러한 각 상황에서 당신은 그 사람의 긍정적인 특질을 언급하고 그 점을 사용해 준 것에 대해 감사를 표현합니다. 심지어 동물의 강점도 발견할 수 있는데, 산책하는 동안 뛰어다니는 강아지의 모습에서 활력(열정)을, 강아지의 안전을 위해 조심스럽게 강아지에게서 멀어지는 고양이의 모습에서 신중성을 발견할 수 있습니다. 당신이 바라보는 장면과 화면, 휴게실과 저녁 식탁 등 모든 장소에서 당신은 각 사람과 각각의 상호작용에서 나타나는 성격강점을 발견하고 있습니다.

그리고 거기서 멈추지 않고, 당신은 삶의 여러 상황에서 당신의 강점을 표현하고 있습니다. 당신은 호기심, 친절성, 사회지능(정서지능)을 활용해 사람들에게 삶의 좋은 점에 대해 물어보고, 사람들이 힘들어할 때 경청하며, 가능한 범위에서 지원을 제공합니다. 자기조절과 신중성을 활용해 집안을 정리하고 가족을 위해 좋은 환경을 조성하며, 창의성을 활용해 재미있는 건강식 요리를 하며, 감사하는 마음으로 하루를 마무리하고, 협동심으로 상대방과 협력해 스트레스와 갈등을 함께 처리합니다. 당신은 이러한 성격강점을 의식하고, 매일 의도적으로 그리고 목적의식을 가지고 발휘합니다.

당신은 이 모든 과정에서 나름 최선을 다하지만 아직은 불완전하게 수행합니다. 이 강점 작업은 시간이 지남에 따라 진화하고 심화되는 지속적인 과정이라는 것을 깨닫게 됩니다.

이 시나리오에서 당신은 인간의 다양한 긍정적 특성을 발견하고, 표현하고, 논의하고 있습니다. 성격강점을 알아차리고 활용하는 것이 이제 습관이 되어 가고 있습니다. 하지만 이는 단순한 강점의 일상 그 이상입니다. 당신은 자신과 세상에 강점을 발휘하고 있습니다. 당신은 이러한 강점이 되었습니다. 당신이 바로 호기심과 친절성, 감사입니다.

당신의 습관:
당신이 누구인지는 당신이 반복적으로 하는 행동을 통해 알 수 있다

이 글을 한두 번 다시 읽어 보세요. 당신이 누구인지는 당신이 반복적으로 하는 행동을 통해 알 수 있습니다. 이것을 깊이 새겨 보세요. 당신의 삶에서 당신은 무엇을 하며 시간을 보내나요? 텔레비전을 전문적으로 시청하는 사람인가요, 아니면 가능한 한 다른 사람들을 도우려고 노력하는 사람인가요? 후자라면, 당신의 행동이 당신이 어떤 사람인지(친절한 사람)를 말해 줍니다. 스트레스를 심하게 받을 때 어떻게 대응하나요? 당신은 화를 내고, 좌절하고, 다른 사람을 탓하나요? 아니면 당신의 통찰력으로 스트레스의 더 큰 그림을 보고 스트레스가 주는 성장의 기회에 감사함을 느끼나요? 그렇다면 당신의 행동은 당신이 현명하고 감사하는 사람이라는 것을 말해 줍니다. 이처럼 우리의 행동 패턴은 우리가 누구인지를 반영해 줍니다.

나는 '우리의 반복되는 행동이 우리가 누구인지를 정의한다'는 이 철학적 생각이 떠오를 때마다 정신이 번쩍 듭니다. 나는 강점을 '반복적으로' 행할 수 있습니다. 삶에서 가장 중요한 것은 나의 행동이라는 사실이 엄청나게 무겁게 다가오며 나를 각성시킵니다. 내가 무엇을 걱정하거나 생각하는 데 시간을 보내는지는 내가 하는 일만큼 중요하지 않습니다. 내가 사람들을 대하는 방식, 시작하는 방식, 사람들과 시간을 보내는 방식이 중요합니다. 중요한 것은 내 행동입니다. 내가 누구인지 다른 사람에게 알게 하는 것은 바로 내 행동입니다. 내가 완벽하게 친절하거나 창의적일 수는 없지만, 더 친절하고 창의적인 강점 방향으로 반복해서 행동하며 나아갈 수는 있습니다.

이러한 관찰을 통해 강점, 미덕, 선함이 모두 우리의 손이 닿는 곳에 있다는 것을 깨닫게 됩니다. 그것들은 훈련할 수 있습니다. 연습을 통해 좋은 습관을 만들 수 있습니다(나쁜 습관과 마찬가지로). 감사, 협동심(시민의식, 팀워크), 끈기, 호기심을 연습할 수 있습니다. 그 강점들을 더 강하게 만들 수 있습니다. 연구에 따르면 자신의 강점을 발휘할 때(즉, 강점을 더 강하게 만들 때) 스트레스 관리와 대처 능력이 향상되는 것으로 나타났습니다(Harzer & Ruch, 2015; Wood et al., 2011).

핵심은 당신의 강점에 우선순위를 두는 것입니다. 당신은 아이가 울고 있을 때, 파트너가 불평할 때, 상사가 당신의 좋은 성과를 무시할 때에도 이 상황들을 당신의 강점 사용을 배우고 성장시키는 기회로 보고 집중할 수 있습니다. 누군가가 당신에게 불만이 있을 때 그때 당신의 용기가 깨어 나오는 것처럼 다양한 방법으로 당신의 강점이 발휘될 수 있습니다. 또는 장기간의 스트레스를 견디기 위해 끈기를 발휘하거나 자신을 진정시키고 편안하게 놓아 주기 위해서 자기조절을 발휘합니다. 각 성격강점은 매우 다재다능하고 잠재력이 가득합니다. 더 많은 이해와 규칙적인 연습으로 당신의 강점 습관은 성장하게 될 것입니다.

이 장에서는 습관이 자랄 수 있는 공간을 만들고 하루 종일 강점 행동을 하도록 하는 연구에 기반한 방법 활용에 초점을 맞출 것입니다. 일상적인 일에 당신의 강점을 연결해서 연습할 수 있습니다. 다가오는 스트레스 요인에 대해 강점으로 미리 준비해 하루를 힘차게 시작하고, 몇 가지 독특한 연습을 적용해 강점 활용의 다양성을 높이고, 마지막 감사 연습으로 하루를 탄탄하게 마무리할 수 있습니다. 이러한 강점 활용법 중 몇 가지를 실험해 보고 나면 당신은 더 좋은 아이디어를 갖고 계획해 나갈 수 있을 것입니다. 마지막으로 의도 설정, 지원 요청, 강점 활용에 대해 긍정적 강화를 받을 수 있는 새로운 방법 발견하기 등 강점 계획의 필수적인 요소들을 살펴보겠습니다.

강력한 시작: 강점 활용에 맞춰 하루를 조정하기

아침 식사가 하루를 시작하는 가장 중요한 방법이라는 말은 진리입니다. 아침 식사가 신진대사를 활발하게 하고 에너지를 높여 스트레스 해소에 도움이 된다는 것은 의심할 여지가 없습니다. 하지만 다음 질문을 생각해 보기를 바랍니다.

- 스트레스에 더 직접적인 효과를 주는 방법으로 하루를 시작할 수 있다면 어

떨까요?

- 당신의 아침 일상에서부터 성격강점을 사용하면 어떨까요?
- 하루 중 가장 큰 스트레스 요인이 통제되고 있다는 사실을 알면 어떤 기분이 들까요?

아침을 먹는 동안 스트레스 요인을 관리하기 위해 미리 생각할 수 있습니다. 그러면 스트레스를 해결할 수 있다는 확신을 가지고 불필요한 걱정과 긴장을 내려놓고 하루를 즐겁게 생활하는 데 집중할 수 있습니다.

여기 그것을 시도해 볼 만한 접근 방식과 관련된 몇 가지 배경 지식을 소개합니다. 한 그룹의 상담자들에게 상담 시작 직전 몇 분 동안 내담자의 가장 큰 강점에 대해 생각해 보라고 요청했습니다. 이와 관련해 한 상담자는 내담자가 매우 사랑스럽고 친절하다고 생각했고, 다른 상담자는 내담자가 지난주에 모르는 낯선 사람을 돕기 위해 끈기와 용기를 사용했던 이야기를 떠올렸으며, 또 다른 상담자는 내담자가 말장난과 유머를 창의적으로 사용한다고 생각했습니다. 이 상담자 그룹을 내담자의 강점을 먼저 생각하지 않고 평소처럼 상담만 한 상담자 그룹과 비교했습니다. 연구진은 이러한 접근 방식이 갖는 잠재적 영향과 함께 이로 인해 어떤 일이 일어났는지 조사했습니다. 연구 결과, 자신의 강점을 미리 고려한 상담자로부터 상담을 받은 내담자는 다른 그룹에 비해 상담 회기에서 더 많은 진전을 이루었고, 더 높은 강점 활성화와 더 큰 성취감을 경험했으며, 상담자와의 관계가 더 돈독해지는 등 여러 측면에서 유익을 경험한 것으로 나타났습니다. 강점을 먼저 생각하는 이러한 접근 방식을 '자원 인쇄'(Fluckiger & Grosse Holtforce, 2008; Fluckiger et al., 2009)라고 합니다.

이 연구에는 많은 지혜가 담겨 있습니다. 강점으로 성공하도록 우리 스스로를 발전시키면 유익한 결과가 나타난다는 것을 알려 줍니다. 자신의 강점에 대해 생각하면 행동에 대한 의도와 의지를 빠르게 만들어 갈 수 있습니다. 당신은 자신의 강점이 스트레스를 반전시킬 수 있다는 것과 강점으로 행동할 때 성공할 기회가 증가된다는 것을 더 명확하게 보기 시작할 것입니다.

끝내야 하는 일 목록, 서둘러 처리할 심부름, 참석해야 할 회의, 자녀를 데려가야 할 장소, 상사가 할 수 있는 요구사항, 마주칠 가능성이 있는 사람 등 하루의 일정을 미리 살펴봄으로써 이 접근법을 적용할 수 있습니다. 이러한 상황에 직면하기 전에 각각의 경우에 예상되는 어려움을 생각해 볼 수 있습니다. 누구와 대화하기 가장 어려울까? 어느 지점에서 불안감이 고조될 수 있는가? 어떤 상황에서 좌절감을 느낄 수 있는가? 당신의 한 가지 잠재적 스트레스 요인이 선택되면 머릿속에서는 이미 관련 세부 사항, 대화, 시나리오가 상상되고 있을 것입니다. 반면 이러한 스트레스 요인을 처리하고 극복하는 데 사용될 수 있는 성격강점 활용방법이 자동으로 머릿속에서 실행되고 있을 가능성은 낮습니다. 그러나 당신은 그런 접근 방식(성격강점을 자동적으로 활용할 수 있는 방식)을 취하도록 당신의 마음을 이끌어 가는 연습을 할 수 있습니다!

스트레스 요인에 대처하기 위한 강점 마중물 사용하기

정기적인 강점 연슙의 일환으로 자원 마중물(준비전략)을 설정하려면 http://www.newharbinger.com42808에서 이 활동지를 다운로드해 매일 작성하기를 바랍니다.

앞으로 닥쳐올 수 있는 스트레스가 많은 사건, 어려운 대화 또는 오늘 직면할 가능성이 있는 문제를 한 가지 적어 보기를 바랍니다.

———————————————————————

———————————————————————

———————————————————————

그리고 당신의 대표강점에 대해 생각해 보기를 바랍니다. 이 스트레스 요인에 어떻게 당신의 대표강점을 활용할 수 있을까요? 마음속으로 강점 활용법을 실행해 보세요. 그 행동은 구체적으로 어떤 모습일까요?

———————————————————————————————

———————————————————————————————

———————————————————————————————

　하루 중 이런 상황이 닥치려고 할 때, 먼저 강점으로 자신을 준비시키는 것을 잊지 마세요. 5분 정도 미리 자신의 대표강점을 떠올려 보는 습관을 들이는 데 도움이 될 방법에는 무엇이 있을까요? 휴대폰에 알람을 설정해야 할까요? 준비 시간을 조금 더 확보해야 할까요? 무엇이 가장 도움이 될까요?

———————————————————————————————

———————————————————————————————

———————————————————————————————

　이제 당신의 강점과 그 강점이 하루의 스트레스를 처리하는 데 어떻게 도움이 될 수 있는지 미리 생각하며 아침을 시작했으니, 언제든 당신의 강점을 활용할 수 있도록 강점의 활용도를 높여 보기를 바랍니다.

강점을 다양하게 활용하기

　당신의 강점을 최대한 활용하려면 24가지 강점 모두에 익숙해져야 합니다. 각 성격강점을 자신과 다른 사람을 향해 다양한 방식으로 표현하는 연습을 통해 각 강점이 얼마나 역동적인지 살펴볼 것입니다.
　먼저 다음 두 가지 시나리오를 고려해 보기를 바랍니다.

상황 1: 연우 씨는 강점에 대한 수업을 들으며 자신이 진실성이 높다는 것을 알게 되었습니다. 연우 씨는 다음과 같이 말합니다. "저는 진실성의 강점을 일상에서 자주 사용합니다. 이것은 주로 사람들이 저에게 질문을 할 때 제가 진실을 말하는 것으로 나타납니다. 때때로 사람들이 진실을 듣기 힘들어하지만 어쨌든 저는 진실을 공유합니다."

상황 2: 노아 씨는 강점에 관한 수업을 들으며 자신이 진실성이 높다는 사실을 알게 되었습니다. 노아 씨는 이렇게 말합니다. "진실한 것이 저입니다. 진실은 제가 하는 모든 일의 일부분이 됩니다. 진실은 가족, 친구, 동료와의 상호작용을 촉진합니다. 저는 피드백이나 의견을 명확하고 직접적으로 전달하기 때문에 주변 사람들은 제가 문제, 사회적 이슈 또는 뜨거운 논란에 대해 어떤 의견을 가지고 있는지 항상 알 수 있습니다. 저는 제가 보는 대로 이야기합니다. 저도 저 자신에게 솔직해지기 위해 열심히 노력합니다. 저는 저와 제 행동에 대한 다른 사람들의 솔직한 피드백을 소중히 여깁니다. 편견과 고정관념을 버리고 가능한 한 명확하게 저 자신을 바라보려고 노력합니다. 평생에 걸친 여정이라는 것을 알지만 저에게는 이 과정이 필수적인 부분입니다. 또한 정직하고 성실하게 살아가려고 노력합니다. 제 집의 모든 방에 카메라를 설치해 아내와 아이들과 대화하는 모습을 비공개로 지켜본다면 식당이나 공원에 있을 때와 똑같은 제 모습을 보게 될 것입니다. 저는 저 자신입니다. 저는 가식적인 모습을 보이지 않으려고 노력합니다. 상황이 힘들어지면 저는 솔직해집니다. 사람들이 어떤 주제에 대해 민감하게 반응할 때, 저는 여전히 진실함에 의존합니다. 일이 잘 풀릴 때도 저는 진실함을 택합니다. 어떤 사람들은 제가 너무 솔직하다고 말하는데, 저는 더 솔직하게 대답할 뿐입니다! 저는 상대방의 말을 주의 깊게 듣고 상대방의 감정을 배려하면서 솔직해질 수 있는 방법을 찾기 위해 노력하고 있는 것을 상대방과 공유합니다."

두 시나리오 모두 긍정적인 강점 활용에 대해 보여 줍니다. 하지만 노아 씨의 상황(상황 2)은 노아 씨가 자신의 대표강점을 사용하는 다양한 방법과 그것이 노아 씨에게 얼마나 중요한지를 보여 줍니다. 단지 노아 씨의 설명이 더 길기 때문이 아니라, 노아 씨는 자신의 대표강점을 다양한 수준의 깊이로 사용하고, 다른 사람들과 자신 모두에게 맥락을 초월해 사용하고 있으며, 노아 씨가 꾸준히 그 강점을 키우는 것에 열려있다는 것을 보여 주고 있습니다. 나는 노아 씨의 글을 읽으면서 노아 씨가 자신의 최고 강점에 정통할 뿐만 아니라 스트레스 상황에서 그 강점을 표현하는 데 매우 적응적이고 다재다능할 것 같다는 확신이 들었습니다.

이러한 다재다능함은 24개의 성격강점 각각에서도 확인할 수 있습니다. 각각의 강점은 다양한 방식으로 그리고 다양한 목적으로 사용될 수 있습니다. 노아 씨의 사례에서 볼 수 있는 중요한 일반적인 개념은 성격강점을 개인의 안팎에 모두 적용할 수 있다는 것입니다. 즉, 다른 사람에게 강점을 집중하여 관계를 발전시킬 수도 있고, 하루하루를 살아가면서 자신에게 강점을 집중할 수도 있습니다. 노아 씨는 진실함을 내적으로 적용해 자기 분석에 사용했고, 외적으로는 노아 씨의 인간관계에 적용해 표현했습니다.

어떤 성격강점들은 분명히 더 내적 지향적이거나 혹은 외적 지향적입니다. 예를 들어, 사랑과 감사는 일반적으로 외적으로 표현되는 반면, 호기심과 창의성은 혼자 있을 때, 새로운 주제를 탐구하거나 새로운 것을 개발할 때처럼 일반적으로 더 내적 지향적으로 표현됩니다.

그런데, 예상과 반대되는 행동을 하는 것이 흥미로울 수 있습니다. 친절성은 일반적으로 누군가를 위해 좋은 일을 하는 것으로 여겨집니다. 하지만 친절성을 내면으로 돌려 스스로에게 친절하고 자비로운 사람이 된다면 어떻게 될까요? 아니면 용서를 생각해 보세요. 자신을 용서하는 것은 어떤 모습일까요? 마찬가지로, 일반적으로 자기 주도적일 수 있는 호기심을 다른 사람에게 향하게 할 수도 있습니다. 예컨대, 혼자서 인터넷을 검색하면서 호기심을 표현하는 대신, 모둠 학습의 새로운 방법을 탐구하거나, 가족에게 새로운 요리법으로 요리를 해 주거나, 사랑하는 사람에게 예상치 못한 질문을 할 수 있습니다.

　　다음 표는 10가지 성격강점을 내적으로 그리고 외적으로 표현하는 구체적인 예를 보여 줍니다.

성격강점	내적으로 적용하기	외적으로 적용하기
창의성	새로운 개인적 문제를 해결하기 위한 세 가지 다른 방법 생각하기	사랑하는 사람에게 영감을 주기 위해 쓴 짧은 시를 큰 소리로 읽어 주기
호기심	모든 감각을 동원해 새로운 음식 탐색하기	스트레스를 받는 동료에게 직장에서 무엇이 활력을 주는지 몇 가지 질문하기
진실성 (정직)	자신의 나쁜 습관 중 하나를 스스로 인정하기	누군가 의견을 구할 때 진솔한 생각 공유하기
활력 (열정)	활기를 되찾기 위해 산책하기	사랑하는 사람이 하루 중 좋았던 일에 대해 이야기할 때 열정과 설렘으로 반응하기
사랑	일반적으로 비판적인 상황에서 자신에게 부드럽게 대하기	속상한 친구에게 따뜻한 포옹과 세심한 경청 제공하기
공정성	압박감을 느끼지 않도록 다른 프로젝트를 맡지 않게 공정하게 결정하기	각 자녀에게 생일에 동일한 '가격'의 선물을 주기
용서	연구과제에서 저지른 실수를 수용하고 잊어버리기	친구가 다른 사람들에게 나에 대해 부정적인 말을 했을 때 그 친구를 용서한다고 말하기
신중성	하루 종일 집중할 작업 계획 세우기	함께 파티를 주최하는 친구와 함께 여러 가지 연속적인 활동을 계획하고 구성하기

심미안 (심미성)	성공적인 업무 프로젝트 중 하나를 떠올리며 그 프로젝트를 성공시키기 위해 쏟은 정확성과 기술을 음미하며 인정하기	다른 사람들이 감탄하고 즐길 수 있도록 간단한 자연 사진을 소셜 미디어에 공유하기
감사	잠시 시간을 내서 자신의 삶과 이 세상에서 누리고 있는 건강에 대해 감사함을 느끼기	삶에서 중요한 롤 모델이 되어 준 사람에게 '감사하다'고 말하기

당신의 강점 중 하나에 대해 내적 표현과 외적 표현 모두를 고려하게 될 때 당신의 강점을 여러 가지 다른 방식으로 바라볼 수 있습니다. 그리고 당신의 강점을 바라보는 시각이 확장됩니다. 강점에 대한 인식의 폭이 넓어지면 앞으로 몇 주 동안 스트레스와 갈등을 관리하는 데 도움이 될 것입니다. 또한 각 강점이 가진 잠재력을 쉽게 파악하는 데 도움이 될 것입니다.

내적 및 외적 강점 활용

당신의 대표강점 5가지로 돌아가 보세요. 각 강점이 내적, 외적으로 어떻게 활용될 수 있을지 브레인스토밍을 통해 생각을 확장해 봅시다. 각각에 대해 한 가지 이상의 예를 생각해 봅시다. 내적 표현은 혼자 있을 때 가장 자주 일어나고, 외적 표현은 한 명 이상의 사람들과 소통할 때 가장 자주 일어난다는 점을 기억하기를 바랍니다. 내적 표현과 외적 표현을 이렇게 생각할 수도 있습니다. 대표강점을 자신에게 도움이 되도록 어떻게 사용하는가? 대표강점을 다른 사람에게 도움이 되도록 어떻게 사용하는가?

대표강점 #1: _____

내적으로 표현하는 예시: _____

_____

_____

_____

외적으로 표현하는 예시: _____

_____

_____

_____

대표강점 #2: _____

내적으로 표현하는 예시: _____

_____

_____

_____

외적으로 표현하는 예시: _____

_____

_____

_____

대표강점 #3: _____

내적으로 표현하는 예시: _____

_____

_____

_____

외적으로 표현하는 예시: _____

_____

_____

_____

대표강점 #4: _____

내적으로 표현하는 예시: _____

_____

_____

_____

외적으로 표현하는 예시: _____

_____

_____

_____

대표강점 #5: _____

내적으로 표현하는 예시: _____

_____

_____

_____

외적으로 표현하는 예시: _____

_____

_____

_____

당신이 화가 날 때, 당신의 강점이 가리키는 방향을 바라보는 것이 기분 좋은 놀라움을 가져다주고 화를 진정시키는 즉각적인 도구가 될 수 있습니다. 강점 활용법을 더 다양하게 적용하는 여러 가지 방법에 관심을 가지려면 http://www.newharbinger.com/42808을 방문해 당신의 상황에 적용하는 데 익숙하게 해 줄 여러 가지 활동을 찾아서 이 강점 활용법이 자신의 진정한 표현으로 편안하게 익숙해질 때까지 배우처럼 가장해서라도 당신의 강점을 연습하며 사용하기를 바랍니다.

자, 하루를 힘차게 시작하고 당신의 강점 활용으로 유연하고 다재다능한 하루를 보냈으니 이제 힘차게 마무리할 시간입니다!

강점으로 하루 마무리하기

스트레스가 많았던 하루가 끝나면 우리는 종종 힘들었던 일들을 뒤로 던져 버리고 잊고 싶어 합니다. 그러나 이제 당신은 당신의 하루가 스트레스, 속상한 감정, 몸의 긴장으로 가득 차 있을 때조차도 다른 접근방식을 취할 수가 있습니다. 비록 그 스트레스가 현실이기는 하지만, 그 현실의 또 다른 부분은 하루 동안에도 좋은 일이 많이 일어났다는 것입니다. 하지만 우리는 보통 스트레스 요인에 너무 가려져서 긍정적인 일이 항상 존재한다는 사실을 잊어버리곤 합니다.

따라서 나는 당신에게 '마지막에 집중하기'를 권장합니다. 잠시 멈춰서 하루의 충만함을 음미하며 하루의 마지막에 주의를 기울여 보기를 바랍니다.

여러 연구 결과에서 하루를 마무리할 때 하루 동안 있었던 좋은 일들에 대해 생각해 보는 것이 —여러 사례에서, 적어도 세 가지 이상의 좋은 일— 장기적인 행복감 증가와 우울증의 감소에 관련이 있다고 반복되어 보고됩니다 (Gander et al., 2013; Seligman et al., 2005).

　　일반적으로 '축복을 세어 보기'로 알려진 이 활동은 감사의 강점을 증진하는 전략입니다. 감사는 연결을 촉진하는 윤활유입니다. 기본적인 수준에서 감사는 '당신이 나에게 좋은 일을 해 줬고, 나는 그것을 인정하고 감사를 표한다'는 좋은 관계의 거래를 완성합니다. 더 깊은 수준에서, 진정성 있게 표현될 때 감사는 세상, 나 자신, 다른 사람들과의 관계를 더욱 강화합니다.

일차	세 가지 축복 또는 좋은 일	좋은 일이 어떻게 생겨났는지	어떤 성격강점(또는 다른 것들)을 사용했나요?
예시	1. 배우자가 오늘 아침 출근 전에 몇 분 동안 내 어깨와 등을 주물러 주었다. 2. 건물에 들어가는데 낯선 사람이 문을 잡아 주었다. 3. 퇴근하고 집에 돌아왔을 때 아이 중 한 명이 내게 달려와 크게 안아 주었다.	1. 바쁜 일상에 걱정이 많았는데 배우자가 이를 이해해 주고 내 어깨가 긴장된 것을 느끼며 주물러 주었다. 2. 그녀는 내가 그 큰 상자를 옮기느라 고생하는 것을 눈치 채고 일부러 나를 도와주러 왔음에 틀림없다. 3. 도착하자마자 "나 왔어"라고 소리치며 아이들을 향해 웃었다. 이것이 아이들의 열정을 불러일으켰고, 긴 하루를 보낸 후 정말 감사했다.	1. 아내의 마사지를 통해 나의 **자기조절**을 경험하는 것 같았다. 나는 내 감정을 통제할 수 있다고 느꼈다. 2. 그 사람에게서 **친절성**을 보았다. 그 직후 나는 친절하게 대하고 싶은 충동을 느꼈고, 내가 접수원에게 더 친절하고 배려하는 모습을 발견했다. 3. **사랑**받고 있다고 느꼈고 접촉을 통해 따뜻함과 사랑을 표현했다.
1일차	1. 2. 3.	1. 2. 3.	1. 2. 3.

2일차	1. 2. 3.	1. 2. 3.	1. 2. 3.
3일차	1. 2. 3.	1. 2. 3.	1. 2. 3.
4일차	1. 2. 3.	1. 2. 3.	1. 2. 3.
5일차	1. 2. 3.	1. 2. 3.	1. 2. 3.
6일차	1. 2. 3.	1. 2. 3.	1. 2. 3.

7일차	1. 2. 3.	1. 2. 3.	1. 2. 3.

　강점 연습을 위해 앞의 활동지를 http://www.newharbinger.com/42808에서 다운로드하고 일주일 동안 감사 연습을 해 보기를 바랍니다. 한 주 동안 매일 밤 하루를 되돌아보며 좋은 일과 그런 일이 일어날 수 있었던 이유를 기록해 보기를 바랍니다. 몇 가지 팁을 알려 드리면, 각 예시를 구체적으로 적고 상황이나 상호작용의 뉘앙스를 파악해 보기를 바랍니다. 이는 단순히 기록하는 것 이상으로 강력한 효과가 있습니다. 당신의 건강, 가족, 친구에게 감사하는 것은 당신이 누구인가에 대해서 많은 말을 하는 것이 아닙니다. 무엇보다 기억할 것은, 한 주 동안 같은 내용만을 반복하지 말고 매일 새롭고 구체적인 감사의 예를 생각해 보기를 바랍니다. 그리고 일주일 이상 이것을 하도록 동기부여를 받았다면, 꼭 그렇게 실천하기를 바랍니다!

　감사(와 다른 성격강점)에 주의를 기울이는 연습을 하면 그 범위가 점차 넓어집니다. 일 년 동안 매일 이 연습을 일상적으로 했다고 상상해 보세요. 수천 번 이상 감사 강점을 알아차리고 활용했을 것입니다! 그것은 견고하고 강력한 습관이 될 것입니다.

강점의 하루 돌아보기

　이제 잠시 시간을 내어 하루의 시작부터 끝날 때까지의 당신의 강점 실천을 살펴봅시다. 다음 질문에 답하면서 어떤 점이 눈에 띄었는지 자세히 살펴보기를 바랍니다.

　　오늘 하루는 어땠나요? 하루의 시작, 중간, 마지막에 강점을 적용하는 것이 어떠했나요?

_____

_____

_____

_____

　　어떤 성격강점이 가장 활기를 북돋아 주었나요? 당신에게 가장 중요한 강점은 무엇인가요? 이를 어떻게 표현했나요?

_____

_____

_____

_____

　　어떤 강점 연습이 눈에 띄었나요? 구체적인 강점 계획 수립과 관련된 다음 영역으로 넘어갈 때 이 점을 기억해 두기를 바랍니다.

_____

_____

_____

_____

긍정적인 습관 형성을 위한 강점 계획하기

이제 하루 동안 몇 가지 강점 실천을 실험해 보았으니, 강점 계획을 세우는 데 의욕과 열기가 생기리라 봅니다.

강점 계획을 세울 때 ① 의도 또는 목표를 설정한 후, 방해가 될 수 있는 장애물을 나열하고, ② 다른 사람의 지원을 받고, ③ 긍정적인 강화 고리를 설정하는 등 관련 연구를 통해 입증된 몇 가지 팁을 기억한다면 긍정적인 습관 형성이 성공할 가능성은 훨씬 더 높아집니다.

의도하는 강점의 이름을 정하고 도전 과제 예측하기

당신의 생활에서 규칙적인 일과로 만들고 싶은 긍정적인 습관은 무엇인가요? 어떤 결정을 할 때, 자신의 모든 대표강점을 발견하고 매우 흥분했던 30대의 비즈니스 임원인 찬호 씨의 사례를 배우는 것이 당신에게 도움이 될 수 있습니다. 찬호 씨는 자신의 다섯 가지 각 대표강점마다 새로운 목표를 하나씩 설정하기로 결심하고 즉시 모든 목표를 실행에 옮기기 시작했습니다. 처음에는 꽤 잘 진행되었지만 일주일 정도 지나자 찬호 씨는 직장에서 스트레스가 쌓이기 시작했고, 다섯 가지 강점 목표를 실행하는 것이 부담스러워졌습니다. 결국 찬호 씨는 모두 포기했습니다. 찬호 씨는 한동안 강점에 대해 아무것도 하지 않았습니다. 몇 달 후, 찬호 씨는 자신의 강점 목표를 다시 검토하기 시작했습니다. 찬호 씨의 열정이 다시 불붙었지만 이번에는 단 하나의 강점만 강화하는 데 집중하기로 결정했습니다. 찬호 씨는 계획을 세우고 1년 넘게 이를 지켰습니다. 그것은 강력한 습관이 되었습니다. 찬호 씨는 목표에 집중하고, 미리 계획을 세우고, 목표를 가로막는 잠재적인 장애물을 파악할 수 있었기 때문에 성공할 수 있었다고 말합니다.

'좋은 일에 너무 집중하면 역효과가 날 수 있다'는 찬호 씨가 발견한 사실은 연구 결과를 통해 지지됩니다. 한 연구에서는 하나의 미덕 목표를 중심으로 계획을 세우도록 한 그룹이 여섯 개의 미덕 목표에 집중하고 계획을 세운 그룹보다 더 성공적인 것으로 나타났습니다(Dalton & Spiller, 2012).

또한 연구자들은 방해가 될 수 있는 장애물과 장애물이 발생했을 때 어떻게 대처할 것인지에 대해 구체적으로 적으면 목표나 의도하는 강점을 실행할 가능성이 더 높아진다는 사실을 발견했습니다(Gollwitzer & Oettingen, 2013; Hudson & Fraley, 2015). 이 기법을 '만약-그렇다면(if-then)' 전략이라고도 하는데, 여기서 '만약(if)'은 직면할 수 있는 도전 과제이고 '그렇다면(then)'은 그 도전 과제에 성공적으로 대처할 방법을 의미합니다.

주은 씨가 매일 밤 좋은 일들을 회상하기 위해 강점의 의도로 사용한 '만약-그렇다면'의 문장을 살펴봅시다. 주은 씨는 자신의 장애물이라 여기는 것 중 하나로 너무 피곤하면 계획을 실천할 동기부여가 떨어진다는 것을 알고 있었습니다. 또한 주은 씨는 그 활동을 하는 것을 깜빡할 수도 있다는 것도 알고 있었습니다. 주은 씨가 생각해 낸 것은 이것입니다.

> **만약** 밤에 너무 피곤해서 감사일기를 쓰기 힘들**다면**, 나의 활력(열정) 강점을 이용해서 잠자리에 들기 전에 서서 감사일기 쓰기를 완성할 것입니다.
> **만약** 어느 날 감사일기 쓰기 활동을 잊어버렸**다면**, 다음 날에는 신중성 강점을 발휘해 매일 저녁 특정 시간에 좋은 일들을 회상하도록 상기시켜 줄 스마트폰 알람을 설정합니다.

당신도 직접 해 보기를 바랍니다.

매일 실천하고 싶은 의도하는 강점 또는 목표 한 가지를 설정해 봅니다.

매일 성공적인 강점 실천을 방해할 수 있는 장애물 두 가지를 적어 봅시다. 그다음에는 개인적인 '만약-그렇다면' 전략을 세워 보기를 바랍니다.

장애물: _____

만약-그렇다면 전략: _____

_____

_____

장애물: _____

만약-그렇다면 전략: _____

_____

_____

새로운 강점 의도에 익숙해지면(몇 주 정도 걸릴 수 있습니다) 다른 강점 목표를 가지고 이 과정을 반복할 수 있습니다.

지지 네트워크 재발견하기

이 워크북을 관통하는 핵심 주제 중 하나는 당신의 성격강점에 대해 다른 사람의 지지를 받고 그들과 연결되는 것입니다. 각 장의 마지막에는 당신의 강점 성장을 지속하기 위해 몇 가지 방법으로 다른 사람들과 연결되기를 권장하고 있습니다. 제3장에서 강점 활용을 위한 핵심 행동 중 하나로 ROAD-MAP의 두 번째 'A'인 '요청하기'에 대해 설명했습니다. 그리고 지난 장에서는 온라인 성격강점 360° 도구를 통해 당신의 성격강점에 대한 새로운 시각을 요청했습니다. 여기서는 좋은 습관을 만들고 유지하는 데 있어 핵심적인 요소인 지지에 대해 직접 알아보겠습니다. 우리의 강점 습관을 위한 지지는 다양한 형태로 제공되며, 당신의 여정에 도움을 줄 수 있는 주변 사람으로는 동참자, 격려자, 연결자의 세 가지 유형이 있습니다.

동참자

동참자는 당신이 성장 작업을 할 때 함께 뛰어들어 참여하고 싶어 하는 사람들입니다. 이들은 자신을 향상시키고 새로운 통찰력을 개발할 수 있다는 기대감으로 흥분하며, 당신의 강점 발휘의 본질과 이로 인해 나타날 수 있는 유익에 흥미를 느낍니다. 종종 배우자, 중요한 사람들 또는 친한 친구가 '강점을 가지고 당신과 함께 소통하고 싶어 하는' 경우입니다.

당신의 강점 실천에 함께할 사람은 누구인가요? 개인적 성장의 이슈에 가장 호기심이 많고 열정적인 사람은 누구인가요? 누가 함께 뛰어들어 새로운 것을 시도하기를 열망합니까?

그 사람에게 당신과 함께 하자고 요청하겠습니까? 당신의 강점 계획을 언제 그들과 공유하겠습니까?

격려자

격려자는 실제 경기에 출전하지는 않지만, 팀이 잘하도록 격려하고 에너지를 불어넣으며 환호하고 춤을 추는 등 끊임없는 지지자 역할을 합니다. 격려자는 다른 사람의 에너지를 끌어올리는 역할을 합니다. 당신의 삶속에서 의사, **코치, 가족, 이웃, 심지어 우편배달부처럼 옆에서 꾸준히 응원해 주는 사람이 누구인가요? 그 사람이 기꺼이 당신의 격려자가 되어 준다면,** 그 대가로 당신은 자신의 목표 중 하나를 그들을 도와주기로 정할 수 있습니다. 이상적으로는 스스로 자신의 최고 격려자가 되어 자신의 강점을 강화하는 것이 좋겠지만, 우리 모두는 때때로 옆에서 응원해 주는 사람이 필요합니다.

당신의 격려자는 누구인가요? 계획이 순조롭게 진행될 수 있도록 함께 점검해 주는 사람은 누구인가요? 직접적으로 격려하고 긍정적인 지지를 보내 줄 사람은 누구인가요?

_____

_____

_____

그들에게 응원해 달라고 부탁해 보겠습니까? 당신의 강점 계획을 언제 그들과 공유할 수 있을까요?

_____

_____

_____

연결자

연결자는 동참자처럼 함께 활동할 의향이 없고, 격려자처럼 당신에게 동기를 부여하거나 밀어붙이지는 않지만, 당신이 자기계발 주제를 꺼낼 때 기꺼이 귀를 기울여 주는 사람들을 말합니다. 연결자는 커피를 마시며 대화하는 친구, 볼링 동호회 친구, 형제자매 또는 직장 동료일 수 있습니다. 이들은 자신의 강점을 직접 개발하지는 않지만, 당신이 자신의 대표강점에 대해 이야기하고 싶을 때 눈을 돌리거나 회피하지 않습니다. 그들은 당신의 강점 발견의 대상이 되는 것을 기쁘게 생각하며, 그들의 사회지능을 통해 당신의 계획에 대해 당신과 효과적인 대화를 나눌 수 있습니다.

당신의 연결자는 누구인가요? 당신이 강점 성장에 대해 정기적으로 이야기할 수 있는 사람은 누구인가요? 인생에서 의미 있는 대화를 나누는 사람은 누구인가요?

_____

_____

_____

그들에게 지지를 요청할 것인가요? 강점 계획을 언제 그들과 공유할 건가요?

_____

_____

_____

긍정적인 관계를 맺는 것은 삶의 행복을 증진시키는 가장 중요한 방법 중 하나입니다. 당신의 강점 발휘를 도와주는 지지 체계는 필수적인 부분입니다. 주변 지지자(응원자)들을 마음에 가장 소중하게 생각하세요. 그리고 당신도 그들을 친절하게 응원하세요. 그리고 어떤 이유로든 인생에서 나를 지지해 주는 사람이 사라진다면, 목표 달성에 도움이 될 수 있는 다른 사람들과 연결하기를 바랍니다!

긍정적 고리로 강점 강화하기

뇌와 뇌의 작동 원리에 대한 연구는 지난 수십 년 동안 기하급수적으로 발전해 왔습니다. 새로운 연구 결과 중에는 단서를 통해 습관이 형성되고 보상을 통해 습관이 강화되는 방식에 대한 실용적인 연구 결과도 있습니다(Duhigg, 2012). 호주의 교육자 미셸 맥퀘이드(Michelle McQuaid)는 강점을 습관 형성의 과학에 접목해 수천 명의 사람을 대상으로 강점 습관을 형성하도록 가르친 결과, 번영, 강점 사용, 목표 설정, 더 활기찬 배변 등의 측면에서 효과를 얻을 수 있다는 사실을 발견했습니다(McQuaid & Lawn, 2014; McQuaid & VIA Institute, 2015). 우리의 습관 중 대부분은 —어떤 것은 좋고 어떤 것은 좋지 않은— 우리가 의식하지 못하는 사이에 자동으로 만들어집니다.

행동에 작은 변화를 주는 것이 쉬운 일처럼 보이지만, 대부분의 사람들은 너무 바빠서 시작할 정신적 여유와 에너지가 부족합니다. 다음의 세 가지 단계로 구성된 과정은 당신의 강점 습관을 더욱 자동적으로 만들어 가는 데 몇 가지 도움을 줄 수 있습니다.

- 단서: 시작하도록 도움을 주는 간단한 신호나 단서, 개인적인 촉구 또는 알림 메시지를 선택해 활용하기를 바랍니다.
- 강점 일상(루틴): 성격강점을 표현할 수 있는 짧은 일상 행동(루틴)을 설정해 봅니다. 이것은 당신이 당신의 삶에서 원하는 행동 패턴입니다.
- 강화: 습관 실천에 대한 보상으로 스스로에게 격려하기, 긍정적인 피드백하기, 즐거운 활동하기 또는 하고 싶은 짧은 활동을 할 수 있는 기회 주기 등을 하기를 바랍니다.

예시:

- 단서: 하루를 시작하기 위해 컴퓨터를 켭니다.
- 강점 일상(루틴): 이 단서는 그날의 자원 준비 전략(오늘 스트레스를 높일 가능성이 가장 높은 사건에 대해 나의 강점으로 어떻게 대응할지)을 작성하라는 촉구를 합니다.
- 강화: 갓 내린 커피를 한 모금 마십니다.

- 단서: 아침에 거실에 있는 파란색 의자 옆을 걷습니다.
- 강점 일상(루틴): 그 의자에 앉아 3분 동안 사랑의 친절 명상을 하면서 친절성의 강점을 내면에 적용하는 연습을 합니다.
- 강화: 스마트폰으로 1분 게임을 합니다.

긍정적 피드백 고리

선택한 성격강점을 실천하기 위해 당신이 매일 적용하는 3단계 과정은 무엇인가요?

성격강점 또는 강점 연습: _____

- 단서: _____
- 강점 일상(루틴): _____
- 강화: _____

습관 고리를 강력하게 유지하기 위해 이 세 단계 중 하나라도 조금씩 조정하는 것이 당신에게 도움이 될 수 있습니다. 특정 단서에 문제가 있거나, 강점 일상이 마음에 들지 않거나, 선택한 강화에서 '매력'을 느끼지 못한다면 이를 더욱 적절하게 변경하기를 바랍니다. 이 과정에서 당신이 편안함을 느끼고 에너지를 얻는 것이 중요합니다.

배우고 실천하고 나누기

반복적으로 하는 행동이 바로 자신이라는 사실을 기억하세요. 당신은 삶의 행동(반복적으로 하는 일)이 강점이 될 수 있도록 지속 가능한 습관을 실천하는 길을 잘 가고 있습니다. 이 장에서 당신은 하루 일과에 대한 새로운 접근 방식을 취했습니다. 당신의 강점을 활용해 스트레스의 영향을 미리 차단하고 하루를 힘차게 시작하게 되었습니다. 강점을 내면과 외면으로 보다 쉽게 적용하면서 더 다양한 강점 사용에 더 익숙해졌고, 강력한 감사 연습으로 하루를 힘차게 마무리했습니다. 그런 다음 구체적인 강점 사용 의도를 설정하고 여러 가지 강력한 도구(만약—그렇다면 전략, 지지 네트워크, 긍정 강점 고리)를 사용해 강점 습관을 성공적으로 만들었습니다.

이 워크북의 제3부로 넘어가기 전에 이 장의 내용을 다시 한번 생각해 보기를 바랍니다. 이 장에서 가장 큰 시사점은 무엇인가요? 지금 다른 사람들과 나눌 만한 가장 중요한 것은 무엇인가요?

_____

_____

_____

_____

_____

중간 점검: 당신의 스트레스 수준은 어느 정도인가

이제 당신의 스트레스 수준을 재평가할 시간입니다! 제1장의 시작 부분에 있는 표를 떠올려 보기를 바랍니다. 제1장에서 당신이 생활 속에서 어느 정도 스트레스를 받았던 10~15가지 상황을 나열한 다음, 그 스트레스의 강도를 1부터 10까지의 척도로 평가했습니다.

이제 그 표로 돌아가서 각 상황을 다시 한번 살펴봅니다. 두 번째 칸(중반)에 각 상황에 대한 당신의 현재 스트레스 강도를 기록합니다. 그 상황이 더 이상 문제가 되지 않는다면 0점을 주면 됩니다. 스트레스를 인식하는 방법과 관리하는 방법 등 스트레스의 변화는 미묘할 수 있으므로 이러한 재평가가 중요합니다. 여러 시점에 걸쳐 다양한 상황을 살펴보는 것은 더 넓은 관점과 통찰력을 제공할 수 있습니다.

당신의 스트레스 요인 전반에 걸쳐 어떤 패턴이 발견되나요? 큰 변화, 작은 변화, 증가, 감소 등 상황과 스트레스 강도의 변화(또는 부족)를 살펴볼 때 주목할 만한 점이 있나요(예: 업무 스트레스 요인은 동일하게 유지되고, 개인적 스트레스 요인은 감소하고, 사람들과 관련된 스트레스 요인은 소폭 하락 등)? 여기에 당신의 반응을 탐색해 보기를 바랍니다.

_____

_____

_____

_____

_____

_____

제**3**부

강점으로 일상의 자원과 역량을
향상시키는 방법들

제6장

일과 건강에 강점 적용하기

수천 년 동안 철학자, 신학자, 과학자들은 인간의 선과 미덕을 가장 잘 표현할 수 있는 방법을 설명하기 위해 다양한 문구와 용어를 사용해 왔는데, 다음과 같은 문구가 대표적입니다.

- 황금률
- 중도의 길
- 평균의 법칙
- 골디락스 원칙(최적의 상태 원칙)
- 최적의 강점 사용

아리스토텔레스, 부처, 공자, 동화 작가, 현대의 연구자 등 모두가 강점 사용에는 균형이 필요하다는 동일한 의미의 메시지를 주고 있습니다.

어떤 좋은 특질, 미덕 또는 강점이 표현될 때 연속선상의 어느 한 지점에 위치해 나타나는 것을 알 수 있습니다. 당신에게는 좋은 특성이 너무나 많이 있을 수 있습니다. 그런데, 예컨대 학구열이 지나치면 모든 것을 아는 사람처럼 행동할 수 있고, 리더십이 지나치면 권위적인 사람처럼 행동할 수 있으며, 판단력이 지나치면 냉소적이거나 편협한 사람으로 보일 수 있습니다. 이것들은 **강점 과다사용**의 예들입니다. 한편, 어떤 상황에서 당신이 좋은 특성을 너무 적게 표현하거나 혹은 전혀 표현하지 않을 수도 있습니다. 새로운 사교 집단에서 창의성을 거의 표현하지 않아 사람들은 당신을 지루하거나 상상력이 없는 사람으로 볼 수 있습니다. 만약 친절성이 너무 적으면 이기적인 사람으로, 용감성이 너무 적으면 비겁하거나 겁이 많은 사람으로 여겨지는 경우가 많습니다. 이것들은 모두 강점을 제대로 활용하지 못한, **강점 과소사용**의 예들입니다.

일반적으로 강점 과다사용과 과소사용 사이의 균형을 정확히 맞추는 한 가지 방법은 없습니다. 그것은 상황과 그 상황에 처한 사람들의 요구에 따라 종종 달라지는 문제이기 때문입니다. 예를 들어, 당신이 여러 사람에게 질문을 함으로써 호기심 강점을 표현하고 싶다고 가정해 봅시다. 집에 있는 친한 친구, 휴게실에 있는 동료, 길을 걷고 있는 낯선 사람에게 당신이 같은 목소리 톤으로 똑같은 세 가지 질문을 하기로 결정합니다. 그런 다음 당신이 각 사람에게 질문할 때 호기심을 과도하게 사용했다고 생각하는지, 혹은 호기심을 과소하게 사용했다고 생각하는지, 아니면 '적절하게 사용했다'고 생각하는지 물어봅니다. 당신의 질문에 익숙한 친구는 당신에게 적절하고 일반적인 질문이었다고 대답할 수 있습니다. 한편, 다른 동료는 당신이 호기심을 지나치게 과다사용하고 있다고 느낄 수 있으며, 사적인 일에 대해 너무 캐묻는 것 같다고 생각할 수도 있습니다. 반면, 당신과 더 가까워지고 싶은 마음에 당신에게 많은 질문을 받기를 원했던 낯선 사람은 당신이 호기심을 과소사용했다고 생각할 수 있습니다. 또한 장례식장, 스포츠 경기장, 식당 등 각기 처한 상황에 따라서 앞의 똑같은 세 사람은 당신의 호기심 강점 사용에 대해 그때마다 다르게 판단할 수 있습니다. 이처럼 호기심에 따른 질문과 목소리 톤은 동일하게 유지되더라도, 상황과 상대방에 따라 반응은 달라질 수 있습니다. 바로 이것이 강점의 과다사용과 과소사용이 나타나는 현실적 양상입니다.

　그리고 최적의 강점 사용도 이와 마찬가지입니다. 최적 강점 사용은 강점 표현이 강력하고, 자신과 타인에 대한 세심한 주의를 기울여 특정 상황에 적절하게 균형 있게 민감한 반응을 하는 것을 말합니다. 연구에 따르면 최적의 강점 사용은 번영과 삶의 만족도를 높이고 우울증을 줄이는 것으로 밝혀진 반면, 강점의 과다사용과 과소사용은 각각 우울증을 높이고 번영과 삶의 만족도를 낮추는 것으로 나타났습니다(Freidlin, Littman-Ovadia, & Niemiec, 2017). 아리스토텔레스가 '황금률'이라고 불렀던 최적 사용은 적절한 상황에서 적절한 양의 강점을 사용하는 것을 의미합니다. 강점의 최적 사용 시 항상 강력하고 균형 있게 나타나는 그 특성으로 인해 그 상황에 필요한 다른 성격강점이 함께 나타나기도 합니다. 친구와 함께 저녁 시간을 어떻게 보낼지에 대한 아이디어를 얻기 위해 브레인스토밍하던 때를 생각해 봅시다. 당신은 재미있게 놀 수 있는 다양한 방법을 생각해 내면서 창의성을 발휘하는 동시에, 친구의 아이디어에 대해서도 열린 마음(개방성, 판단력)과 관심(호기심)을 가지고 반응하고 있었을 것입니다. 이러한 유연성 덕분에 당신은 이 상황에서 창의성을 과도하게 사용하지 않을 수 있었습니다.

　24개의 성격강점 각각의 사용 정도를 연속적인 선상에 표시할 수 있는데, 중간 지점이 주어진 상황에서 가장 적합한 강점 사용으로 나타납니다. 더 높은 수준으로 강점을 표현할수록 당신의 에너지와 열정이 상대에게 성가시게 느껴지거나 지나치게 활동적이 되어 당신의 강점 사용이 주변 환경이나 주변 사람들에게 지나치게 강하게 나타날 수 있습니다. 반대로, 어떤 프로젝트에서 당신이 끈기를 발휘하지 않아 다른 사람들에게 비생산적이거나 게으르게 보일 때와 같이 그 상황에서 주변 사람들이 인식하지 못할 정도로 당신의 강점 사용이 너무 약하게 나타나거나 점점 더 줄어들 수 있습니다.

성격강점의 과다사용, 과소사용 및 최적 사용 관련 연속선

과소사용   최적 사용   과다사용

이 그림은 당신이 어떤 상황에 대처하고자 다가갈 때 정신적 템플릿(모형)으로 활용할 수 있습니다. 주어진 상황에서 어떤 강점을 사용하는 것이 가장 좋을지, 그 강점을 어느 정도의 강도를 사용하는 것이 가장 좋을지, 어떻게 하면 강점의 과다사용과 과소사용 모두를 방지할 수 있을지를 스스로에게 물어 보기를 바랍니다.

최적의 강점 사용 방법 찾기

강점 사용의 연속선상에서 강점 사용관련 나만의 '황금률'을 찾아보기를 바랍니다.

먼저 자세히 살펴보고 싶은 자신의 대표강점 중 하나를 선택해 보기를 바랍니다.

_____

이 강점을 잘 사용할 때 강점 사용은 어떤 식으로 드러나나요? 그 강점을 사용하면서 기분이 좋았을 때와 이 강점 사용에 대해 다른 사람들이 긍정적인 반응을 보였을 때의 예를 들어 보기를 바랍니다.

_____

_____

이제 이 강점을 과도하게 사용해서 본인이나 다른 사람에게 스트레스를 주었던 예를 들어 주기를 바랍니다. 어떻게 그 강점을 지나치게 사용했는지에 대한 세부 내용을 적어 보기를 바랍니다. 그때 다른 사람들의 반응은 어땠나요?

_____

_____

_____

앞으로 이러한 과도한 사용을 예방하는 데 도움이 되는 것은 무엇일까요? 그 강점 사용량을 조금 더 줄여야 할까요? 아니면 다른 강점을 통해 그 강점 사용의 강도를 조절해야 할까요?

_____

_____

_____

어떤 것이 당신의 대표강점일지라도 과소사용될 수가 있습니다(어떤 사람들은 인생에서 자신의 대표강점을 상당히 과소사용하기도 합니다). 자신이 소유하고 있는 강점을 과소사용해서 자신이나 다른 사람에게 스트레스를 주었던 예를 들어 보기를 바랍니다. 그 상황에서 또는 내 안에서 어떤 일이 있었기 때문에 이 강점을 충분히 발휘하지 못했나요?

_____

_____

_____

이 강점을 충분히 발휘하지 못하는 강점의 과소사용 문제를 개선하고 앞으로 강점 사용을 더 증진하기 위해 당신이 무엇을 할 수 있을까요? 미리 강점 사용 연습을 해 봄으로써 스스로 힘을 북돋아 줄 필요가 있을까요? 내 안에 사용할 강점이 있다는 것을 스스로에게 어떻게 상기시킬 수 있을까요?

_____

_____

_____

 일(업무)과 건강이라는 두 가지 특정 영역에서 대표강점을 적용하는 방법을 살펴보면서, 강점 과다사용과 과소사용 사이의 균형을 맞추기 위해 노력하는 것, 즉 황금률 또는 최적의 사용법을 찾아 이 아이디어들을 활용해 보겠습니다.

직장에서의 강점 활용하기

 직장 일에서 지루함을 느끼나요? 프로젝트나 일상적인 업무를 수행할 때 의욕이 떨어지거나, 무관심해지거나 주의가 산만해질 때가 있나요? 다음 휴식시간을 기다리거나 하루 일과가 끝나기를 간절히 바라며 시계만 바라보는 자신을 발견하나요?

 그렇다면 스스로에게 다음 질문을 해 보기를 바랍니다. 내가 어떤 성격강점을 제대로 활용하지 못하고 있는가?

 우리 자신의 가장 좋은 특성들이 발휘될 때 우리는 더 많은 에너지와 행복을 느끼며 지금 하고 있는 일과 자신이 연결되고 있다는 것을 느낍니다. 만약 당신이 지금 하고 있는 일과 단절되어 있다고 느낀다면 지금이 바로 당신의 강점 사용이 필요한, 스트레스 상태일 수 있습니다. 직장에서 강점 사용을 늘리는 것이 모든 스트레스 요인에 대한 해답은 아니지만, 강점 사용은 당신이 긴장감, 지루함 또는 무관심 등을 경험할 때 의지할 수 있는 직접적인 접근법이 될 수 있습니다.

우리는 일생 중 많은 시간을 직장에서 보내기 때문에 그 시간을 최대한 활용하는 것이 중요합니다. 내가 20여 년 전 맥주 유통 및 재활용 공장의 조립 라인(생산라인)에서 일했던 기억이 납니다. 조립 작업은 일반적으로 지루하다고 여겨지지만, 실제로 일하면서 나는 그런 느낌을 받은 적이 없고 오히려 흥미와 몰입을 느꼈습니다. 이는 내 특유의 호기심 대표강점 때문이라고 생각합니다. 나는 병 라벨이 궁금했고, 유통업체와 트럭 운전사가 가져오는 새로운 마케팅 자료나 자질구레한 것들을 찾아 공장을 둘러보는 것을 즐겼으며, 공장에서 나는 다양한 소리에 귀를 기울였고, 캔과 병을 분쇄하는 기계에 흥미를 느꼈습니다. 색깔별로 병을 분류하면서 잘 관찰했습니다. 캔을 으깰 때 나는 소리에 귀를 기울였습니다. 나의 호기심이 끊이지 않았기 때문에 지루할 일이 없었습니다.

조립 라인에서 일하는 사람은 다른 작업자들과 교류하면서 특유의 강점인 사회지능을 발휘할 수도 있고, 기계의 정밀함과 전체 공정이 조직화된 시스템으로 통합되는 방식에 감탄하면서 그 탁월함을 음미할 수도 있습니다.

당신은 업무의 종류에 상관없이 당신의 대표강점을 그 업무에 연결시킬 수 있습니다. 교사는 자신의 최고 강점인 활력(열정)과 희망을 사용해서 학생들의 참여를 유도할 수 있습니다. 건설 감독은 구체적인 계획을 실행하고 직원을 관리할 때 자신의 리더십과 신중성을 활용할 수 있습니다. 회계사는 자신의 가장 상위 강점인 사랑이 자신의 직무와 어떤 관련이 있는지 궁금해하며 이에 대해 곰곰이 생각해 보면서 자신이 숫자와 수학 공식을 다루는 것을 좋아하고, 모든 동료를 신중하게 대하며, 상사의 부담을 덜어 주기 위해 매번 일찍 서류를 제출하면서 상사를 배려한다는 사실을 깨달을 수 있습니다.

한 연구진은 업무와 강점을 일치(정렬)시키는 이 개념을 실험에 적용했습니다(Harzer & Ruch, 2016). 연구진은 무작위로 근로자를 선정해 한 달 동안 업무 중에 자신의 대표강점 4가지를 사용하도록 했습니다. 그 결과, 자신의 강점을 업무에 활용한 근로자는 대조군에 비해 삶의 만족도가 더 높았으며, 자신의 일을 '소명'으로 생각하는 비율이 더 높았습니다. 이러한 믿음은 자신의 업무를 자아의 확장으로 여기며 의미 있는 일로 느끼게 합니다. 이 연구는 또한 근로자가 자신의 강점을 알고 활용하는 것이 특히 중요하다는 점을 강조합니다. 24가지 강점 중 어느 것이 가장 높은지는 크게 중요하지 않으며, 다만 자신의 강점을 활용하고 있다는 것을 인식하는 것이 중요합니다.

이제부터 당신의 가장 활기찬 특성을 활용하여 직장 생활에서 강점 사용 운동을 시도해 보는 것은 어떨까요?

강점을 업무 활동과 연계하기

당신이 직장에서 가장 자주 하는 다섯 가지 업무 또는 활동(예를 들면, 회의 참석, 고객에게 이메일 보내기, 영업 전화 걸기, 보고서 작성 등)을 생각해 보세요. 이제 당신의 가장 상위 성격강점 다섯 가지를 생각해 보세요. 다음 예시를 모델로 삼아 다섯 가지 업무 각각에 당신의 강점을 발휘할 수 있는 방법을 한 가지 이상 생각해 보기를 바랍니다. 이 활동은 또한 강점 사용의 불균형을 방지하고, 강점의 최적 사용 상태 도달에 도움이 되도록 당신의 강점 과다 사용이나 과소사용을 피하는(또는 조절하는) 방법을 찾아보도록 도움을 줍니다. 이와 관련해 활동지를 작성할 수 있는데, 추가연습을 위해 http://www.newharbinger.com/42808에서 활동지를 다운로드해 직장에서 실천을 시작할 수 있습니다!

직장(일) 업무/활동	대표강점	정렬(과제를 수행하는 동안 강점을 어떻게 사용할 것인지)	과다사용하는 모습은 어떤 것일까?	과소사용하는 모습은 어떤 것일까?
회의 진행 중	유머 감사	나는 회의를 시작하기 위해 재미있는 이야기를 들려주겠습니다. 회의 때마다 동료의 강점을 하나씩 찾아내어 그들에게 감사를 표현하겠습니다.	너무 많은 시간을 사용하여 농담을 연달아 두세 번 하는 경우 감사가 너무 봇물 터지듯 쏟아져 나와 왜 감사를 해야 하는지에 대한 집중력을 잃는 경우	동료의 농담이나 재미있는 이야기에 웃지 않는 경우 동료의 강점을 발견하는 것을 잊어버리는 경우
의료 파일 저장	신중성	파일이 산더미처럼 쌓여 있을 때는 작은 더미로 정리하고 적절하게 그룹별로 정리할 수 있는 방법을 찾겠습니다.	이러한 정리 방식이 시간을 절약하기보다 더 많은 시간을 잡아먹는 경우	매일 쌓이는 파일을 보고도 파일 정리를 피하는 경우
1				
2				
3				

4			
5			

당신의 일상적인 업무 활동에서 강점을 활용해 자신을 표현하는 방법을 찾았으니 이제 이를 직장의 다른 사람들에게로 확장해 봅시다. 잠시 시간을 내어 주요 동료들을 한 명씩 생각해 보기를 바랍니다. 그들의 대표강점은 무엇인가요? 그들이 직장에서 강력하게 발휘하고 있는 강점은 무엇인가요? 각 사람에 대해 가장 인정하거나 존경하는 점은 무엇인가요? 팀원, 부하 직원/상사, 특히 사장/감독자의 강점을 반드시 포함시키기를 바랍니다. 가장 긴밀하게 협업하

사람	이 사람에게서 가장 인정할 만한 점은 무엇인가요? (가장 상위 성격강점 두 가지)	이 사람의 가장 상위 성격강점을 어떻게 알아보나요? (간단한 예를 들어 주세요)
사장/감독자(상급자) 이름 또는 별칭:		
동료 이름 또는 별칭:		

동료 이름 또는 별칭:		
동료 이름 또는 별칭:		
동료 이름 또는 별칭:		
동료 이름 또는 별칭:		

는 동료부터 시작해 원하는 경우 더 많은 사람을 추가할 수 있습니다.

당신은 업무에 활기를 불어넣고 다른 사람을 인정하기 위해 다양한 방식으로 성격강점을 활용하기 시작했습니다. 이제 주제를 바꿔서 삶의 또 다른 중요한 영역으로 넘어가 봅시다.

건강을 위해 강점을 활용하기

제1장에서 웰빙의 주요 영역 중 하나인 건강에 대해 이야기했습니다. 건강은 번영하는 삶의 핵심 요소이며, 몸과 마음이 살아 있고 활기차며 강하다고 느끼는 것을 말합니다.

만성 질환을 앓고 있든, 과체중이든, 건강 문제가 없든, 어떤 건강 상태이든 상관없이 당신은 긍정적인 건강 습관을 만들 수 있습니다. 다음 '건강의 5가지 기둥'이라고 부르는 생활 습관을 통해 당신의 건강을 개선하고 활성화할 수 있습니다.

1. **운동**: 규칙적인 운동과 하루 걸음 수 등 당신의 활동량과 움직임을 늘리기 위한 운동/걷기 스케줄을 세우고 지키기를 바랍니다.
2. **수면**: 매일 중간에 깨지 않는 질 높은 수면을 취하고, 잠에서 깨어났을 때 대체적으로 상쾌함을 느낄 수 있도록, 보통 하룻밤에 7~9시간 수면을 취합니다.
3. **식사**: 과일과 채소, 기타 필수 영양소가 풍부한 건강한 식단을 섭취하고 건강에 해로운 음식(예: 백설탕, 흰 밀가루, 패스트푸드)의 섭취를 조절하고 관리합니다.
4. **사회활동**: 친구, 가족, 지역사회 사람들과 정기적으로 교류하고 자원봉사 및 영적 그룹에 참여하는 등 삶의 의미를 풍요롭게 하기 위한 활동을 합니다.
5. **자기조절**: 자신을 돌보고 조절하기 위해 진정, 집중, 연결 또는 강점을 강화하는 규칙적인 연습이나 수행에 참여합니다(예: 이완 기법, 마음챙김, 초월 명상, 중심 잡기 기도, 종교의식, 자비 명상, 자기 최면, 바이오피드백 등).

나는 수많은 내담자의 건강을 위해 일하면서 이 다섯 가지 요소에 주의를 기울이면서 삶의 질을 개선하고, 건강의 우선순위를 정하고, 균형을 찾고, 문제를 극복하고, 스트레스에 대처할 수 있는 힘을 북돋울 수가 있었습니다. 이러한 각각의 건강 기둥과 관련해 이미 많은 글이 쓰였지만, 여기서는 아직 상대적으로 미개척 분야인 성격강점을 활용해 각 기둥을 강화하고 지원하는 방법에 대해 집중적으로 설명하겠습니다. 실제로 성격강점은 이러한 기둥의 기초를 형성하며, 이 기둥과 분리될 수 없습니다. 예를 들어, 협동심(시민의식, 팀워크)과 친절성 없이 어떻게 자원봉사 활동을 할 수 있을까요? 신중성 없이 어떻게 매일 충분한 수면을 취할 수 있을까요?

성격강점과 건강의 다섯 가지 기둥

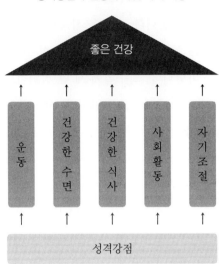

성격강점을 건강에 적용하는 연구는 아직 새로운 연구 분야이지만, 매년 그 범위가 확대되고 있으며 그 가능성이 입증되고 있습니다(Niemiec & Yarova, 2018). 한 연구에서는 겸손과 영성을 제외한 22가지 강점 모두가 활동적인 생활방식, 적절한 식습관, 심폐 건강 등 다양한 건강 행동과 관련이 있는 것으로 나타났습니다(Proyer et al., 2013). 또한 감사(Emmons & McCullough, 2003), 활력(열정)(Ryan & Frederick, 1997), 자기조절(Proyer et al., 2013)과 같은 특정 성격강점은 특히 신체 건강과 밀접한 관련이 있는 것으로 나타났습니다.

많은 경우, 건강 개선은 행동 활성화라는 한 가지로 귀결됩니다. 건강 전문가들이 특정 요법을 마술과 같은 효과가 있다고 선전하고 건강 증진에 필요한 특별한 접근법이 있다고 제시하고 있는데, 건강 개선을 위해 반드시 선행되어야 할 한 가지는 행동을 활성화하는 것입니다. 실제로 행동 활성화는 모든 심리학에서 가장 잘 확립된 개입방법 중 하나로, 여러 연구를 통해서 우울증을 낮추고 웰빙을 높이는 데 일관되게 효과가 있는 것으로 나타났습니다(Mazzucchelli, Kane, & Rees, 2010).

그런데 행동 활성화는 결코 어렵지 않습니다. 종종 작은 변화 하나가 큰 차이를 만들 수 있는 경우가 많습니다. 운동을 시작하는 것이 부담스럽다면 저렴한 만보기를 구입해(혹은 스마트폰에서 만보기 앱을 설치해) 걸음 수를 추적하는 것부터 시작해 보기를 바랍니다. 일주일에 세 번 정기적으로 패스트푸드점에서 외식을 한다면 한 번으로 줄이기를 바랍니다. 사교적으로 사람들을 만나는 것(대면)이 불안하다면 소셜 미디어(온라인) 교류부터 시작하기를 바랍니다. 더 나은 건강을 위해 작은 변화를 하나씩 만들어 나가다 보면 자신감을 얻게 되고 두 번째 작은 변화를 만들어 갈 가능성이 높아집니다.

자신의 건강 측면에서 개선이 필요한 부분이 분명히 있겠지만, 이미 당신에게 강점이 있는 부분을 성찰해 보는 것부터 시작해 보기를 바랍니다. 당신은 매일 밤 같은 시간에 잠자리에 들거나 날마다 과일을 여러 번 섭취하고 있을 수도 있습니다. 매주 전화하거나 외출을 통해 친구들과 연락하는 것이 당신의 일상일 수도 있습니다. 다섯 가지 건강 기둥 중 하나 이상에 특별히 강점을 가지고 있을 가능성도 있습니다.

당신은 이미 어떤 규칙적이고 긍정적인 건강 습관을 실천하고 있나요?

_____

_____

_____

_____

이 좋은 습관 중 하나만 골라, 그 습관에 어떤 성격강점을 사용하고 있는지 살펴보세요. 그 강점을 어떻게 (과다사용하지 않고) 최적의 방식으로 사용하고 있나요?

_____

_____

당신의 삶에서 개선이 필요한 건강의 기둥은 무엇인가요?

이 분야를 선택한 이유는 무엇인가요? 이 분야에 집중하게 된 동기는 무엇인가요?

과거에 당신은 이 영역을 개선하기 위해 다양한 기법을 시도해 보았을 것입니다. 이제 다른 방법을 시도해 보세요. 당신의 성격강점을 살펴봅시다. 이 영역에서 당신은 어떤 성격강점을 과다사용하거나 과소사용하고 있나요? 규칙적으로 운동을 하려고 분투하면서 자신에 대한 친절성 발휘(자기자비)가 부족하진 않나요? 실천은 하지 못하고 계획을 세우는 데 모든 시간을 다 보낼 정도로 당신의 신중성이 너무 지나치게 발휘되고 있지는 않나요? 아니면 자기조절 습관을 고수하려고 노력하다가 깜빡 잊어버릴 때 당신은 스스로에게 엄격한 잣대를 들이대며 비판적 사고를 과도하게 사용하지는 않나요? 여기에 당신의 성격강점 사용과 관련하여 나타날 수 있는 과소사용과 과다사용에 대해 브레인스토밍해 봅시다.

이제 에너지와 동기 부여의 원천인 당신의 대표강점을 잘 살펴보기를 바랍니다. 이 건강의 기둥을 강화하기 위해 자신의 대표강점 중 한두 가지를 어떻게 활용할 수 있을까요? 당신의 대표강점(또는 다른 성격강점 중 하나)이 과소사용 중인 강점을 자극하거나 과다사용 중인 강점을 조절하는 데 어떻게 도움이 될 수 있을까요?

_____

_____

_____

_____

건강은 평생의 여정입니다. 이 다섯 가지 건강의 기둥을 한 달에 한 번씩 잘 기억하고 돌아보기를 바랍니다. 명심하세요. 당신의 건강 습관 중 하나를 새롭게 시작하거나 다시 시작하고 싶을 때 지금까지 살펴본 질문들을 다시 한번 돌아보기를 바랍니다.

배우고 실천하고 나누기

이 장에서는 일과 건강이라는 삶의 두 가지 주요 영역에서 성격강점을 적용하는 방법을 살펴보았습니다. 삶의 또 다른 핵심 영역인 인간관계에 대해 살펴볼 제7장으로 넘어가기 전에, 이 장에서 배운 주요 내용을 정리해 보기를 바랍니다.

당신이 가장 중요하게 통찰한 것은 무엇인가요? 당신의 강점과 직무를 일치시키는 새로운 방법을 발견하고 있나요? 긍정적인 건강 습관 중 하나에 감사하고 있나요? 건강의 어떤 기둥에 더 주의를 기울이고 있나요?

당신이 통찰한 것을 다른 사람들과 나누는 것이 중요합니다. 나누는 것이 당신의 가족과 친구들로 하여금 당신이 스트레스와 웰빙에 효과를 가져오기 위해 하고 있는 당신의 노력을 이해하도록 돕는 방법이며, 이를 통해 그들도 변화를 시도하도록 격려할 수 있습니다. 이 장에서 배운 내용 중 어떤 것을 누구와 나누겠습니까?

_____

_____

_____

_____

제7장

인간관계 스트레스 극복하기

행복의 비결은 무엇일까요?

내가 마치 그 정답을 아는 것처럼 확언할 수는 없지만, 최신 심리학의 지식과 오랜 지혜에 근거해 말한다면 행복의 비밀은 다른 사람들과의 건강한 관계 형성과 관련이 깊다고 말하고 싶습니다. 자신의 안녕과 상대방의 안녕 모두에 기여하는 긍정적 방식으로 다른 사람들과 관계를 맺는 것은 관계를 맺는 양쪽 모두가 유익을 얻고 서로를 지원하는 윈윈(모두에게 유익이 되는)의 결과를 가져옵니다.

연구자들은 사회적 관계가 행복에 핵심적이고 필수적인 역할을 한다는 사실을 반복해서 밝혀냈습니다(Caunt et al., 2013; Diener & Oishi, 2005). 또한 좋은 관계는 더 큰 행복으로 이어질 뿐만 아니라 행복은 더 나은 관계로 이어집니다(Diener & Seligman, 2004). 이것은 양방향적입니다.

간단하고 직설적인 말처럼 들리지만 우리는 대부분 관계를 쉽고 당연한 것으로 여기기 쉽습니다. 사실 인간관계는 우리 모두에게 가장 큰 기쁨이자 가장 큰 어려움의 원천이 되기도 합니다. 다음 몇 사람의 짧은 이야기들을 잘 생각해 보기를 바랍니다.

- 재민 씨는 매우 지지적이고 사랑스러운 여성과 결혼했으며, 아내는 재민 씨의 인생에서 가장 큰 감사의 원천입니다. 동시에 재민 씨의 상사는 재민 씨에게 가장 큰 불만을 품게 하는 원천입니다. 재민 씨는 상사와 대화할 때 상사가 권위주의적이며 퉁명스럽게 자신을 비하한다고 생각합니다. 재민 씨는 밤낮으로 이 문제를 생각합니다. 그래서 아내와 함께하는 시간에 아내와의 관계를 소중히 여기며 누리는 대신, 상사에 대해 불평하며 대부분의 시간을 보냅니다.
- 무영 씨는 일생 동안 여러 친밀한 우정으로 풍요로운 삶을 살고 있습니다. 무영 씨는 수십 년 동안 그 우정을 유지해 왔으며 일 년에 몇 주씩 친구들과 함께 여행하며 그들과 삶을 공유합니다. 이제 무영 씨는 노년기에 접어들었고 가장 친한 친구들 중 몇 명이 죽어가고 있습니다. 작년에만 세 명을 잃었습니다. 이로 인해 무영 씨는 극심한 슬픔에 빠졌고 이전에 풍요로웠던 사회생활이 크게 위축되었습니다.
- 규리 씨는 준이라는 조숙한 여섯 살짜리 아들을 둔 미혼모입니다. 아들은 규리 씨의 가장 가깝고 소중한 관계이며, 규리 씨의 삶은 아들을 중심으로 돌아갑니다. 규리 씨는 아들과 함께 있을 때 가장 깊은 웃음, 가장 큰 흥분, 가장 밝은 미소가 생기는 것을 알고 있습니다. 아들은 규리 씨에게서 최고를 끌어내는 존재이기도 하지만, 가끔은 반항적이고 난폭한 모습을 보이기도 해 규리 씨는 아들을 양육하면서 자신이 좋아하지 않는 분노, 당혹감, 불안 등의 반응도 보이게 된다는 것을 인정하게 됩니다.

당신은 가까운 인간관계가 요동치는 파도와 같다는 것을 알 수 있습니다. 대부분의 시간에 파도는 망망대해에 가려져 눈에 잘 띄지 않습니다. 결국 파도는 오르락내리락하고, 예측 가능하기도 하고 불가능하기도 하며, 고요해지기도 하고 격렬해지기도 하며, 안정적으로 움직이기도 하고 혼란스럽게 부서지기도 합니다. 우리의 가장 중요한 인간관계는 모두 이러한 파도와 같습니다. 한발 물러서서 바라보면 당신은 상호작용, 활동, 일상에서의 기쁨과 좌절, **강렬함의 상승과 하강을 관찰할 수 있습니다. 꾸준한 흐름과 평온함을 음미하고 감사할 수 있으며, 변동과 격동 속에서 마음챙김하며 큰 그림을 보는 관점을** 유지할 수 있습니다. 친밀한 관계에서 나타날 수 있는 이러한 사실들을 알면 스트레스를 받는(항상 변화하는) 상황에서 당신에게 필요한 추가적인 통찰력과 위안을 얻을 수 있습니다.

이 장의 초점은 당신의 가까운 인간관계에 맞춰져 있습니다. 당신의 친밀한 관계가 가장 명확하게는 연인이나 배우자를 의미하지만, 자녀, 다른 가족 구성원, 친한 친구, 직장 동료에게도 적용될 수 있습니다.

성격강점과 긍정적 인간관계 모델

몇 년 전, 내 동료인 도나 메이어슨(Donna Mayerson)과 나는 VIA 성격강점 연구소에서 성격강점과 인간관계의 개념적 모델에 관한 온라인 강좌를 개발했습니다. 이 모델에서는 친밀하고 긍정적인 관계를 발전시키고 유지하기 위해 성격강점을 어떻게 생각하고 활용할 수 있는지에 대한 전체적인 관점을 제공합니다. 이 모델에는 성격강점과 통합해 인간관계 각 구성 요소에 영양을 공급하고 각 구성 요소를 고양시켜 강력하고 지속적인 인간관계의 토대를 구축할 수 있는 다섯 가지 주요 요소가 있는데 이는 다음과 같습니다.

1. 서로 알고 알려지기
2. 상대방을 인정하고 수용하기

3. 상대방 보살피기(육성하기)

4. 갈등을 회복하고 해결하기

5. 함께 성장하기

이 모델은 사람들을 상담한 폭넓은 경험, 인간관계 및 성격강점에 대한 과거 및 현재 연구, 외부 전문가 의견을 바탕으로 만들어졌습니다. 다른 사람(타인을 알고, 육성하는 등)에 초점을 둔다고 해서 자기 자신, 자기 돌봄 또는 강점을 소홀히 하는 것은 결코 아닙니다. 긍정적인 관계를 형성하는 전체 여정에서 자신을 돌보는 것은 매우 중요합니다. 제4장에서 설명한 것처럼, 이 작업의 대부분은 '자기 자신 알기'와 자신의 강점을 인정하고 받아들이는 것에 관한 것입니다. 다음 그림은 성격강점과 이 모델의 다섯 가지 구성 요소 사이의 연관성을 보여 줍니다.

성격강점과 긍정적 인간관계 모델

제2장에서 내가 가장 좋아하는 문구 중 하나는 '24개 강점 모두가 중요하다'입니다. 이는 특히 가장 가까운 관계에서 모든 강점을 활용하는 것이 중요하다는 점에서 더욱 그렇습니다. 나는 인간관계에서 성격강점에 대한 새로운 사고방식을 제공하기 위해 24가지 강점을 네 가지 'S' 범주로 정리했습니다. 24가지 강점 어느 것이든 여러 범주에 해당한다고 주장할 수 있지만, 일반적으로 각 강점은 여러 범주보다 주로 한 가지 범주에 더 적합한 것 같습니다.

- **핵심강점(Staples):** 몇 가지 성격강점, 특히 사랑, 친절성, 공정성, 진실성(정직), 용서 강점이 친밀한 관계에 얼마나 중요한지는 설명이 필요 없을 정도로 분명합니다. 전통적으로 '타인 지향적'인 이러한 강점은 다른 사람을 '보살피고 친해지도록' 돕고 '마음'을 표현하는 데 매우 중요합니다. 이러한 핵심강점 없이 어떻게 좋은 인간관계를 만들 수 있을까요?

- **지원강점(Sustainers):** 마찬가지로 장기적인 관계를 유지하려면 끈기, 통찰력(조망, 지혜), 자기조절, 사회지능(정서지능)이 필요합니다. 활력(열정)에 내재된 에너지와 희망에 담긴 긍정성도 이러한 강점들을 지속시키는 역할을 합니다. 친밀한 관계를 하나의 '팀'으로 바라보는 것은 어떤가요? 당신과 파트너는 동등한 위치에서 관계의 행복이라는 공동의 목표를 향해 함께 노력하는 같은 팀의 선수라고 생각할 수 있습니다. 따라서 협동심(시민의식, 팀워크)의 강점은 관계를 지속시키는 힘이 될 수 있습니다.

- **보조강점(Supporting Cast):** 하지만 주 성분 만이 중요한 것은 아닙니다! 때로는 창의성의 향신료, 자유로운 질문을 제기하는 호기심, 새로운 활동을 담당하는 리더십, 여유로움을 제공하는 유머, 건강한 감사의 마음을 추가하는 것도 도움이 되지 않을까요? 때로는 (용감성으로) 자신을 옹호할 수 있지만, 너무 자주는(그러므로 신중성을 사용해) 옹호하지 않는 것이 어떨까요?

- **새 강점(Surprises):** 당신의 관계에 예상치 못한 긍정적인 충격을 줄 수 있

는, 덜 직접적이고 덜 분명한 방법도 있습니다. 학구열을 표현하기 위해 당신과 파트너가 함께 추구할 수 있는 새로운 활동에는 어떤 것이 있나요? 아름다움이나 우수성을 발견하고 음미하는 당신의 심미안(심미성) 강점을 사용해 파트너나 파트너의 행동을 어떤 방식으로 설명할 수 있나요? **파트너와 토론할 때 파트너의 입장에서 사물을 온전히 보기 위해 어떻게 판단력(비판적 사고, 개방성)을 사용할 수 있을까요?** 삶의 의미와 목적을 표현하는 방법으로서 자신의 영성에 대해 파트너와 어떻게 이야기할 수 있습니까? 겸손함을 발휘해 파트너에게 오랜 시간 동안 당신의 관심과 에너지를 쏟을 수 있나요?

보시다시피, 24가지 강점은 모두 건강한 관계를 구축하고, 회복하고, 유지하는 데 중요합니다. 다양한 연령으로 구성되고 다양한 기간의 결혼생활을 한 기혼자를 대상으로 이루어진 연구에 따르면, 24가지 강점뿐만 아니라 이러한 여러 그룹의 강점(마음의 강점, 정신의 강점, 개인내적 강점 및 대인관계 강점)이 모두 결혼 만족도와 긍정적인 관련이 있는 것으로 나타났습니다(Guo, Wang, & Liu, 2015). 다른 연구에서도 이 모델에 반영된 여러 가지 이점이 밝혀졌습니다. 예를 들어, 파트너의 성격강점을 명명하고 활용하는 것은 관계 만족도와 관련이 있으며(Lavy, Littman-Ovadia, & Bareli, 2014), 강점은 좋은 관계의 동성 커플 사이에서 중심적인 역할을 하고 중요한 과정으로 나타났습니다(Rostosky & Riggle, 2017). 또 다른 연구에서 연구자들은 수백 쌍의 커플을 대상으로 조사한 결과, 관계를 개선하는 가장 좋은 방법은 상대방 중심의 행동을 하고, 서로에 대한 상호 인식을 개선하고 심화하기 위해 관대함과 친절을 베풀며, 자신의 강점과 미덕을 파트너를 향하여 활용하는 것이라고 밝히고 있습니다(Veldorale-Brogan, Bradford, & Vail, 2010).

알고 알려지기

남아프리카 공화국의 가장 일반적인 가정 언어인 줄루어에서, 소본아(sawubona; 소-본-아라고 발음)라는 단어는 "나는 당신을 봅니다."라는 뜻의 인사말입니다. 남아프리카 원주민은 다른 원주민을 만나면 10초에서 15초 동안 상대의 눈을 자세히 바라보며 이 단어를 말합니다. 이 말은 '안녕' 또는 '안녕하세요' 이상의 의미로, "나는 당신의 사람됨, 당신의 핵심 특성, 당신의 인간성을 봅니다. 당신을 존경합니다."와 같은 훨씬 더 깊은 의미를 담고 있습니다. 이것이 바로 관계적 성격강점을 발견하고 공유하는 것이 무엇을 뜻하는지를 정확하게 보여 줍니다. 당신이 상대방을 '본다'고 말하는 것은 바로 상대방을 진정으로 인정하는 것을 의미합니다.

지코나(Ngikhona)는 줄루어에서 소본아에 대한 전형적인 반응으로, '내가 여기 있다'라는 뜻입니다. 말하는 사람이 '자신이 인정받고 이해받고 있다'는 느낌을 인정하는 말입니다.

이 두 단어는 긍정적인 관계 모델의 첫 번째 요소인 당신이 상대방의 성격강점을 알고 당신의 강점도 상대에게 인정받는 것을 잘 보여 줍니다. 사랑하는 사람에게 고개를 돌려 상대의 눈을 바라보며 "당신을 봅니다."라고 말하는 것을 상상해 보세요. 몇 초 후 상대방이 "나 여기 있어요."라고 대답합니다. 처음에는 약간의 불안감이나 어색함이 있을 수 있지만, 곧 어떤 느낌이 들까요? 이것은 어떤 느낌일까요? 이것이 서로가 상대방의 최상의 특성을 바라보고 있다는 것을 암시하는 것이라면 어떤 느낌일까요?

연구에 따르면 이것이 매우 중요하다는 것을 알 수 있습니다. 갈등이 있을 때 서로 이해받고 있다고 느끼는 부부를 대상으로 한 연구에 따르면, 이러한 이해는 파트너가 서로에게 시간과 노력을 쏟고 있다는 신호로 인식되기에 관계가 더욱 돈독해집니다(Gordon & Chen, 2016). 서로의 성격강점을 이해하고 서로 알고 있다고 느끼는 것은 부정적인 에너지나 긴장된 감정을 완화해 스트레스와 갈등을 관리하는 데 도움이 됩니다. 이처럼 강점은 인간관계에서 접착제처럼 작용해 수많은 방식으로 우리를 연결합니다.

수년 동안 진행해 온 여러 워크숍에서 나는 커플들이 짝을 이루어 아주 간단한 방법으로 서로를 알아가는 과정을 반복하도록 했습니다. 나는 그들이 서로서로 인터뷰하도록 초대합니다. 그들에게 서로의 강점과 그 강점을 어떻게 사용하는지 인터뷰하고, 언제 자신이 최고라고 느꼈는지에 대한 이야기를 나누도록 요청합니다. 수십 년을 함께한 부부는 물론 오랜 동료나 절친한 친구로부터 "와, 오랜 세월이 지났는데도 나는 몰랐어." 또는 "당신이 가진 그 특이한 점이 항상 궁금했는데, 이제야 알았어!"라는 말을 듣는 것은 드문 일이 아닙니다. 이때 긍정과 몰입이 느껴집니다. 강점에 집중하는 것은 관계에 신선함을 제공합니다. 이를 통해 새로운 통찰력을 얻고 각자가 다른 관점에서 상대방을 '보기' 시작하고 '알기' 시작하게 해 줍니다.

강점 인터뷰 실시하기

친밀한 관계에 있는 한 사람을 선택해 보기를 바랍니다. 그리고 강점 관점에서 그 사람을 인터뷰해 보기를 바랍니다. 인터뷰하기가 조금 어색하거나 어떻게 시작해야 할지 모르겠다면 다음과 같이 말해 보세요.

나는 지금 나 자신과 내가 아끼는 사람들에게 가장 강력한 것이 무엇인지를 찾는 데 집중하는 시간을 보내고 있습니다. 그러한 과정의 하나로 강점 기반 접근 방식을 배우고 있습니다. 나는 당신의 가장 좋은 특질과 그것으로 당신이 과거에 이룬 성공뿐만 아니라 당신이 누구인지, 어떻게 그 특질과 연결되는지에 대해 더 많이 배우면서 강점 기반 접근 방식을 실천하고 싶습니다. 나와 함께 강점 기반 접근 방식을 탐구해 보시겠습니까?

이렇게 할 준비가 되었다면 다음 질문을 가이드로 삼거나 당신이 직접 만든 질문을 통해 구체적인 질문을 해 보기를 바랍니다.

- 당신의 최고강점, 대표강점은 무엇인가요? (VIA 성격강점 검사를 받지 않은 사람에게는 24가지 강점 목록을 보여 주고 스스로 몇 가지 대표강점을 선택하게 합니다.)
- 최근에 당신이 가장 행복했거나 진정으로 연결되었다고 느꼈던 때에 대해서 말해 주세요. 그때는 어땠나요? 그 경험에서 어떤 성격강점이 중요한 역할을 했나요?
- 당신 인생의 성공과 가장 밀접한 관련이 있는 성격강점은 무엇인가요? 당신의 인간관계에서 가장 많이 활용되는 강점은 무엇인가요?
- 우리의 인간관계를 생각할 때, 그 관계를 강하게 만드는 요소는 무엇인가요?
- 당신은 언제 가장 '인정받고 있다'고 느끼나요? 언제 당신은 진정한 나 자신이 될 수 있다고 느끼나요?
- 우리 관계에서 당신은 어떤 성격강점을 더 활용하고 싶으신가요? 어떤 성격강점을 내가 더 많이 활용했으면 좋겠습니까?
- 성공적으로 해결한 스트레스 요인이나 어려운 상황에 대해 말해 주세요. 그 상황을 해결하기 위해 어떤 성격강점을 활용했나요?

누구를 인터뷰했나요?

_____

이 사람에게 강점 접근 방식을 취하는 것이 어땠나요?

_____

_____

_____

상대방의 답변에서 (직접 언급하지는 않았더라도) 어떤 성격강점을 발견하고 들었나요?

_____

_____

_____

인터뷰를 진행하는 동안 그 사람에게서 어떤 점을 발견했나요? 당신의 질문과 강점에 대한 당신의 집중을 통해 다른 감정적 반응이나 새로운 통찰력 또는 어떤 놀라움이 드러났나요?

_____

_____

_____

앞으로 이 사람과 상호작용할 때 이 강점 기반 접근 대화법의 몇몇 요소를 가져와 적용할 수 있나요? 인간관계에 대해 얻은 통찰력을 다른 사람과의 관계에도 적용할 수 있나요? 여기에 그러한 요소/통찰력을 파악해 보기를 바랍니다.

_____

_____

_____

_____

인정하고 수용하기

관계를 맺고 있는 상대방이 어떤 사람인지 더 깊이 알게 되면, 우리는 그 사람을 충분히 인정하고 있는 그대로 그들을 받아들이게 됩니다. 문제는 이러한 인정을 어떻게 직접 표현하느냐 하는 것입니다. 당신이 이 사람을 얼마나 소중하게 생각하는지를 어떻게 전달할 수 있을까요?

조지 메이슨 대학교의 토드 카슈단(Todd Kashdan) 교수와 그의 동료들(2017)은 서로의 성격강점을 인정하고 존중하는 관계 파트너는 서로의 관계에서 더 큰 헌신을 경험하고 소속감과 자율성에 대한 욕구 등 자신의 욕구가 충족되고 있다고 느끼는 것을 발견했습니다. 또한, 이러한 커플은 관계 만족도 및 성적 만족도가 더 높았으며, 삶의 목표가 지원되고 있다고 느꼈습니다. 역으로, 그 반대도 사실이라는 것을 발견했는데, 관계에 대한 불만족은 파트너가 서로의 성격강점을 '대가' 지불이 필요한 것으로, 즉 강점의 남용이나 과다사용 등 강점이 상대방에게 어떤 식으로든 부정적인 영향을 미친다고 보는 것과 관련이 있는 것으로 밝혀졌습니다.

파트너 강점 설문지 작성하기

다음 카슈단 연구에서 사용한 파트너 강점 설문지 약식 버전을 실시해 볼 수 있습니다. 이 도구는 친밀한 관계의 파트너가 상대방의 성격강점을 탐색하고 인식하기 위해 만들어졌지만, 가까운 관계의 모든 사람의 강점을 살펴보는 데에도 활용될 수 있습니다.

이 설문지로 강점을 파악하려는 사람의 이름을 적어 보세요. _____

이 사람을 가장 정확하게 반영하는 성격강점 한 가지를 말해 보세요. 이 사람에 대해 생각할 때, 그 사람의 핵심이 되는, 가장 중심이 되는 특성은 무엇인가요? 어떤 강점을 사용할 때 그/그녀가 에너지가 넘치고 신나는 것 같나요?

성격강점 #1: _____

이 사람이 이 강점을 사용한 최근 상황(직접 목격했거나 방금 들었던)을 기술해 보기를 바랍니다.

_____

_____

_____

당신 파트너에 대한 다음의 질문에 다음의 7점 척도로 응답해 보기를 바랍니다.

전혀 그렇지 않다		다소 그렇다			매우 그렇다	
1	2	3	4	5	6	7

강점 사용 및 효과

_____ 당신이 아는 한, 당신의 파트너는 일주일에 얼마나 자주 이 강점을 사용합니까?

_____ 파트너가 이 강점을 얼마나 효과적으로 사용하나요? 다시 말해, 이 강점을 사용하는 활동을 얼마나 잘 수행하나요?

_____ 사용/효과에 대한 총점

강점 인정

_____ 이 사람이 이 강점을 사용하는 것이 당신에게 얼마나 중요합니까?

_____ 이 사람이 이 강점을 사용하는 것을 볼 때 그 관계에 당신이 더 헌신하게 되나요?

_____ 이 사람이 이 강점을 사용하는 것을 본 후 이 사람과의 관계에 더 만족하십니까?

_____ 인정에 대한 총점

강점의 대가

_____ 이 사람의 강점 때문에 관계에서 어떤 문제나 갈등이 발생하나요?

_____ 이 사람이 이 강점을 사용하는 것이 당신에게 어려움을 주거나 부담스러운가요?

_____ 이 강점을 사용한 후, 이 사람은 얼마나 지쳤습니까?

_____ 대가에 대한 총점

　

강점 사용/효과 및 강점 인정에 대한 점수가 높을수록 이 사람의 성격강점에 대한 당신의 이해와 인정이 높다는 것을 보여 줍니다. 그들에게 당신의 인정과 존중을 꼭 알려 주세요! 강점으로 인한 대가지불 점수가 높을수록 강점 과용 및 남용의 가능성은 커지며, 이는 관계에서 스트레스나 갈등을 유발할 수 있습니다. 파트너와 함께 이에 대해 탐색하는 것이 중요합니다.

친밀한 관계에서 강점 인정하기

이제 당신은 당신의 삶에서 중요한 누군가의 성격강점에 대한 인정과 수용에 대한 인식을 넓히고 있는데, 이제 그 사람에게 구체적 행동을 취할 때입니다! 이 활동은 http://www.newharbinger.com/42808에서 다운로드해 강점 연습에 지속적으로 사용할 수 있습니다.

1. 가까운 관계 중 한 사람을 선택하고 그 사람의 가장 최상의 강점 세 가지를 찾아보기를 바랍니다.

   강점 #1: _____

   강점 #2: _____

   강점 #3: _____

2. 그 사람이 이러한 각 강점을 훌륭하게 보여 준 최근의 사건을 떠올려 보기를 바랍니다. 그 강점이 어떻게 표현된 것을 보았나요?

   강점 #1에 대한 이야기: _____

   _____

   _____

   강점 #2에 대한 이야기: _____

   _____

   _____

   강점 #3에 대한 이야기: _____

   _____

   _____

3. 상대방의 강점을 인식하고 당신의 인정을 표현하세요. 상대방의 성격강점 사용이 왜 당신에게 중요하고 가치가 있는지 설명하면서 당신이 쓴 내용을

상대방과 공유하기를 바랍니다. 예를 들어, 그 사람에게 감정적으로 더 끌리거나, 그 관계에 더 헌신하거나, 그 사람과 함께 있을 때 더 행복하다고 느낄 수 있습니다. 강점 인식과 인정은 비언어적으로도 표현할 수 있습니다. 이 사람에게 어떻게 그의 강점에 대한 인식과 인정을 표현하시겠습니까?

강점 #1에 대한 인식과 인정: _____

_____

_____

강점 #2에 대한 인식과 인정: _____

_____

_____

강점 #3에 대한 인식과 인정: _____

_____

_____

육성하기(보살피기)

전에 뉴욕 북부에서 일주일간 명상 수련회에 참석했을 때, 우리가 참여한 활동 중 하나는 소그룹 내에서 마음챙김 말하기와 마음챙김 듣기였습니다. 각자는 자신의 경험에서 힘들었던 점, 긍정적인 점 등 하고 싶은 말을 모두 나누었습니다. 내 차례가 되었을 때 나는 아내와 내가 상호작용하는 방식 중 몇 가지가 내 마음을 힘들게 한 적이 있었다고 말했습니다. 이에 대해 집단 리더는 — 전반적으로 침묵을 지키며 집단원 각자가 나에게 이야기하는 것을 허용하면

서— 나에게 '비밀 물 주기'를 연습해 본 적이 있는지 물었습니다. 집단리더는
이것이 어떤 전략이나 계획 없이, 대가를 바라지 않고, 내가 어떤 '기술'을 실행
하고 있다는 것을 아내가 눈치 채지 못하게, 내 아내의 '씨앗에 물 주기'를 하는
것을 말한다고 말했습니다. 다시 말해, 이것은 아내의 최고 특성(강점)을 포착
해 격려하며, 아내의 강점을 옹호하고, 이러한 아내의 그 특성 때문에 아내를
사랑하며, 아내가 그러한 강점을 표현할 수 있는 환경을 조성해 주는 것입니
다. 이렇게 아내가 가진 강점의 씨앗에 물을 주어야 합니다. 나를 비롯해 마음
챙김과 성격강점을 연구하는 많은 사람에게 이것이 생산적인 접근 방식임이
입증되었습니다(Niemiec, 2014).

　이것이 또한 인간관계에서 육성의 요소에 해당되는 것이기도 합니다. 켈리
맥고니걸(Kelly McGonigal, 2015) 연구원이 설명했듯이, 타인을 돌보고 돕는 것
은 용기와 희망의 '생물학'을 촉발합니다. 우리의 자비(측은지심) 사용은 다른
강점을 더 깊이 있게 발휘하도록 촉진할 수 있습니다.

다른 사람의 강점 씨앗 키우기

　다음과 같은 질문을 통해 친밀한 관계에서 강점을 키우는 연습을 할 수 있습
니다.

　먼저, 친밀한 관계 중 한 명을 선택해 그 관계의 씨앗에 물을 주는 것부터 시
작해 보기를 바랍니다. 이 사람의 강점을 어떻게 의도적으로 격려할 수 있을까
요? '비밀리에 물 주기'를 실행할 구체적인 시나리오를 생각해 보세요. 어떻게
그렇게 할 수 있을까요?

_____

_____

_____

지금 선의의 탐정이 되어 보세요. 일반적으로 이 사람의 강점을 발견하지 못하는 상황을 한 가지 들어 보기를 바랍니다. 이 상황에서 당신의 호기심과 판단력(비판적 사고, 개방성)를 어떻게 활용하면 당신이 주목하고 강화할 상대방의 강점 한두 가지를 찾아낼 수 있을까요?

우리 모두는 다른 사람의 강렬함(강점)에 무심코 반응하지 않도록 주의해야 합니다. 다른 사람들이 격렬한 감정, 즉 분노, 불안, 슬픔을 느낄 때, 바로 그때가 그들에게 가장 보살핌이 필요할 때인 경우가 많습니다.

다른 사람이 고통스러워할 때 당신은 어떻게 자비심을 갖고 반응할 수 있을까요?

우리는 또한 다른 사람들의 좋은 소식에 적극적으로 반응하는 옹호자가 될 필요가 있습니다. 다른 사람을 육성하는(보살피는) 가장 좋은 방법 중 하나는 직장에서의 만족스러운 경험, 새로운 성취 또는 그들을 행복하게 만든 일 등과 같이 사람들이 자신에게 생긴 긍정적인 일을 공유할 때 바로 그들의 에너지가 고양되는 것을 알아차리는 것입니다. 이 때 상대방의 좋은 소식에 호기심 어린 질문과 격려, 낙관적인 태도로 반응하면 당신은 상대방이 좋은 소식을 활용하고 그 에너지가 계속 흐르도록 도울 수 있습니다. 과학적 연구에 의하면 이러한 반응이 당신과 상대방의 웰빙 지수를 높이는 것으로 나타나고 있습니다 (Gable et al., 2004; Reis et al., 2010).

누군가 당신에게 좋은 소식을 나눌 때, 당신은 어떻게 적극적으로 호기심을 갖고 축하하고 격려하는 방식의 반응을 할 수 있을까요?

_____

_____

친밀한 관계를 형성하는 또 다른 중요한 단계는 좋은 것을 음미하는 것, 즉 긍정적인 감정이 일어나는 동안 그 감정을 계속 지속시키기 위해 의도적으로 노력하는 것입니다. 음미하기가 웰빙을 증진하는 데 광범위한 유익이 있다는 것이 과학적으로 밝혀졌습니다(Bryant & Veroff, 2007). 음미하기의 한 가지 형태는 친밀한 관계에 있는 한 사람과의 긍정적인 경험을 떠올려 보는 '긍정적인 회상법'입니다. 이는 당신의 인간관계에 정서적 종합 비타민을 제공해 주는 것과 같습니다. 이 기분 좋은 회상법은 사건의 구체적인 세부 사항, 즉 그때 느꼈던 감정과 감각, 그로 인해 서로에 대해 생긴 감정을 되돌아보는 것입니다.

가까운 사람과 함께했던 만족스러운 경험에 대해 글을 써서 긍정적인 회상을 실행해 보세요. 그런 다음 상대방에게 이것을 읽어 주고 그에 대해 함께 회상해 보도록 요청해 보세요.

_____

_____

_____

당신의 인간관계와 파트너의 강점을 키우면, 당신은 당신과 상대방 모두의 강점에 대한 마음챙김 인식을 구축하고 미래에 사용할 수 있는 자원과 특성을 개발하는 선순환을 만들게 됩니다. 마음챙김 강점 사용은 긍정적 강화를 촉진하는 효과를 가져오므로(Niemiec, 2014), 당신의 여러 인간관계에 이러한 강점 사용을 계속 확산시켜 가기를 바랍니다!

회복 및 해결하기

인간관계가 항상 긍정적인 장밋빛으로 나타나는 것은 아닙니다. 인간관계에서 문제와 갈등이 크고 작은 형태로 나타나기 마련입니다. 어떤 문제들은 방안의 코끼리(모두가 잘못됐다는 것을 알면서도 먼저 그 말을 꺼낼 경우 초래될 위험이 두려워, 그 누구도 먼저 말하지 않는 커다란 문제)처럼 몇 주나 몇 달에 걸쳐서 서서히 드러나기도 하고, 어떤 문제들은 사랑하는 사람의 얼굴에 금방 나타나듯 신랄하게 드러나기도 합니다.

자세히 살펴보면 성격강점이 민감한 영역이나 관계에서 유발하는 '핫 버튼'처럼 작동할 수 있는 것을 보게 됩니다. 이는 관계의 어려움에 영향을 주거나 심지어는 관계를 더 어렵게 만들 수도 있습니다. 예를 들어, 당신은 파트너의 지나친 유머 사용으로 짜증이 난 적이 있었나요? 문제를 해결하려는 상대의 비판적 사고 능력에 숨 막히게 질린 적이 있나요? 상대의 끊임없는 질문(호기심)이나 아이디어(창의력)의 폭격에 당황한 적이 있나요? 당신의 파트너가 강점을 너무 지나치게 사용하거나(예를 들어, 명절 선물을 줄 때 완전한 공정성을 고집하는 경우) 강점을 너무 과소하게 사용한다고 느낄 때(힘들어하는 이웃에게 친절하지 않은 경우), 이것이 바로 당신의 핫 버튼을 작동시킬 수 있습니다. 이 때 화가 치밀어 오르는 자신을 발견하면, 잠시 멈추고 스스로에게 물어보세요. 나의 어떤 성격강점이 지금 발동되어서 갈등과 싸움을 촉발하고 있는가?

화가 났을 때 우리는 성격강점을 가장 마지막에 가서야 떠올리는 경우가 많습니다. 만약 그 강점을 가장 먼저 떠올릴 수 있다면 결과가 어떨까요?

어떤 상황에서 당신에게 강점 핫 버튼이 촉발되고 있다는 자기 통찰력이 생기면 당신은 시나리오를 재구성해 새로운 시각으로 그 상황을 바라볼 수가 있습니다. 그런 다음 핫 버튼으로 인한 갈등을 흘려보내고 계속 나아가거나 어떤 식으로든 적절한 조치를 취할 수 있습니다. 그렇지 못하는 경우에는 추가적 작업이 필요합니다.

이때 시너지와 충돌이 함께 발생합니다. 성격강점 시너지는 두 가지 이상의 강점이 결합해 긍정적인 유익을 제공할 때 발생하며, 그 결과 부분의 합이 개별 강점보다 더 큰 것으로 나타납니다. 성격강점 충돌은 두 가지 이상의 강점이 충돌해 스트레스나 갈등을 유발할 때 발생합니다. 이런 경우 둘 중 하나만 있을 때보다 상황이 더 악화됩니다. 시너지와 충돌은 이 4사분면 모델에서 볼 수 있듯이 우리 자신 안에서 또는 우리 자신과 다른 사람 사이에서 발생할 수 있습니다(Niemiec, 2018).

성격강점 시너지와 충돌의 4사분면 모델

성격강점	시너지(1+1=3)	충돌(1+1=0)
자신의 내면 (개인 내면)	태희 씨는 새로운 게임과 활동을 개발하면서 그 과정에 자녀들의 아이디어도 포함시키며 그녀의 공정성과 창의성의 강점이 강하게 어우러지도록 결합하는 어머니입니다.	발표(프레젠테이션)를 위해 온라인에서 연구 자료를 수집하려는 라희 씨의 흥미(학구열)는 온라인 비디오를 보는 것에 대한 성향(호기심)과 충돌해 결국 일을 끝내지 못하고 미루게 만듭니다.
자신과 다른 사람 사이 (대인관계)	새로운 도시로 가족이 이사해야 하는 어려움에 직면했을 때 나타난 서영 씨의 용기와 이사 들어갈 수 있는 동네에서 소요되는 비용과 이점을 상세하게 정리한 엑셀 표를 만든 남편 수호 씨의 신중성이 잘 어우러져 결국 그들의 새집이 가족에게 아주 잘 맞는 곳으로 결정됩니다.	프로젝트를 매주 계속 진행하려는 동훈 씨의 끈기는 프로젝트를 완료할 수 없으므로 더 많은 비용이 발생하기 전에 프로젝트를 포기해야 한다고 계속 주장하는 팀 동료 태연 씨의 통찰력 강점과 충돌합니다.

핫 버튼, 시너지, 충돌이라는 개념을 한데 모아 한 활동에서 살펴봅시다.

강점 재구성을 통해 인간관계 스트레스 변화시키기

인간관계에서 당신의 균형을 잃게 하거나 화나게 하는 등, 당신을 격동시키는 주제나 상황을 한 가지 떠올려 봅시다.

_____

_____

_____

_____

이 때 어떤 성격강점이 당신 안에서 촉발되고 있나요? 그 이유는 무엇인가요?

_____

_____

_____

_____

당신이 이 핫 버튼(민감한) 문제에 대한 새로운 통찰력을 얻었으니, 다음에는 이런 일이 생길 때 어떻게 다르게 행동할 수 있을까요? 그때 어떤 성격강점을 사용해 촉발된 그 문제를 완화할 수 있을까요?

_____

_____

_____

_____

좀 더 깊이 파고 들어갈 때 '강점 충돌'이 일어나고 있는지 잘 살펴보세요. 다시 말해, (당신 안에 또는 파트너와 당신 사이에) 표현하고 싶은 두 가지 강점이 서로 경쟁하고 있는 것은 아닌가요? 이것을 설명해 보기를 바랍니다.

_____

_____

_____

_____

자신 안에서 또는 당신과 파트너 사이에 '강점 시너지'가 발휘될 수 있는 부분이 있나요? 다시 말해, 강점 시너지가 어떻게 그 상황에 안정과 균형을 가져올 수 있을까요?

_____

_____

_____

함께 성장하기

긍정심리학 및 인간관계에 관한 책을 쓴 수잔 필레기(Suzann Pileggi)와 제임스 파웰스키(James Pawelski, 2018)는 고대 그리스 아리스토텔레스의 저서를 통해 유용성을 위한 우정(비즈니스 파트너십 등), 즐거움을 위한 우정(누군가와 즐거운 시간을 보내는 것), 두 사람이 서로의 성품(인격)을 존중하고 서로가 건강한 방향으로 성장하도록 돕는 선에 기반한 우정 등 세 가지 유형의 우정을 강조합니다. 이들은 우정뿐만 아니라 친밀한 관계와 연애 관계에서도 상호 유익한 방식으로 기능하는 이 세 번째 유형이 나타날 수 있다고 주장합니다. 이것이 내가 이 모델의 '함께 성장하기' 요소, 즉 성격강점을 활용해 서로를 더 나은 사람으로 만드는 것을 지향하는 방식과 일치합니다.

유유상종 또는 반대되는 것에 끌린다?

친밀한 관계에 있는 두 사람의 VIA 성격강점 검사 프로파일(1위부터 24위까지의 강점 순위)을 나란히 살펴보도록 합시다. 당신의 상위 7가지 강점과 파트너의 상위 7가지 강점을 살펴보기를 바랍니다. 서로 공통으로 갖고 있는 것은 공통 강점이고, 공통점이 없는 각각의 것은 각 개인의 고유 강점입니다. 공통 강점과 고유 강점 두 가지 유형 모두 이전에 당신이 상대방에게 끌리게 했고 앞으로도 계속 상대방에게 끌리게 할 가능성이 높은 강점들입니다. '유유상종' '반대되는 것이 끌린다'는 속담이 있듯이 말이죠. 더불어 강점이 성장하는 방법 중 하나는 공유된 강점의 시너지를 서로 축하하고 구축하고 이를 바탕으로 서로의 고유한 강점을 인정하고 존중해 이를 최대한 활용하는 것입니다. 이 활동지는 이러한 유사점과 차이점을 최대한 활용하는 데 도움이 될 것입니다.

당신의 상위 7가지 강점: 파트너의 상위 7가지 강점:

_____   _____

_____   _____

_____   _____

_____   _____

_____   _____

_____   _____

앞의 공통 강점에 동그라미를 치세요. 이러한 강점으로 시너지 효과를 가져올 수 있는 상황은 무엇입니까? 두 사람이 이러한 공유된 강점의 시너지 효과를 가져올 수 있는 다른 상황을 만들 수 있나요?

_____

_____

_____

_____

앞에 당신과 파트너의 고유한 강점 옆에 별표를 해 보세요. 당신의 파트너
는 어떤 상황에서 이러한 강점을 강하게 발휘하나요? 이 강점이 당신의 관계
나 가족에게 어떤 도움을 주나요?

_____

_____

_____

_____

당신은 어떤 상황에서 당신의 고유 강점을 강하게 드러내나요? 그것이 당신
의 관계나 가족에게 어떻게 도움이 되나요?

_____

_____

_____

_____

두 사람이 서로의 공통 강점과 고유한 강점을 알아차리고, 감사하고, 서로
인정하고 격려하기 위해 어떻게 노력할 수 있을까요?

_____

_____

_____

_____

성장은 지속적인 과정이며, 강점은 불꽃이다

호기심 강점이 친밀감을 형성한다는 연구 결과가 밝혀졌습니다(Kashdan et al., 2011). 파트너에 대한 호기심은 점차 약해지기 쉽습니다. 사실 우리는 파트너에 대해 모르는 것이 항상 많을 것입니다. 인간관계에 호기심을 계속 불태워 보는 건 어떨까요? 관계 증진을 위해 파트너에 대한 호기심을 어떻게 더 잘 활용할 수 있을까요?

_____

_____

연례 커플 수련회, 매월 데이트의 밤, 잠들기 전 침대에서 함께 책 읽기 등 파트너와 함께 꾸준히 안정적으로 할 수 있는 긍정적인 의식을 갖는 것이 특별히 필요합니다. 당신의 이러한 긍정적 의식에는 무엇이 있나요? 생각이 잘 떠오르지 않는다면 파트너와 의미 있고 긍정적인 경험을 공유하는 방법에 대해 함께 이야기해 보기를 바랍니다.

_____

_____

관계에서 유익하고 선한 것에 집중하도록 하기 위해 당신의 성격강점을 어떻게 활용할 수 있을까요? 이는 다른 사람, 이웃 또는 사회를 어떤 식으로라도 돕는 다른 의미에서 '더 큰 선'이 될 수 있고, 당신과 파트너 관계에서 가장 좋은 부분인 성격강점을 표현하는 데 집중할 수 있는 방법을 찾는다는 측면에서 또 다른 의미의 선이 될 수 있습니다.

_____

_____

_____

　　일이 잘못되었을 때 불평하는 것은 인간의 본성이기도 하지만, 잘된 일에 대해 성찰하는 것은 당신의 관계에 힘을 북돋아 주는 것입니다. 파트너와 월요일 아침 커피를 마시며 규칙적인 데이트를 하거나 일요일 밤에 한 주를 돌아보는 시간을 통해 파트너와 지난 한 주 동안 잘된 일에 대해 정기적으로 이야기해 보기를 바랍니다. 아무리 안 좋은 일이 있었던 한 주였더라도 당신이 발견할 수 있는 긍정적인 점과 사용했던 강점은 항상 있기 마련입니다. 파트너와 함께 정기적으로 실천할 계획을 세우고 어떻게 하는 것이 좋고 무엇이 옳은지 성찰해 보는 시간을 가져 보기를 바랍니다.

_____

_____

_____

배우고 실천하고 나누기

　　당신의 강점을 활용하고 상대방의 강점을 옹호함으로써 긍정적이고 건강한 관계를 형성하는 것은 깊고 풍부한 탐구가 필요한 영역입니다. 따라서 이 장의 활동을 공부하고 연습하는 데 시간을 좀 더 투자하기를 바랍니다.

　　복습하면서 가장 인상적이거나 눈에 띄는 것은 무엇입니까? 이러한 관계 구축 활동의 일부를 함께 연습(실천)해 볼 수 있는 당신의 우선순위 세 사람은 누구입니까?

_____

제**8**장

현재 순간에 참여와 몰입으로 자신감과 회복탄력성 구축하기

지금 바로 시도해 볼 수 있는 실험이 있습니다. 부엌 찬장으로 가서 뚜껑이 있는 투명한 병(또는 투명한 컵)을 준비하세요. 병의 바닥 부분에 흙이나 진흙을 2.5센티미터 정도 채웁니다. 병의 나머지 부분을 물로 채웁니다. 그리고 병을 밀봉한 후 잘 흔듭니다. 무슨 일이 일어나는지 주목해 보세요. 물이 흐려져서 잘 보이지 않나요? 그러면 병을 가만히 내려놓아 보세요. 잠시 후에는 흙이 가라앉고 마침내 물은 다시 맑아집니다.

우리 마음은 이러한 병(항아리)과 같습니다. 그리고 우리가 경험하는 스트레스는 병 안의 물속에 있는 흙이나 진흙과 같습니다. 마음에 스트레스가 쌓이고 점점 더 쌓여갈 때 당신의 강점이나 다른 도구를 사용하여 스트레스를 처리하지 않으면 마음은 흐려지고 점차 스트레스에 압도되어 갑니다. 곧 당신의 집중력이 떨어지고, 마음이 조급해지며, 긴장되고, 낙심되며, 화를 내고, 당신은 이러한 나쁜 습관과 악습에 더 취약해집니다.

스트레스 상황에서 이러한 우리에게 마음챙김은 균형을 잡아 줄 수 있습니다. 마음챙김은 사물을 명확하게 보는 것, 즉 있는 그대로 선명하게 보는 것을 의미합니다. 현재 순간과 관련된 세부 사항을 알아차리고, 이 순간의 감각을 경험하고, 무엇을 '하고, 하고, 한다'가 아니라 실제로 내가 '여기에 있다'는 것 (현존하는 것)을 의미합니다. 당신이 호흡을 가다듬고 현재 순간에 주의를 집중하면 당신의 마음이 더 명료하고 안정적인 상태가 되면서 더욱 적극적으로 그 순간에 몰입할 수 있습니다. 이 때의 명료함이란 병 안의 물을 꿰뚫어보고 병 안에 남아 있는 진흙도 있는 그대로 볼 수 있다는 것을 의미합니다. 이는 진흙 (또는 스트레스)을 제거하기 위해 진흙을 빨아들이는 대처를 하는 것이 아닙니다. 오히려 새로운 눈으로 전체 그림을 있는 그대로 바라보는 조망을 갖는 것입니다.

마찬가지로 성격강점도 이러한 명료함으로 우리를 이끌어 줍니다. 성격강점은 우리에게 진흙 속에서 길을 잃지 않으면서도 물을 이해하는 관점, 진정성 그리고 그 순간을 변화시킬 수 있는 에너지를 제공해 줍니다. 예컨대, 우리는 현재 순간의 충동을 조절하는 자기조절, 사물을 다르게 보는 호기심, 새로운 것을 만들어 내는 창의성 그리고 언제든 다른 사람을 배려하는 친절성과 겸손의 강점을 활용할 수 있습니다.

이 장에서는 마음챙김과 성격강점이라는 두 가지 강력한 개념을 함께 살펴봅니다. 연구에 따르면 마음챙김과 성격강점은 웰빙과 긍정적인 결과(Ivtzan, Niemiec, & Briscoe, 2016; Miemiec & Lissing, 2016; Pang & Ruch, 2018)와 밀접하게 관련된 여러 유익을 가져오는 강력한 시너지 효과(Niemiec, 2012, 2014; Niemiec, Rashid, & Spinella, 2012)를 내고 있습니다.

현재 순간에 대한 마음챙김이 커질수록 어려운 순간을 헤쳐 나갈 자신감도 커집니다. 결과적으로 미래의 스트레스 요인으로부터 회복할 수 있는 능력인 회복탄력성이 강화됩니다.

현재의 순간에 마음챙김과 성격강점을 더 많이 활용하려면, 먼저 당신이 하루 동안 어떤 경험을 하는지 돌아볼 필요가 있습니다. 당신의 하루 경험은 크게 세 가지 유형으로 분류할 수 있습니다. 즐거운 경험, 불쾌한 경험, 일상적인 경험(평범하거나 중립적인 경험). 각각의 경험은 성장을 위한 중요한 기회를 제공하므로 각 경험 유형 관련 활동과 강점 기반 명상 등을 포함해 좀 더 자세히 살펴보겠습니다.

즐거운 경험: 조망을 갖고 긍정적인 면에 주목하며 성장하기

우리의 사각지대도 삶의 일부입니다. 우리 모두는 자신과 자신 속에 있는 가장 좋은 점을 파악하는 것과 관련해 세부적인 부분을 많이 놓치고 있습니다. 이것을 강점맹이라고 부를 수 있는데, 우리가 '모른다는 것 자체'를 모르기 때문에 이것은 우리의 근본적인 스트레스 요인이 될 수 있습니다. 만약 어떤 사람이 자신이 유난히 화를 잘 내거나 잘 웃지 않는 사람이라는 사실을 깨닫지 못하고 이를 아무도 그에게 지적해 주지 않는다면, 그는 얼마나 많은 사람이 그 사실을 인식하고 있고 그래서 그를 피하거나 신뢰하지 않으며 또한 그와 함께 있는 것을 평안해하지 않는다는 것을 모를 것입니다.

우리는 모두 자신의 약점, 타인의 비판에 매우 민감하며 자신의 문제 관련 사각지대를 계속해서 개선하고 싶어 합니다. 그러나 우리는 우리 자신의 긍정적인 특성과 즐거운 경험에 대해서는 잘 알아차리지 못하는 맹점이 있다는 것을 잘 인식하지 못하는 것 같습니다. 그런데 마음챙김은 우리 자신을 바라보는 이러한 편향된 시각의 사각지대를 극복하는 데 도움을 주는 중요한 메커니즘으로 밝혀졌습니다(Carlson, 2013). 마음챙김은 자기 인식을 심화할 수 있는 기회를 주며, 결과적으로 우리가 우리를 둘러싼 세상과 연결되고 웰빙을 누릴 수 있는 기회를 가져다줍니다.

긍정적인 면에 대한 이러한 일반적인 맹점 때문에 많은 사람이 다른 사람의 칭찬을 받는 데 어려움을 겪게 됩니다. 당신은 사람들이 당신에 대해 말하는 좋은 점들을 당신의 마음에 염두해 두고 있습니까? 당신이 받는 칭찬에 대한 자각과 인식은 당신에게 통찰력을 주고 성장의 기회를 제공할 수 있습니다.

기분이 우울하거나 자신감이 떨어진 상태에서는 당신은 다른 사람의 칭찬을 알아차리지 못하거나, 그러한 칭찬의 중요성이나 의미를 쉽게 무시하고 평가절하할 가능성이 높습니다. 즉, 당신이 받은 칭찬을 스스로 무용지물로 만들수 있습니다. 그러나 칭찬에 대한 당신의 주의 깊은 자각은 다른 사람의 말을 보다 명확하게 보고 듣게 합니다. 당신은 당신 내면의 부정적인 비판에만 귀를 기울이기보다는 당신의 좋은 점도 듣고 알아차리는 법을 배울 수 있습니다.

칭찬에 대한 마음챙김

연구 결과, 다음의 짧은 활동은 자신감과 회복탄력성을 높일 뿐만 아니라 단기적으로나 장기적으로 인간관계에 대한 안정감을 구축하는 데 도움이 되는 것으로 밝혀졌습니다(Marigold, Holmes, & Ross, 2007, 2010). 이 질문은 원래 친밀한 관계에 주로 적용되는 질문이지만, 상사나 친구를 염두에 두고 이에 답변할 수 있습니다.

당신의 삶에서 중요한 사람(배우자, 부모, 선배, 상사, 스승, 친구 등)으로부터 받은 칭찬 한 가지를 적어 보기를 바랍니다.

_____

_____

그 사람이 당신을 존경(존중)한 이유는 무엇인가요? 그 칭찬이 당신에게 어떤 의미가 있는지, 그리고 그 칭찬이 당신과 그 사람과의 관계에서 어떤 중요한 역할을 하는지 설명하기를 바랍니다.

_____

＿＿＿＿＿＿＿＿＿＿＿＿＿＿＿＿＿＿＿＿＿＿

＿＿＿＿＿＿＿＿＿＿＿＿＿＿＿＿＿＿＿＿＿＿

이 칭찬을 통해 볼 때 당신의 파트너는 당신에게서 어떤 특정한 성격강점을 알아차리고 이를 높이 평가했나요(그들이 당시 VIA 분류체계의 정확한 언어를 사용하지 않았더라도 당신이 추측해 볼 수 있는 성격강점은)?

＿＿＿＿＿＿＿＿＿＿＿＿＿＿＿＿＿＿＿＿＿＿

＿＿＿＿＿＿＿＿＿＿＿＿＿＿＿＿＿＿＿＿＿＿

＿＿＿＿＿＿＿＿＿＿＿＿＿＿＿＿＿＿＿＿＿＿

지금 이 순간과 바로 앞 순간에 대한 마음챙김

인생에서 즐거운 경험에 더 주목하는 또 다른 방법은 속도를 늦추고, 멈추고, 호흡을 하는 것입니다. 우리가 현재 순간의 감각과 호흡에 집중할 때 우리가 받아들이기 시작하는 세부 사항의 양은 매우 놀랍습니다. 매일 조금 경사진 언덕의 한쪽을 올라갔다가 반대편으로 내려오는 조깅을 하던 한 젊은 여성인 예빈 씨의 이야기가 있습니다. 예빈 씨는 매주 오른쪽이나 왼쪽으로 푸른 계곡을 바라보며 조깅을 했습니다. 그러던 어느 날 예빈 씨는 발목이 아파서 조깅을 하는 대신 걸어서 가야 했습니다. 걸어가던 중, 갑자기 예빈 씨는 언덕 위에서 아래로 이전에 한 번도 본 적 없는 작은 보라색 꽃들이 자라고 있는 것을 발견했습니다. 그녀가 또 무엇을 보지 못했을까요? 단지 속도를 늦춤으로써 예빈 씨는 지금 이 순간의 더 넓은 세계를 알아차릴 기회를 얻게 되었습니다. 인생을 빠르게 달려 나가야 할 때가 있습니다(멀티태스킹을 통해 일을 처리할 때처럼). 하지만 또한 가끔은 멈춰서 숨을 고르며 인생을 천천히 걸어가는 것이 가장 좋을 때도 있습니다.

당신은 혼자서 또는 다른 사람들과 더불어 삶의 즐거움을 경험한 순간이 많았을 것입니다. 마음챙김을 통해 우리에게 그러한 즐거움을 알아차릴 수 있는 문이 열립니다. 그런 다음, 그 즐거움에 머무르며 더 깊이 경험하거나 다른 것으로 전환할 수 있게 관점을 넓혀 주는 것이 바로 당신의 성격강점입니다. 즐거운 순간에 마음챙김과 성격강점의 결합을 확고하게 하는 데 도움이 되는 가타(gatha; '노래' 또는 '구절'에 대한 산스크리트어 용어로 특히 전설에서 사용되는 모든 시적 운율을 가리킴) 활용을 추천합니다. 짧은 구절이나 시적 표현인 가타를 사용해 현재 순간과 바로 앞으로 다가올 순간에 온전히 주의를 집중하는 것이 좋습니다.

다음에는 내 아이들이 노는 모습을 보거나 맛있는 식사를 하는 것과 같은 즐거운 경험에 대한 알아차림을 깊게 하기 위해 내가 자주 사용하는 인기 있는 가타가 있습니다. 이 가타는 마음챙김의 대가인 틱낫한(Thich Nhat Hanh, 1979)이 만들었습니다.

> 숨을 들이쉬면서 몸이 안정됩니다.
> 숨을 내쉬며 미소 짓습니다.
> 지금 이 순간에 머무르며
> 나는 지금이 멋진 순간이라는 것을 압니다.

눈을 뜨거나 감은 채로 주의를 기울여 이 단어들을 말하면서 생리적 유익(호흡과 미소에 근육을 집중함으로써), 심리학적 유익(웰빙에 대한 진술을 하면서), 관점 형성의 유익(멋진 순간인 지금 이 순간에 '머무름'을 상기시킴으로써) 등을 알아차릴 수 있을 것입니다.

당신의 성격강점과 관련된 또 다른 가타(Niemiec, 2014)도 비슷한 효과를 가져올 수 있습니다.

> 숨을 들이마시며 나의 강점을 봅니다.
> 숨을 내쉬면서 나의 강점을 중요시합니다.

지금, 나는 내 강점 안에 살고 있습니다.

나는 나를 온전히 표현합니다.

이 두 가지 가타의 네 줄을 외운 다음, 각 줄을 번갈아 가며 들숨과 날숨에 맞춰 혼잣말하는 연습을 하면 됩니다. 그래서 당신이 즐거운 경험을 하고 있을 때, 당신이 의미 있는 대화를 나누고 있다는 것을 알아차릴 때, 창 밖에서 여러 마리의 새가 놀고 있는 것을 보고 있을 때, 또는 사랑하는 사람의 얼굴에 나타나는 미소를 음미하고 있을 때, 혼잣말로 가타를 외워 읊조리기를 바랍니다. 그 순간이 지나고 난 후에 기억하는 것이 아니라 그 순간에 더 깊이 빠져들고 그 순간을 음미하는 자신을 발견하게 될 것입니다. 그리고 이러한 가타 연습을 더 많이 할수록 인생의 즐거운 경험에 더 많이 주목하고 감사하게 될 것입니다!

명상: 마음챙김과 강점 가타

오디오 형식의 가타는 앞의 내용을 더욱 깊은 감각 수준으로 끌어올려 줍니다. http://www.newharbinger.com/42808에서 가타를 들을 수 있습니다.

이 연습을 시작하면서 통찰력을 키우고 마음챙김을 강화하기 위해 다음 질문에 답해 보기를 바랍니다.

가타 중 하나를 사용한 경험에 대해 써 보세요.

즐거운 경험 속에서 가타를 읊조리는 것(암송)은 어떤 느낌을 주나요?

_____

_____

_____

_____

_____

가타가 즐거운 경험에만 국한될 필요는 없습니다. 사실, 가타는 불쾌한 상황에서도 매우 효과적입니다. 각 가타에 익숙해지면 스트레스를 받을 때에도 가타를 사용하는 연습을 해 보기를 바랍니다. 그러면 각 가타가 다양한 상황에서 도움이 될 수 있다는 것을 알게 될 것입니다.

불쾌한 경험: 용감하게 직면하고 재구성하기

불쾌한 순간과 상황 역시 우리의 또 다른 자연스러운 일상의 한 부분입니다. 나는 이를 '부정적'이라기보다는 '불쾌한' 것이라고 부릅니다. '부정적'이라는 단어는 나쁘거나 비생산적인 것을 연상시키기 때문입니다. 반면 불쾌한 경험은 실제로 학습 기회를 창출하고 의미를 구축하며 우리 안에서 최선의 것을 이끌어 낼 수 있기 때문에 매우 생산적일 수 있습니다. 다시 말해, 불쾌한 경험은 우리의 강점을 촉진시킬 수 있습니다. 댄 골먼(Dan Goleman, 1997)이 달라이 라마와의 대화를 바탕으로 설명한 것처럼, 이러한 경험은 슬픔, 불안, 분노와 같은 '고통스러운' 감정을 유발할 수 있습니다. 이 고통스러운 감정은 당신이 적절한 행동을 취하고 자신을 개선하도록 동기부여할 수 있습니다.

불쾌한 경험의 명백한 예로 실패를 들어 보겠습니다. 실패를 좋아하는 사람은 아무도 없습니다. 하지만 전문가들이 동의하는 한 가지 사실은 실패가 성장에 필요하다는 것입니다. 우리는 실패를 받아들이고, 실패로부터 배우며, 실패의 좋은 점을 찾아볼 수 있습니다. 물론 실패가 가져올 수 있는 실망감과 무력감, 절망감에 빠져 있을 때는 이것이 정말 말처럼 쉽지 않다는 것도 압니다.

따라서 실패의 상황에서 실패를 다르게 바라보기 위해서는 한발 물러설 수 있는 통찰력, 머릿속을 가득 채우는 부정적인 자동반응 사고에서 벗어날 수 있는 자기조절력, 새로운 지식을 추구하기 위한 학구열, 새로운 지식을 계속 유지할 수 있는 끈기 등의 성격강점이 필요합니다.

실패에 대한 마음챙김은 학습에 도움이 됩니다. 우리는 실패에서 좌절감을 느끼고 포기할 수도 있고, 실패를 배움의 기회로 보고 활용할 수도 있습니다. 자신감 키우기에 대해 언급하는 저명한 저자들은 실패에 대한 가장 중요한 대응은 안전지대에서 벗어나 필요한 행동을 취하는 것임을 관찰했습니다(Kay & Shipman, 2014). 성장하기 위해서는 행동하는 것이 필요하기 때문입니다. 우리가 성공할 수 있다는 자신감을 키우기 위해서는 위험을 감수하고 고군분투해야 합니다.

한편, 자신감에 관해 다른 입장을 취하는 저자 루이자 제웰(Louisa Jewell, 2017)은 이에 동의하지만, 새로운 일을 하기 위해 필요한 것은 자신감이 아니라고 말합니다. 한 번도 해 보지 않은 일에 어떻게 자신감을 가질 수 있을까요? 오히려 용감성, 용기가 필요합니다. 용기 강점을 행동으로 옮기면 자신감이 높아집니다. 용기는 많은 사람이 일반적으로 높게 평가하는 강점이 아니지만, 누구나 조금씩 발휘할 수 있는 역량입니다. 강점의 선구자이자 작가인 로버트 비스와스-디너(Robert Biswas-Diener, 2012)에 따르면, 용기의 강점을 표현하기 위해 필요한 전제 조건은 두려움보다 행동하려는 의지가 더 커야 한다는 것입니다.

연구 결과에 의하면 당신이 역경에 직면했을 때 용기를 발휘하고 의미 있는 행동을 취하려는 의지를 활성화할 수 있는 많은 방법이 있습니다. 그중 하나는 용기 있는 경험에 라벨(이름)을 붙이는 것입니다. 즉, 다른 사람들이 더 많은 용기를 내도록 도와주려고 한다면 먼저 자신의 용기를 발견하거나 다른 사람의 용기를 발견해 이에 대해 말해 주는 것입니다(Hannah, Sweeney, & Lester, 2007). 강점 찾기 외에도, 또 다른 전략은 당신이 돕고 있는 사람의 필요를 생각하거나, 행동의 선한 면을 스스로 상기시키거나, 어떤 행동을 해야 할 필요성을 느끼는 것과 같이 용기 있는 행동의 결과에 집중하는 것입니다(Pury, 2008).

용기 키우기

당신의 불쾌한 경험에 대해 이 용기 연구가 시사하는 바를 실천해 보는 연습을 하기를 바랍니다.

뭔가 필요한 행동(또는 그 이상의 행동)을 취하고 싶은, 당신의 불쾌한 경험을 말해 보기를 바랍니다.

_____

_____

이 불쾌한 경험에 대해 생각할 때, 이에 직면해 용기를 표현함으로써 얻을 수 있는 몇 가지 긍정적인 결과를 나열해 보기를 바랍니다.

_____

_____

비슷한 어려움을 겪었을 때 용감하게 행동했던 때를 떠올려 보세요. 비슷한 도전이 떠오르지 않는다면, 당신이 용기를 비교적 강하게 표현했던 때를 여기에 떠올려 보기를 바랍니다.

_____

_____

과거에 용기 있게 행동했을 때 당신의 기분이 어땠었나요?

_____

_____

용기를 내어 행동할 때 당신의 마음속에는 무슨 일이 있었나요? 용기를 내기 위해 어떤 생각을 했나요? 어떤 생각이 용기를 내도록 동기를 부여했나요?

_____

_____

마지막으로, 이 질문에 대한 당신의 답변을 되돌아보고 이러한 통찰력을 바탕으로 앞으로 다른 사람들에게 도움이 되는 용기 있는 행동을 취할 수 있는 방법을 생각해 보기를 바랍니다.

불쾌한 상황에 대한 긍정적인 재평가

마음챙김과 용기 있는 행동으로 불쾌한 상황에 직면할 수 있지만, 리프레이밍(재구조화) 또는 긍정적 재평가라는 고전적인 심리학적 접근 방식으로도 이에 직면할 수 있습니다. 지금까지 이 책에서 이러한 정확한 용어를 항상 사용한 것은 아니지만, 우리는 강점 기반 렌즈를 통해 스트레스를 재평가하는 방법을 배우면서 이 전략을 계속 사용해 왔습니다. 여기 스트레스와 불쾌한 상황을 재구성하는 데 좀 더 직접적 주의를 기울이도록 도움이 될 재미있는 짧은 이야기를 소개합니다.

몇 년 전, 한 동료가 두 살배기 아들을 둔 젊은 부부가 주말에 겪었던 어려운 상황을 처리한 방법에 대해 이야기해 주었습니다. 어느 날 아침 부부가 집안일을 하느라 바쁘게 움직이던 중 아들이 식탁 위에 있던 유성 마커 몇 개를 손에 잡았습니다. 그중 몇 개를 집어든 아이는 곧바로 거실로 걸어가 벽에다 온통 낙서를 했습니다. 부모들은 무슨 일이 벌어지고 있는지 보고 나서 깜짝 놀랐습니다. 그들은 서로를 바라보며 몇 마디 주고받은 후 이내 결정을 내렸습니다. 그들은 곧바로 동네 공예품 가게에 가서 낙서를 감쌀 수 있을 만큼 큰 액자를 구입해 바닥에서 불과 60센티미터 떨어진 높이의 거실 벽부분에 액자를 걸었습니다. 벽에 액자를 걸자 이제 집 거실은 아이의 '예술 작품'이 전시된 곳이 되었습니다.

이 부부는 말 그대로 분노, 좌절, 비난을 불러일으킬 수 있는 상황을 '재구성'했습니다. 그들은 다른 렌즈를 통해 그 에피소드를 바라보고 그들 각자의 성격강점(심미안, 호기심, 통찰력, 자기조절)을 사용해 그들이 직면한 상황에 다른 접근 방식을 취했습니다.

용서, 감사, 긍정적 감정, 근육 긴장 완화 등과 같은 다양한 유익을 가져다주는 것으로 밝혀진 재구성 활동을 통해 긍정적인 재평가 연습을 해 보기를 바랍니다(McCullough, Root, & Cohen, 2006; Witvliet et al., 2010).

당신은 다른 사람과 겪고 있는 사소한 갈등이나 스트레스 상황을 떠올리는 것부터 시작할 수 있습니다. 상대방에게 무시당했거나, 상대방이 나에 대해 부정적인 말을 하는 것을 들었거나, 상대방이 한 일로 인해 상처를 받거나 또는 상대방이 하는 일로 인해 좌절감을 느끼는 등 불쾌한 상황이어야 합니다.

이 상황을 먼저 간략하게 설명해 보세요.

_____

_____

_____

_____

불쾌감을 느꼈을 때 어떤 성격강점이 떠올랐나요? 그 강점을 어떻게 표현했나요? 지금 당신은 어떤 성격강점을 보여 줄 수 있나요(당신의 성격강점으로 그 상황을 어떻게 재구성해 대처할 수 있나요)?

_____

_____

_____

_____

   이 어려움(공격 행위)을 통해 어떤 통찰력을 얻었나요? 다시 말해, 그 경험을 통해 무엇을 배웠나요? 그 경험에서 어떤 의미를 찾을 수 있나요?

_____

_____

_____

_____

   결점과 강점을 모두 가지고 있는 상대방의 복합적인 인간성을 살펴보세요. 우리 모두와 마찬가지로 그 상대방도 긍정적인 성장과 변화를 경험해야 할 필요가 있습니다. 비록 작은 것일지라도 이 사람에게서 어떤 성격강점을 발견할 수 있나요?

_____

_____

_____

_____

명상: 강점을 활용한 긍정적인 재구성

   명상은 긍정적인 재구성을 실천하는 또 다른 방법입니다. 명상은 사소한 스트레스 요인이나 문제를 상상하도록 유도하고, 이를 성격강점 관점에서 재구성해 새로운 시각으로 바라볼 수 있는 전략을 제공합니다. 명상은 제가 만든 마음 챙김 기반 강점에 관한 8주 프로그램(Niemiec, 2014)에서 많은 참가자가 가장 좋아하는 활동입니다.

강점 명상을 활용한 긍정적 재구성을 http://www.newharbinger.com/42808에서 들어 보세요.

당신의 스트레스 요인을 재구성하기 위해 이 명상을 사용하는 상황을 살펴보세요. 어떤 점을 발견했나요? 어떤 강점을 불러냈나요?

_____

_____

일상적인 경험: 일상 속에서 호기심 키우기

하루를 구성하는 세 번째 유형의 경험은 두 번째 유형과 크게 다르지 않은데, 대부분의 사람들이 평범한 집안일과 지루한 일상을 대체로 불쾌하게 여기기 때문입니다. 따라서 여기서의 주제 중 일부는 마음챙김에 대한 연구와도 일치합니다. 따라서 앞의 내용을 잘 기억하고 생각해 보기를 바랍니다.

한 연구팀이 51명을 무작위로 두 그룹으로 나누어 한 그룹은 설거지를 시작하기 전에 마음챙김 설거지에 관한 내용을 읽게 하고, 다른 그룹은 일반적인 설거지 절차에 관한 내용을 읽은 후 설거지를 진행했습니다(둘 다 식기세척기의 도움 없이 진행). 연구진은 첫 번째 그룹에 속한 사람들이 영감, 호기심, 전반적인 마음챙김이 증가하고 긴장이 감소하는 것을 발견했습니다(Hanley et al., 2015). 이 결과가 흥미롭지 않나요? 연구 대상자들에게 '다음은 뭐지?' 또는 '설거지하는 동안 다른 무엇을 할 수 있을까?'와 같이 속으로 계속 질문하는 것을 중단하고 이를 내려놓게 하고는 설거지하는 자신의 감각에 몰입하고 당면한 일에만 집중하도록 안내했을 때 다양하게 유익한 효과가 나타났습니다.

　이것은 마음챙김 생활의 한 예로, 일상의 가장 평범한 일이라도 당신이 하고 있는 모든 일에 마음챙김 주의를 기울여 현재 순간에 집중하고 당신의 강점을 활용할 수 있는 기회로 만드는 것입니다(Niemiec, 2012). 출근길 운전, 계단 내려가기, 점심 먹기, 애완동물에게 먹이 주기 등 말 그대로 모든 것에 '마음챙김'을 할 수 있습니다. 우리가 마음챙김을 하지 않으면 마음이 자동 조종 장치처럼 무의식적·자동적으로 반응해 현재 순간에 주의를 기울여 집중하지 못하게 됩니다.

　샤워하기와 같이 당신이 그 동안 수백, 수천 번 반복해 온 활동을 생각해 보세요. 샤워하기를 그동안 너무나 자주 해 왔기 때문에 당신은 샤워하는 현재 순간에 머무르며 반복되는 그 행동의 세부 사항에 주의를 기울일 가능성이 거의 없었을 수 있습니다. 사실 현재라는 순간은 평균적으로 3~4초밖에 지속되지 않습니다(Stern, 2004). 하지만 우리는 마음이 이리저리 방황할 때 현재 순간으로 돌아오도록 마음챙김하는 훈련을 할 수 있습니다. 지난 수십 년 동안 많은 연구를 통해 마음챙김이 웰빙에 미치는 이점이 밝혀졌습니다(Sedlmeier et al., 2012).

　마음챙김을 일상에 적용한 또 다른 연구 기반 사례를 살펴봅시다. 하버드 대학교 과학자 엘렌 랭거(Ellen Langer, 1989)는 사람들을 무작위로 두 그룹으로 나누어 두 그룹 모두에게 싫어하는 활동(청소기 돌리기, 먼지 털기 등)을 하도록 요청하는 연구를 수행했습니다. 그런데 두 그룹 중 한 그룹에는 활동을 하는 동안 그 활동의 세 가지 새로운 특징에 주의를 기울이라는 추가 지시를 내렸습니다. 예를 들어, 식물에 물을 주는 활동을 선택한 그룹은 식물 속에 대비되는 색상의 선명함, 손에 든 물뿌리개의 무게, 물이 쏟아져 흙에 부딪히는 소리에 집중할 수 있었습니다. 그룹구성원들이 실험자에게 보고했을 때, 랭거는 지루한 활동을 새로운 특징에 대한 호기심을 가지고 수행하도록 요청받은 그룹(작업의 새로운 특성을 알아차린 그룹)이 결국 그 활동을 더 즐겼을 뿐만 아니라 실험이 끝난 후에도 자발적으로 그 활동에 더 많이 참여했다는 사실을 발견했습니다!

일상적인 활동을 변화시키는 마음챙김

당신이 일상적인 과제에 활용한 성격강점에 대해 살펴보았던 제2장의 일상활동표로 다시 돌아가 봅시다. 이번에는 호기심을 불러일으켜 이러한 활동에도 마음챙김을 통한 주의(알아차림)를 어떻게 적용할 수 있는지 살펴볼 것입니다. 이 강점(마음챙김)은 새로움을 추구하고 삶의 모든 뉘앙스를 새로운 감각으로 경험하는 데 도움이 됩니다. 여기에 제공된 샘플 항목에 따라 이 표를 작성해 일상적인 활동과 마음챙김 및 성격강점을 연결해 보기를 바랍니다.

일상 활동	활동에 마음챙김을 가져올 수 있는 방법	사용하는 성격강점
머리 감기	손가락으로 머리를 문지르며 손가락이 부드러운 머릿결에 닿는 감촉을 느낍니다. 나는 샴푸의 향기를 오래 맡습니다. 내 손이 원을 그리는 동작에 집중합니다.	신중성, 심미안, 호기심
알람시계에 맞춰 일어나기		
양치질하기		
출근길 운전하기		

점심 준비하기		
동료 또는 친구에게 이메일 보내기		
소셜 미디어에 글 올리기		
가족과 대화하기		
간식 먹기		
책, 잡지 또는 온라인 기사 읽기		
동네 산책하기		
기타 활동		

명상: 성격강점 호흡 공간으로 모든 순간을 변화시키기

성격강점 호흡 공간은 모든 좋은 마음챙김 연습에 핵심이 되는 다음 세 가지 성격강점의 사용이 강조되는 짧은 명상입니다.

1. **호기심:** 현재 순간에 내 안팎에서 일어나는 모든 일에 주의를 기울이는 것. 현재 순간에 인지하는 모든 것에 주의를 기울입니다. 이 단계에서는 "또 뭐가 있을까?"라고 물어보는 것이 도움이 됩니다. 즉, 어떤 느낌, 감각, 마음의 이야기, 냄새, 소리의 세부 사항에 얽매이기보다는 '지금 이 순간에 또 어떤 것을 알아차리고 발견할 수 있을까?'라고 질문함으로써 호기심을 유지하도록 스스로에게 상기시킵니다.

2. **자기조절:** 이 단계에서는 당신의 들숨과 날숨을 느끼는 데 집중하고, 마음이 방황할 때 이를 알아차리고, 다시 부드럽게 주의를 다시 호흡으로 되돌리는 것을 계속해서 반복합니다. '항상 호흡으로 돌아가라'는 문구는 바로 당신의 일상적인, 방황하는 마음을 조절하는 데 도움이 됩니다.

3. **통찰력(조망, 지혜):** 이 단계에서는 호흡의 감각에 집중하되, 주의를 바깥으로 확장해 '몸 전체'를 통합된 실체로 느끼는 등 큰 그림으로 당신의 주의를 넓혀 바라봅니다. 명상의 이 시점에서는 작은 세부 사항을 알아차리는 것에서 벗어나 성격강점인 통찰력(조망, 지혜)을 사용해 더 넓은 시야를 인식하는 단계로 넘어갑니다.

성격강점 호흡 공간 명상 듣기를 http://www.newharbinger.com/42808에서 해 보기를 바랍니다.

아침에 일어나서 침대에 누워 있을 때, 샤워할 때, 점심시간, 차에 처음 타는 순간 등 당신은 언제 이 성격강점 호흡 공간 명상을 시도(실천)할 시간을 정할 수 있나요?

_____

_____

　이 명상을 하는 동안 호기심, 자기조절, 통찰력(조망, 지혜)이라는 당신의 성격강점에 대해 어떤 점을 발견할 수 있나요? 그리고 그 밖의 다른 성격강점도 발견할 수 있나요?

_____

_____

배우고 실천하고 나누기

　이 장에서는 당신이 하루 종일 경험하는 다양한 종류의 경험에 대해서 그리고 마음챙김과 성격강점이 어떻게 그러한 경험에 더 깊이 몰입하게 하는지, 그리고 때로는 그 경험을 어떻게 변화시키는지에 대해 이야기했습니다. 현재 순간에 더욱 집중하기 위해 마음챙김 연습을 심화하면 삶의 즐거운 경험에 대한 새로운 인식을 갖게 되고, 불쾌한 경험에서도 성장하며, 일상적인 경험에도 활기를 불어넣을 수 있습니다. 이는 당신에게 새로운 자신감과 스트레스 회복력을 가져다줍니다.

　이 장에서 배운 내용과 제시된 명상 및 실천 방법을 잘 기억하고 돌아보기를 바랍니다. 지금 당신에게 가장 중요하게 다가오는 것은 무엇인가요? 그것을 누구와 공유하겠습니까? 이 장에서 제시된 연습, 토론 또는 활동에 어떤 다른 사람과 함께 참여하면 좋을 것 같나요?

_____

_____

제**9**장

삶의 의미를 찾고 선한 영향력 전파하기

'임종 테스트'라는 도전에 응할 준비가 되었나요? 다소 섬뜩하게 들릴지 모르지만 이것은 애써 시도해 볼 가치가 있는 의미 있는 연습입니다. 당신이 임종 직전에 있고 다음 두 가지 문장을 완성하라는 요청을 받았다고 상상해 보겠습니다.

_____에 더 많은 시간을 보냈더라면 좋았을 텐데.

내 인생을 되돌아보면, 나는 _____이 매우 자랑스럽다.

당신의 대답을 되새겨보기를 바랍니다. 둘 중 특히 당신의 눈에 띄는 것은 무엇인가요?

_____

_____

당신의 답변에 기초해 볼 때 지금 당신의 삶에서 어떤 행동을 취하면 도움이 될까요?

_____

_____

_____

이제 성격강점을 각각에 대입해 보기를 바랍니다. 첫 번째 진술에서 언급한 바람을 실현하기 위해 당신은 어떤 강점을 어떻게 활용할 수 있을까요?

_____

_____

_____

당신이 가장 자랑스럽다고 언급한 대답에는 어떤 강점이 관련되어 있나요?

_____

_____

_____

연구 결과에 따르면 시간이 부족하고 제한되어 있다는 사실을 우리에게 상기시키는 이와 같은 연습은 결과적으로 우리의 웰빙을 증진시킨다고 합니다 (Kurtz, 2008; Layous et al., 2018). 우리 삶의 마지막 순간을 상상하는 것은 어느 정도 불편한 일이지만, 이를 통해 얻을 수 있는 통찰력과 의미는 매우 귀중할 수 있습니다.

이제 같은 맥락에서 '무엇이 가장 중요한가?'라는 또 다른 연습을 해 보겠습니다. 이 질문의 세 가지 간단한 단어에는 중요한 내용과 의미가 담겨 있습니다.

한 번뿐인 인생에서 당신에게 가장 중요한 것은 무엇인가요? 이 진지한 질문에 대해 신중하게 생각해 보고 여기에 떠오르는 것을 적어 보기를 바랍니다.

_____

_____

_____

_____

다음 질문은 아래와 같습니다. 당신의 성격강점을 사용하지 않고도 당신의 인생에서 가장 중요한 것을 얻을 수 있을까요? 그것을 획득하고, 유지하고, 창조하고, 당신의 목표를 달성할 수 있을까요? 대답은 그럴 수 없다는 것입니다. 행복하기, 행복한 자녀 양육, 건강한 가족, 타인의 행복 증진, 특별한 삶의 성취 이루기, 좋은 관계 구축, 내면의 평화 찾기, 환경 개선, 사회에 의미 있는 공헌 등 어떤 이름을 붙이든 상관없습니다. 이러한 각 삶의 가치구현에는 당신의 여러 가지 성격강점이 필수적 요소입니다.

당신의 삶에서 가장 중요하다고 생각되는 것을 구축하거나 유지하는 데 필요한 경로가 되는 성격강점을 탐색해 보세요.

_____

_____

_____

_____

앞의 두 가지 활동은 당신을 같은 곳으로 이끌었을 수도 있습니다. 아니면 전혀 다른 결과를 낳았을 수도 있습니다. 어느 쪽이든 괜찮습니다. 중요한 것은 각각이 당신의 삶의 의미에 있어서 중요한 역할을 한다는 것입니다. 이와 같은 '크고 진지한 질문'을 고려하고 성찰하는 것은 삶의 의미의 토대를 형성하는 데 도움이 됩니다. 당신에게 가장 중요한 것이 무엇인지 명확히 파악한 다음 이를 달성하고 유지하기 위한 경로를 만들고, 그것에 시간을 투자하지 못한 것에 대한 후회로 가득 차 있지 않고, 대신에 자부심을 느낄 수 있는 삶을 산다면 당신은 지속 가능한 삶의 의미의 원천을 갖게 될 것입니다. 그리고 이것은 자신과 타인에게 웰빙의 샘이 될 수 있습니다.

의미의 세 가지 유형

의미의 과학은 최근 몇 년 동안 비약적인 발전을 이루었습니다. 흥미롭게도 스트레스와 의미는 종종 밀접한 관련이 있습니다. 과학자들은 스트레스가 삶의 의미와 강력하고 긍정적인 관련이 있다는 사실을 발견했습니다. 스트레스가 더 큰 삶의 의미를 예측하는 것이 반복적으로 밝혀졌습니다. 사람들이 과거에 경험한 스트레스가 된 삶의 사건의 수가 많을수록, 그들이 느끼는 삶의 의미는 더 커집니다. 그리고 현재 경험하는 스트레스의 양이 많을수록 자신의 삶이 의미 있다고 보고할 가능성은 더 높습니다(Baumeister et al., 2013).

스트레스로 인한 신체적·심리적 어려움과 종종 스트레스로 인한 불확실성과 미지의 위협과 같은 도전을 겪어나갈 때 당신은 그 경험에서 무언가 중요한 것을 얻을 수 있습니다. 더 큰 관점에서 삶을 바라볼 수 있게, 스트레스가 헛된 고통이 아니었으며, 그 나름의 중요한 의미가 있었다고 느끼고, 어떤 면에서는 새롭게 달라진 기분을 느낄 수 있습니다. 스트레스를 성공적으로 헤쳐 나가는 과정은 실제로 스트레스를 받는 순간에는 모호해 보일 수 있지만, 이 모든 것이 의미 있는 경험의 일부가 됩니다.

수 세기에 걸쳐 이루어진 철학자, 신학자, 교육자, 과학자들의 저작물에 대한 분석을 통해 연구자들은 삶의 의미를 세 가지의 유형(특성)으로 세분화할 수 있었습니다(Martela & Steger, 2016).

1. **일관성**: 삶을 이해하는 것(사고 중심)
2. **중요성**: 삶의 가치, 살만한 가치가 있다는 것을 느끼는 것(느낌 중심)
3. **목적성**: 특정한 삶의 방향, 목표, 목적을 갖는 것(행동 중심)

이러한 방식으로 의미를 세분화하면 자신의 의미 수준을 더 잘 이해하고 자신과 관련된 성격강점과 보완이 필요한 부분을 발견하는 데 도움이 될 수 있습니다. 종합하면 이 세 가지 유형(특성)의 의미는 당신에게 의미 있는 것의 근간이 되는 당신의 생각, 감정, 행동에 대한 전체 심리 구조를 나타내 보여 줍니다.

연구자들은 또한 어떤 성격강점이 의미와 가장 밀접하게 연관되어 있는지 알아내는 데 진전을 보이고 있습니다. 가장 주목받고 있는 강점은 호기심, 통찰력(조망, 지혜), 사회지능(정서지능), 심미안(심미성), 감사, 영성입니다(Wagner et al., 2018). 특히 이 여섯 가지 강점은 더 많은 삶의 의미를 창출할 수 있는 직접적인 경로를 제공해 주고 있습니다. 물론 또 다른 방법은 당신의 대표강점들을 찾아보고 그 강점 중 하나가 당신의 삶에서 더 많은 일관성, 더 큰 중요성 또는 더 많은 목적성을 확립하는 데 어떻게 도움이 될 수 있는지 숙고해 보는 것입니다.

사소한 것에서 의미 찾기

아이를 낳고, 암을 극복하는 등 삶의 큰일에서도 의미를 발견할 수 있지만, 매일 매 시간마다 삶에서 의미를 발견할 수 있는 순간이 있습니다. 우리는 일상(뒷마당의 나무를 바라보며 커피를 마시는 것)과 단순한 상호작용(마트에서 아이의 미소와 웃음소리)에서도 의미를 발견할 수 있습니다. 이러한 것들 역시 우리가 삶을 **이해하고**, 삶의 가치를 **느끼며**, 목적 있는 **행동을 하도록** 도와줍니다.

아침, 오후, 저녁 등 하루의 한 부분을 살펴보고 그 안에 작은 의미들이 있는 지 살펴보세요. '하루 중 그 시간 동안 의미 있었던 작고 사소한 일' 중 하나를 말해 보기를 바랍니다.

_____

_____

_____

이러한 의미 있는 경험에는 어떤 성격강점이 내포되어 있을까요? 호기심, 통찰력(조망, 지혜), 영성, 심미안(심미성)의 강점에 특히 주의를 기울여 보세요. 또한 당신의 대표강점도 잘 들여다보기를 바랍니다.

_____

_____

_____

당신의 작은 의미의 순간을 탐색할 때, 여러 유형의 삶의 의미(삶의 일들을 이해하는 것, 삶의 중요성을 느끼는 것, 목적에 맞게 삶을 이끌어 가는 것) 중 어떤 것을 활용하고 있나요? 설명해 보기를 바랍니다.

_____

_____

_____

하루의 다른 부분을 살펴보세요. 이번에는 구체적으로 대인관계의 의미를 찾아보세요. 어떤 식으로든 당신에게 의미 있었던 누군가와 나눈 작은 상호작용을 찾아보세요. 그것은 제스처나 기타 비언어적 표현 또는 짧은 대화처럼 사소한 것일 수도 있습니다. 그 경험을 설명해 보기를 바랍니다.

_____

_____

_____

이 의미 있는 경험에 어떤 성격강점이 있었습니까?

_____

_____

_____

당신의 대인관계에서 의미 있는 순간을 탐색할 때, 당신은 여러 유형의 삶의 의미(삶의 일들을 이해하는 것, 삶의 중요성을 느끼는 것, 목적에 맞게 삶을 이끌어 가는 것) 중 어떤 것을 활용하고 있나요? 설명해 보기를 바랍니다.

_____

_____

_____

당신은 인생의 이러한 순간들을 탐색하면서 실제로는 사소한 일들이 결코 사소한 것이 아니라는 것을 알아차렸을 것입니다. 그것들은 큽니다. 그것들이 바로 삶입니다—그것들이 당신의 지금 이 순간에서 떠오르는 삶이고 의미입니다.

개인적인 의미를 넘어서는 것

당신의 강점은 최상의 인간 잠재력과 같습니다. 당신의 강점으로 최대치의 잠재력을 발휘한다면 그것은 어떤 모습일까요? 의미와 목적을 위해 당신의 에너지를 활용하고 더 큰 선을 위해 당신의 강점을 외부로 발산한다면 그것은 어떤 모습일까요? 당신의 가족 모두가 이런 접근 방식을 취한다면 어떨까요? 도 시에 있는 사람 모두가 그렇다면? 그 때 펼쳐질 긍정적인 시너지 효과를 상상해 보세요. 실제로 세상을 더 많은 미덕과 강점으로 가득 채울 수 있을 것입니다.

하지만 그 시작은 우리 각자로부터 시작됩니다.

그 출발점은 간단합니다. 선한 사람이 되어 선한 것을 전파하는 것입니다.

긍정심리학 연구를 통해 사람들을 위해 좋은 일을 하는 것이 우리 자신과 다른 사람들에게 도움이 된다는 것이 분명해졌습니다(Peterson, 2006). 의도적으로 선한 것(좋은 것)을 세상에 전파하는 것은 강점 자원을 구축하여 스트레스를 관리하는 좋은 방법이 됩니다. 선한 것을 전파할 수 있는 방법은 무한히 많습니다. 이 책 전체에서 강조한 바와 같이, 당신의 강점을 활용하여 특정한 개인적 성과를 달성하거나 다른 사람에게 긍정적인 영향을 미칠 수 있는 길은 여러 가지가 있습니다. 어떤 강점이든 상관없이 당신이 항상 이용할 수 있는 한 가지 경로는 바로 당신의 대표강점을 활용하는 것입니다. 사회지능을 사용해 누군가의 좋은 소식에 흥분된 마음으로 반응하고, 영감을 준 사람에게 감사를 표하고, 당신에게 잘못한 사람에게 용서를 제공할 수 있습니다. 당신의 대표강점이 무엇이든, 이를 발휘해 다른 사람들과 공동체에 유익을 가져오기를 바랍니다. 그 파급 효과가 점점 느껴질 것입니다.

선한 사람이 되고 선한 것을 전파하는 또 다른 한 가지 간단한 방법은 전 세계적으로 꾸준하게 사람들이 가장 많이 보고하는 성격강점 중 하나인 친절성 강점을 표현하는 것입니다(McGrath, 2015; Park, Peterson, & Seligman, 2004). 친절은 친절을 낳고, '선행 나누기' 현상을 일으키며, 임의의 친절 행위가 웰빙에 미치는 유익이 다양한 연구에서 입증되었습니다(Pressman, Kraft, & Cross, 2015). 오로지 타인에게 도움을 주기 위해 베푸는 이타적인 친절은 자기 유익에서 베푸는 친절보다 더 강력한 힘을 발휘합니다(Baker & Bulkley, 2014). 한 번의 선행이 수많은 사람에게 영향을 미치고 친절한 행동들은 소셜 네트워크를 통해 연쇄적으로 퍼져 나가는 것으로 보고됩니다(Fowler & Christakis, 2010).

다음 표의 다양한 예에서 볼 수 있듯이 당신의 친절성 강점은 다양한 측면을 가지고 있습니다. 유형이 어느 정도 겹치기는 하지만, 각 유형은 친절성 강점을 바라보는 구별된 방식을 제공합니다.

친절의 유형	예시
친절한 행동	봉사 행위, 공동체(커뮤니티)에서 무작위로 친절을 베푸는 행위, 선행 나누기
자비 (동정심)	다른 사람의 고통을 깊이 '함께 느끼며', 그 사람과 함께하며 당신의 존재와 이해함을 제공하는 것
관대함	도움이 필요한 사람에게 돈과 시간 제공하기
배려	도움이 필요한 사람들에게 지원과 사려 깊음을 보여 주기, 아픈 사람을 방문하는 것, 당신에게 다른 사람들이 '중요'하다는 것을 이해하도록 돕기
육성 (보살핌)	아픈 사람의 특정 요구 사항을 돌보고 보살피는 것, 도움이 필요한 사람들에게 생계(음식, 물, 포옹)를 제공하기
다정하고 친근함	간단한 따뜻한 인사, 대화의 선물 제공; 다른 사람들이 환영받는다고 느끼도록 도와주기

당신에게 '좋다는 것'은 무엇을 의미합니까?

_____

_____

_____

_____

표에 나열된 친절 유형 중 가장 공감이 가는 것(마음이 끌리는 것)은 무엇인가요? 그 이유는 무엇인가요?

_____

_____

_____

_____

가족, 지역사회, 더 큰 사회에서 다른 사람들에게 더 많이 선한 것(좋은 것)을 표현하기 위해 당신의 친절성 강점을 어떻게 활용할 수 있을까요?

_____

_____

_____

_____

당신은 의미를 구현하고 세상에 선한 것(좋은 것)을 퍼뜨릴 수 있습니다. 이것은 생각보다 쉽습니다. 당신의 강점을 알고, 당신의 삶에 그 강점들을 깊게 연결하고, 한 번에 한 사람씩, 다른 사람들에게 긍정적인 방식으로 선한 영향을 주기를 바랍니다.

배우고 실천하고 나누기

이 장에서는 나 자신뿐만 아니라 타인과 사회 전체를 위해 크게 생각하는 것에 대해 이야기했습니다. 큰 생각은 작은 것에서 나올 수 있습니다. 그것은 우리가 당연하게 여기는 사소한 순간, 즉 의미를 발견하는 누군가와의 일상적 상호작용, 우리의 강점을 적용할 수 있는 새로운 아이디어 그리고 그 아이디어가 세상으로 파문을 일으키는 것 등을 살펴보는 것에서 올 수 있습니다. 이 모든 것이 중요합니다. 그리고 그 모든 것에는 우리의 강점이 내재되어 있습니다.

이 장에서 가장 중요했던 부분은 무엇인가요? 어떤 아이디어나 주제가 당신의 삶과 다른 사람들의 삶에 긍정적인 영향을 미칠 수 있는 가장 큰 잠재력을 가지고 있습니까? 세상에서 당신이 바라보는 관점에 게임 체인저(혁신적인 아이디어)가 될 만한 어떤 것이 있나요?

의미를 만들고 선한 영향력을 발휘하는 데 있어 당신에게 가장 큰 영향을 주는 것을 대면이나, 소셜 미디어 또는 에세이를 통해 다른 사람들과 공유해 보세요. 사람들은 당신의 이야기를 듣고 싶어 합니다!

_____

_____

_____

_____

_____

_____

결론

강점은 스트레스를 수반하는 삶의
도전을 성장의 기회로 바꾼다

먼 길을 오셨습니다! 당신은 스트레스를 바라보고 대처하는 새로운 방법으로 다양한 강점 기반 활동과 이를 성찰하는 여정을 이어 왔습니다. 당신이 성격강점을 활용해 웰빙을 증진하고, 직장에서 생산성을 높이며, 삶의 작은 순간에서도 의미를 찾고, 인간관계에서 긍정성을 높이며, 스트레스를 인식하고 관리하는 방식에서 강인함을 느끼는 등 당신의 최고의 삶을 만들어 갈 수 있는 새 힘을 얻었기를 기대합니다.

성격강점을 적용하는 것이 스트레스 완화를 위한 최고의 전략 중 하나이지만 아쉽게도 아직까지 잘 알려지지 않았습니다. 하지만 이제 당신에게는 성격강점이라는 당신이 최대한 활용할 수 있는 도구가 있습니다. 강점을 활용하는 기술은 연습을 통해 향상될 것입니다. 당신의 강점 활용 기술을 통해 더 견고한 인간관계, 가족, 공동체(커뮤니티)를 만들 수 있습니다.

좋아하는 활동과 최고의 통찰

잠시 시간을 내어 이 워크북의 개인적 하이라이트(주목할 점)를 기록해 보기를 바랍니다. 각 장을 훑어보면서 가장 의미 있는 탐구, 가장 효과적인 활동, 가장 영향력 있는 통찰 등 당신에게 가장 눈에 띄는 내용을 찾아보세요. 앞으로 당신의 삶에 가장 큰 영감을 줄 만한 내용은 무엇인가요? 당신의 생각, 느낌 또는 행동에 크고 작은 변화를 가져온 것은 무엇인가요? 8개의 항목을 입력할 수 있는 공간이 있는데, 공간이 더 필요하면 별도의 페이지에 자유롭게 당신의 변화 관련 내용을 계속 작성해 보기를 바랍니다.

최고의 통찰	이 통찰이 중요한 이유는 무엇인가요?	좋아하는 활동	이 활동을 어떻게 적용했나요?	이 활동이 당신이나 다른 사람들에게 어떤 도움이 되나요?
스트레스가 항상 해롭기보다 도움이 될 수 있습니다.	아이들과 그리고 바쁜 직장 생활에서 오는 스트레스에 대한 나의 생각과 관점을 변화시켜 줍니다.	각 장의 마지막에 있는 나누고 공유하는 부분.	각 장에서 내가 학습한 내용을 페이스북에 게시하고, 배우자와 함께 앉아 각 장의 내용에 대해 이야기를 나누었습니다.	긍정적인 경험과 아이디어를 공유할 때 기분이 좋아지고, 다른 사람들도 이를 흥미로워하며 자신도 해 보겠다고 말하는 것을 보면서 모두에게 도움이 되는 것을 알게 됩니다.

최고의 통찰	이 통찰이 중요한 이유는 무엇인가요?	좋아하는 활동	이 활동을 어떻게 적용했나요?	이 활동이 당신이나 다른 사람들에게 어떤 도움이 되나요?

특히 책을 덮고 나면 우리는 최고의 배움을 잊어버리기 쉽습니다! 가장 소중한 통찰을 어떻게 당신의 기억 속에 생생하게 남길 수 있을까요? 당신이 가지고 다니는 노트 카드에 통찰한 것을 적거나, 집과 업무 공간 곳곳에 붙여 놓은 스티커 메모 카드에 통찰을 적어 두거나, 또는 당신이 정한 '강점 친구'와 매 주마다 한 가지 성격강점에 대해 이야기하는 시간을 정해 보기를 바랍니다. 그밖에 또 어떤 아이디어가 있나요?

_____

_____

_____

_____

강점 연습이 심화될수록 당신의 통찰력은 계속 성장하고 다양한 연습에 대한 반응도 계속 발전할 것입니다. 앞으로 강점 연습을 어떻게 유지해 나갈 것인가요? 당신이 좋아하는 활동을 정기적으로 하고 있나요? 연습을 지속해 나가기 위해서 당신 스스로를 어떻게 상기시킬 것인가요?

_____

_____

_____

_____

최종 검토하기: 당신의 스트레스 수준은 어느 정도인가

이제 제1장의 처음과 제5장의 끝에서 했던 것처럼, 다양한 상황에서 당신의 스트레스 수준을 다시 한번 재평가할 시간입니다. 첫 장의 '당신의 스트레스 수준은 어느 정도인가' 섹션에 있는 등급표로 돌아가 세 번째 마지막 열(후반)에 당신이 느끼는 현재 스트레스 수준을 기입하기를 바랍니다.

이제 세 가지 다른 시점에서 당신의 스트레스에 대한 데이터를 확보했는데 스트레스 요인 전반에 걸쳐 어떤 패턴이 나타났나요? 큰 변화, 작은 변화, 증가, 혹은 감소? 당시의 상황과 스트레스 강도의 변화(또는 부족)를 살펴볼 때 어떤 주목할 만한 점이 있나요? 여기에서 당신이 관찰한 내용을 탐색해 보기를 바랍니다.

_____

_____

_____

_____

_____

_____

이것이 끝이 아니다

스트레스로부터 배우는 것, 스트레스의 중요성을 인식하는 것, 스트레스를 관리할 수 있는 도구를 구축하는 것 등 이 모든 것은 평생의 과정입니다. 배우고, 두 걸음 앞으로 나아가고, 잊어버리고, 한 걸음 뒤로 물러나며, 또 스스로 도전하고, 다시 두 걸음 앞으로 나아갑니다. 물병(항아리) 안에는 진흙도 있지만 병 안에 맑은 물도 있다는 사실을 명확히 알아차리는 것이 당신이 앞으로 나아가는 데 도움이 됩니다.

자신과 타인 안에 있는 성격강점을 발견하고 이를 소중히 여기며, 문제가 되는 스트레스 요인에 적용하고, 의미를 찾으면서 성격강점을 개인 및 직장 생활의 복잡한 상황에 활용하는 것 역시 당신의 삶을 향상시키는 과정입니다. 당신은 파도를 타기도 하고, 파도에 맞서기도 하며, 파도와 함께 헤엄치기도 하고, 때로는 파도에 쓰러지기도 합니다. 하지만 그 모든 과정에서 당신은 항상 당신을 기다리고 있는 성격강점으로 돌아갈 수 있습니다. 당신의 성격강점에 마음챙김해 주의 깊게 주목하는 것은 당신의 몫입니다.

많은 사람이 이 성격강점 연습 프로그램의 여러 내용을 다시 읽고, 다시 쓰고, 다시 실행하고, 다시 토론함으로써 더 큰 유익을 얻고 있습니다. 내가 진행하고 있는 강의, 워크숍 그리고 나의 출판물에 대해 받은 피드백을 살펴보면 사람들이 '반복'에서 가치를 발견한다는 것, 즉 반복 속에서 성격강점 작업의 깊이와 잠재력이 사실상 무한하다는 것을 알 수 있습니다. 따라서 이 워크북의 어느 부분이든, 당신이 직면한 특정 과제나 문제에 대해 살펴보면서 이에 대해 언제든지 생각해 보고 이야기할 수 있는 부분으로 돌아가기를 권장합니다. 그러면 당신은 당신의 과제나 문제에 적용할 수 있는 새롭고 도움이 될 만한 내용을 발견할 수 있을 것입니다.

이러한 성격강점 연습을 통해 지금까지 당신을 이끌게 되어 영광이었습니다. 당신이 기울인 노력에 감사드립니다. 나는 당신의 노력이 때로는 도전적이면서 흥미롭고, 스트레스를 받으면서도 의미 있고, 평범하면서도 변혁적인 일이라는 것을 잘 알고 있습니다. 계속하십시오. 이 일을 당신의 의식적인 삶의 일부로 계속 유지해 나가기를 바랍니다. 결국, 이러한 강점들이 당신 안에 있고 당신의 것이며 바로 당신 자신입니다. 당신만의 고유한 자아를 유지하면서 다른 사람들을 위해 봉사하기를 바랍니다. 여러 가지 면에서, 세상은 그렇게 행하는 당신에게 달려 있습니다.

당신의 좋은 여정을 응원합니다. 당신의 성격강점이 발휘되어 인생의 절정과 골짜기, 그 사이의 모든 공간을 당신이 헤쳐 나가는 데 이 책이 도움이 되기를 바랍니다.

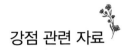

강점 관련 자료

라이언 니믹의 성격강점 기반 다른 책들

The power of Character Strengths: Appreciate and Ignite Your Positive Personality(with Robert McGrath, 2019)

이 책은 24개 성격강점 각각을 사용하기 위한 이야기, 핵심 아이디어, 연구 요령 및 다양한 실천전략을 제공한다. 강점 건축가라는 인기 있는 4단계 프로그램이 포함되어 있다.

Character Strengths Interventions: A Field Guide for Practitioners(2018)

이 책은 긍정심리학의 성격강점에 대한 첫 번째 현장 가이드이며, 이해하기 쉽게 수백 개의 연구를 인용하고 있고, 조력 전문가에게 도움을 주는 실제적인 모델과 도구를 제공하고 있다. 실무자 및 내담자가 활용할 수 있는 거의 100가지 정도의 유인물(핸드아웃)이 포함되어 있다.

Mindfulness and Character Strengths(2014)

이 책은 마음챙김이 강점 사용을 증진하는 방법과 성격강점이 어떻게 마음챙김하는 삶과 명상을 지원하는지에 대한 깊은 통합을 제공한다. 전 세계적으로 전문가들이 사용하는 마음챙김 기반 강점연습(MBSP)의 전체 매뉴얼과 8주 동안의 증거 기반 프로그램이 포함되어 있다.

Positive Psychology at the Movies 2(with Danny Wedding, 2014)

이 책은 24개의 성격강점을 분석하고 분류한 1,500편 이상의 영화에 대해 설명하고 있다. 또한 회복탄력성, 마음챙김, 의미, 참여, 긍정적인 관계 및 성취를 예시하는 영화들이 포함되어 있다.

강점을 사용하는 특정 영역 자료

학술자료: *Character Strengths and Virtues: A Handbook and Classification*(by Chris Peterson and Martin Seligman, 2004)

코칭: *Authentic Strengths*(by Fatima Doman, 2016)

일반자료: *30 Days of Character Strengths*(by Jane Anderson, 2018), *Character Strengths Matter*(by Shannon Polly and Kathryn Britton, 2015)

육아(부모노릇): *The Strengths Switch*(by Lea Waters, 2017)

프로젝트(사업) 관리: *Be a Project Motivator*(by Ruth Pearce, 2018)

연인(낭만적) 관계: *Happy Together*(by Suzann Pileggi and James Pawelski, 2018)

일(직업): *Your Strengths Blueprint*(by Michelle McQuaid and Erin Lawn, 2014)

특정 성격강점 관련 자료

창의성: *Wired to Create*(by Barry Scott Kaufman and Carolyn Gregoire, 2015)

호기심: *Curious?*(by Todd Kashdan, 2009)

판단력(비판적 사고, 개방성): *Thinking, Fast and slow*(by Daniel Kahneman, 2011)

학구열(탐구심): *The Power of Mindful Learning*(by Ellen Langer, 1997)

통찰력(조망, 지혜): *Practical Wisdom*(by Barry Schwarts and Kenneth Sharpe, 2011)

용감성: *The Courage Quotient*(by Robert Biswaw-Diener, 2011), *Psychological*

Courage(by Daniel Putnam, 2004)

끈기: Mindset(by Carol Dweck, 2006)

진실성(정직): The Gifts of Imperfection(by Brene' Brown, 2010)

활력(열정): The Body and Positive Psychology(by Kate Hefferon, 2013)

사랑: Love 2.0(by Barbara Fredrickson, 2013)

친절성: Self-Compassion(by Kristin Neff, 2011)

사회지능(정서지능): Social Intelligence(by Daniel Goleman, 2006)

협동심(시민의식, 팀워크): Woven(by Fiona Campbell Hunter, 2017)

공정성: The fairness Instinct(by L. Sun, 2013)

리더십: The Humanitarian Leader in Each of Us(by Frank LaFasto and Carl
  Larson, 2012)

용서: Beyond Revenge(by Michael McCullough, 2008)

겸손: Humility: The Quiet Virtue(by Everett Worthington, 2007)

신중성: Organize Your Mind, Organize Your Life(by Paul Hammerness and
  Margaret Moore, 2011)

자기조절: Willpower(by Roy Baumeister and John Tierney, 2011)

심미안(심미성): Awe(by Paul Pearsall, 2007)

감사: Thanks!(by Robert Emmons, 2007)

희망(낙관성): Making Hope Happen(by Shane Lopez, 2014)

유머: Humor as Survival Training for a Stressed-Out World(by Paul McGhee,
  2010)

영성: The Gospel of Happiness(by christopher Kaczor, 2015)

참고문헌

Baker, W., & N. Bulkley. (2014). Paying It Forward vs. Rewarding Reputation: Mechanisms of Generalized Reciprocity. *Organization Science 25*(5), 1493-1510. http://doi.org/10.1287/orsc.2014.0920.

Baumeister, R. F., E. Bratslavsky, C. Finkenaeuer., & K. D. Vohs. (2001). Bad Is Stronger Than Good. *Review of General Psychology, 5*(4), 323-370. http://doi.org/ 10.1037/1089-2680.5.4.323.

Baumeister, R. F., K. D. Vohs, J. L. Aaker., & E. N. Garbinsky. (2013). Some Key Differences Between a Happy Life and a Meaningful Life. *Journal of Positive Psychology, 8*(6), 505-516.

Biswas-Diener, R. (2006). From the Equator to the North Pole: A Study of Character Strengths. *Journal of Happiness Studies, 7*, 293-310. http://doi.org/10.1007/ s10902-005-3646-8.

Biswas-Diener, R. (2012). *The Courage Quotient: How Science Can Make You Braver.* San Francisco, CA: Jossey-Bass.

Bryant, F. B., & J. Veroff. (2007). *Savoring: A New Model of Positive Experience.* Mahway, NJ: Lawrence Erlbaum Associates.

Buschor, C., R. T. Proyer., & W. Ruch. (2013). Self-and Peer-Rated Character Strengths: How Do They Relate to Satisfaction with Life and Orientations to Happiness?. *Journal of Positive Psychology, 8*(2), 116-127. http://doi.org/10.10 80/17439760.2012.758305.

Carlson, E. N. (2013). Overcoming the Barriers to Self-Knowledge: Mindfulness as a Path to Seeing Yourself as You Really Are. *Perspectives on Psychological*

Science, 8(2), 173-186.

Caunt, B. S., J. Franklin, N. E. Brodaty., & H. Brodaty. (2013). Exploring the Causes of Subjective Well-Being: A Content Analysis of Peoples' Recipes for Long-Term Happiness. *Journal of Happiness Studies, 14*(2), 475-499.

Cowden, R. G., & A. Meyer-Weitz. (2016). Self-Reflection and Self-Insight Predict Resilience and Stress in Competitive Tennis. *Social Behavior and Personality, 44*(7), 1133-1150.

Dalton, A. N., & S. A. Spiller. (2012). Too Much of a Good Thing: The Benefits of Implementation Intentions Depend on the Number of Goals. *Journal of Consumer Research, 39*(3), 600-614. http://doi.org/10.1086/664500.

Diener, E., & S. Oishi. (2005). The Nonobvious Social Psychology of Happiness. *Psychological Inquiry, 16*(4), 162-167.

Diener, E., & M. E. P. Seligman. (2004). Beyond Money Toward an Economy of Well-Being. *Psychological Science in the Public Interest, 5*(1), 1-31.

Duhigg, C. (2012). *The Power of Habit: Why We Do What We Do in Life and Business.* New York: Random House.

Emmons, R. A., & M. E. McCullough. (2003). Counting Blessings Versus Burdens: An Experimental Investigation of Gratitude and Subjective Well-Being in Daily Life. *Journal of Personality and Social Psychology, 84,* 377-389.

Fluckiger, C., F. Caspar, M. Grosse Holtforth., & U. Willutzki. (2009). Working with Patients' Strengths: A Microprocess Approach. *Psychotherapy Research, 19*(2), 213-223. http://doi.org/10.1080/10503300902755300.

Fluckiger, C., & M. Grosse Holtforth. (2008). Focusing the Therapist's Attention on the Patient's Strengths: A Preliminary Study to Foster a Mechanism of Change in Outpatient Psychotherapy. *Journal of Clinical Psychology, 64,* 876-890. http://doi.org/10.1002/jclp.20493.

Fowler, H., & N. A. Christakis. (2010). Cooperative Behavior Cascades in Human Social Networks. *Proceedings of the National Academy of Science, 107,* 5334-5338.

Freidlin, P., H. Littman-Ovadia., & R. M. Niemiec. (2017). Positive

Psychopathology: Social Anxiety via Character Strengths Underuse and Overuse. *Personality and Individual Differences, 108,* 50-54. http://doi.org/10.1016/j.paid.2016.12.003.

Gable, S. L., H. T. Reis, E. A. Impett,., & E. R. Asher. (2004). What Do You Do When Things Go Right? The Intrapersonal and Interpersonal Benefits of Sharing Positive Events. *Journal of Personality and Social Psychology, 87*(2), 228-245. http://doi.org/10.1037/0022-3514.87.2.228.

Gallup. (2013). State of the American Workplace: Employee Engagement Insights for U.S. Business Leaders. https://news.gallup.com/reports/178514/state-american-workplace.aspx.

Gander, F., R. T. Proyer, W. Ruch., & T. Wyss. (2013). Strength-Based Positive Interventions: Further Evidence for Their Potential in Enhancing Well-Being and Alleviating Depression. *Journal of Happiness Studies, 14,* 1241-1259. http://doi.org/10.1007/s10902-012-9380-0.

Gardner, H. (1983). *Frames of Mind: The Theory of Multiple Intelligences.* New York: Basic Books.

Goleman, D. (1997). *Healing Emotions: Conversations with the Dalai Lama on Mindfulness, Emotions, and Health.* Boston: Shambhala.

Gollwitzer, P. M., & G. Oettingen. (2013). Implementation Intentions. In *Encyclopedia of Behavioral Medicine,* edited by M. Gellman and J. R. Turner. New York: Springer.

Gordon, A. M., & S. Chen. (2016). Do You Get Where I'm Coming From? Perceived Understanding Buffers Against the Negative Impact of Conflict on Relationship Satisfaction. *Journal of Personality and Social Psychology, 110*(2), 239-260.

Grant, A. M., J. Frankline., & P. Langford. (2002). The Self-Reflection and Insight Scale: A New Measure of Private Self-Consciousness. *Social Behavior and Personality, 30*(8), 821-836.

Guo, J., Y. Wang., & X. Y. Liu. (2015). Relation Between Marital Satisfaction and Character Strengths in Young People. *Chinese Mental Health Journal, 29*(5), 383-388.

Hanley, A. W., A. R. Warner, V. M. Dehili, A. I. Canto., & E. L. Garland. (2015). Washing Dishes to Wash the Dishes: Brief Instruction in an Informal Mindfulness Practice. *Mindfulness, 6*, 1095. doi: 10.1007/s12671-014-0360-9.

Hannah, S. T., P. J. Sweeney., & P. B. Lester. (2007). Toward a Courageous Mind-Set: The Subjective Act and Experience of Courage. *Journal of Positive Psychology, 2*(2), 129-135. http://doi.org/10.1080/17439760701228854.

Harzer, C., & W. Ruch. (2015). The Relationships of Character Strengths with Coping, Work-Related Stress, and Job Satisfaction. *Frontiers in Psychology, 6*, no. 165. http://doi.org/10.3389/fpsyg.2015.00165.

Harzer, C., & W. Ruch. (2016). Your Strengths Are Calling: Preliminary Results of a Web-Based Strengths Intervention to Increase Calling. *Journal of Happiness Studies, 17*(6), 2237-2256. http://doi.org/10.1007/s10902-015-9692-y.

Hone, L. C., A. Jarden, S. Duncan., & G. M. Schofield. (2015). Flourishing in New Zealand Workers: Associations with Lifestyle Behaviors, Physical Health, Psychosocial, and Work-Related Indicators. *Journal of Occupational and Environmental Medicine, 57*(9), 973-983. http://doi.org/10.1097/JOM.0000000000000508.

Hudson, N. W., & R. C. Fraley. (2015). Volitional Personality Trait Change: Can People Choose to Change Their Personality Traits?. *Journal of Personality and Social Psychology, 109*(3), 490-507. http://doi.org/10.1037/pspp0000021.

Ivtzan, I., R. M. Niemiec., & C. Briscoe. (2016). A Study Investigating the Effects of Mindfulness-Based Strengths Practice (MBSP) on Wellbeing. *International Journal of Wellbeing, 6*(2), 1-13.

Jewell, L. (2017). *Wire Your Brain for Confidence: The Science of Conquering Self-Doubt.* Toronto: Famous Warrior Press.

Kashdan, T. B., D. V. Blalock, K. C. Young, K. A. Machell, S. S. Monfort, P. E. McKnight., & P. Ferssizidis. (2017). Personality Strengths in Romantic Relationships: Measuring Perceptions of Benefits and Costs and Their Impact on Personal and Relational Well-Being. *Psychological Assessment, 30*(2), 241-258. doi: 10.1037/pas0000464.

Kashdan, T. B., P. E. McKnight, F. D. Fincham., & P. Rose. (2011). When Curiosity Breeds Intimacy: Taking Advantage of Intimacy Opportunities and Transforming Boring Conversations. *Journal of Personality, 79*, 1369-1401.

Kay, K., & C. Shipman. (2014). *The Confidence Code.* New York: HarperCollins Publishers.

Keyes, C. L. M. (2002). The Mental Health Continuum: From Languishing to Flourishing in Life. *Journal of Health and Social Behavior, 43*, 207-222. http://doi.org/10.2307/3090197.

Kurtz, J. L. (2008). Looking to the Future to Appreciate the Present: The Benefits of Perceived Temporal Scarcity. *Psychological Science, 19*, 1238-1241. http://dx.doi.org/10.1111/j.1467-9280.2008.02231.x.

Langer, E. (1989). *Mindfulness.* Reading, MA: Addison-Wesley.

Lavy, S., H. Littman-Ovadia., & Y. Bareli. (2014). My Better Half: Strengths Endorsement and Deployment in Married Couples. *Journal of Family Issues, 37*(12), 1730-1754. doi: 10.1177/0192513X14550365.

Layous, K., J. Kurtz, J. Chancellor., & S. Lyubomirsky. (2018). Reframing the Ordinary: Imagining Time as Scarce Increases Well-Being. *Journal of Positive Psychology, 13*(3), 301-308. https://doi.org/10.1080/17439760.2017.1279210.

Linley, A. (2008). *Average to A+: Realising Strengths in Yourself and Others.* Coventry, England: CAPP Press.

Marigold, D. C., J. G. Holmes., & M. Ross. (2007). More Than Words: Reframing Compliments from Romantic Partners Fosters Security in Low Self-Esteem Individuals. *Journal of Personality and Social Psychology, 92*, 232-248. http://doi.org/10.1037/00223514.92.2.232.

Marigold, D. C., J. G. Holmes., & M. Ross, M. (2010). Fostering Relationship Resilience: An Intervention for Low Self-Esteem Individuals. *Journal of Experimental Social Psychology, 46*, 624-630. http://doi.org/10.1016/j.jesp.2010.02.011.

Martela, F., & M. F. Steger. (2016). The Three Meanings of Meaning in Life: Distinguishing Coherence, Purpose, and Significance. *Journal of Positive*

Psychology, 11(5), 531-545. http://doi.org/10.1080/17439760.2015.1137623.

Mazzucchelli, T. G., R. T. Kane., & C. S. Rees. (2010). Behavioral Activation Interventions for Well-Being: A Meta-Analysis. Journal of Positive Psychology, 5(2), 105-121.

McCullough, M. E., L. M. Root., & A. D. Cohen. (2006). Writing About the Benefits of an Interpersonal Transgression Facilitates Forgiveness. Journal of Consulting and Clinical Psychology, 74(5), 887-897. http://doi.org/10.1037/0022-006X.74.5.887.

McGonigal, K. (2015). The Upside of Stress. New York: Avery.

McGrath, R. E. (2015). Character Strengths in 75 Nations: An Update. Journal of Positive Psychology, 10(1), 41-52. http://doi.org/10.1080/17439760.2014.888580.

McQuaid, M., & E. Lawn. (2014). Your Strengths Blueprint: How to Be Engaged, Energized, and Happy at Work. Albert Park, Australia: McQuaid Pty. Ltd.

McQuaid, M., & VIA Institute on Character. (2015). VIA Character Strengths at Work. https://www.viacharacter.org/blog/strengths-at-work/.

Myers, D. (2000). The Funds, Friends, and Faith of Happy People. American Psychologist, 55, 56-67.

Nhat Hanh, T. (1979). The Miracle of Mindfulness: An Introduction to the Practice of Meditation. Boston: Beacon.

Niemiec, R. M. (2012). Mindful Living: Character Strengths Interventions as Pathways for the Five Mindfulness Trainings. International Journal of Wellbeing, 2(1), 22-33. http://doi.org/10.5502/ijw.v2i1.2.

Niemiec, R. M. (2014). Mindfulness and Character Strengths: A Practical Guide to Flourishing. Boston: Hogrefe.

Niemiec, R. M. (2018). Character Strengths Interventions: A Field Guide for Practitioners. Boston: Hogrefe.

Niemiec, R. M., & J. Lissing. (2016). Mindfulness-Based Strengths Practice (MBSP) for Enhancing Wellbeing, Life Purpose, and Positive Relationships. In Mindfulness in Positive Psychology: The Science of Meditation and Wellbeing, edited by I. Ivtzan and T. Lomas. New York: Routledge.

Niemiec, R. M., T. Rashid., & M. Spinella. (2012). Strong Mindfulness: Integrating Mindfulness and Character Strengths. *Journal of Mental Health Counseling, 34*(3), 240–253. http://doi.org/10.17744/mehc.34.3.34p6328x2v204v21.

Niemiec, R. M., & D. Wedding. (2014). *Positive Psychology at the Movies: Using Films to Build Character Strengths and Well-Being* (2nd ed). Boston: Hogrefe.

Niemiec, R. M., & A. Yarova. (2018). Character Strengths and Health: Research Summary (Part 1). *Chronicle of Advances in Positive Health and Well-Being, 1*(1). http://www.ippanetwork.org/positive-health/character-strengths-and-health-research-summary-part-1/.

Oishi, S., E. Diener., & R. E. Lucas. (2007). The Optimal Level of Well-Being: Can We Be Too Happy?. *Perspectives on Psychological Science, 2,* 346–360.

Pang, D., & W. Ruch. (2018). The Effect of Mindfulness-Based Strengths Practice on Job Satisfaction and Task Performance: The Mediating Role of Strengths Application. Manuscript submitted for publication. [NH: May be able to update before printing]

Park, N., C. Peterson., & M. E. P. Seligman. (2004). Strengths of Character and Well-Being. *Journal of Social & Clinical Psychology, 23,* 603–619. http://doi.org/10.1521/jscp.23.5.628.50749.

Park, N., C. Peterson., & M. E. P. Seligman. (2006). Character Strengths in Fifty-Four Nations and the Fifty US States. *Journal of Positive Psychology, 1*(3), 118–129. http://doi.org/10.1080/17439760600619567.

Peterson, C. (2006). *A Primer in Positive Psychology.* New York: Oxford University Press.

Peterson, C., & M. E. P. Seligman. (2004). *Character Strengths and Virtues: A Classification and Handbook.* New York: Oxford University Press and Washington, DC: American Psychological Association.

Pileggi, S. P., & J. O. Pawelski. (2018). *Happy Together: Using the Science of Positive Psychology to Build Love That Lasts.* New York: Penguin.

Pressman, S. D., T. L. Kraft., & M. P. Cross. (2015). It's Good to Do Good and Receive Good: The Impact of a "Pay It Forward" Style Kindness Intervention on

Giver and Receiver Well-Being. *Journal of Positive Psychology, 10*(4), 293-302. http://doi.org/10.1080/17439760.2014.965269.

Proyer, R. T., F. Gander, S. Wellenzohn., & W. Ruch. (2013). What Good Are Character Strengths Beyond Subjective Well-Being? The Contribution of the Good Character on Self-Reported Health-Oriented Behavior, Physical Fitness, and the Subjective Health Status. *Journal of Positive Psychology, 8*(3), 222-232. http://doi.org/10.1080/17439760.2013.777767.

Proyer, R. T., F. Gander, S. Wellenzohn., & W. Ruch. (2015). Strengths-Based Positive Psychology Interventions: A Randomized Placebo-Controlled Online Trial on Long-Term Effects for a Signature Strengths-vs. a Lesser Strengths-Intervention. *Frontiers in Psychology, 6*, no. 456. http://doi.org/10.3389/fpsyg.2015.00456.

Proyer, R. T., W. Ruch., & C. Buschor. (2013). Testing Strengths-Based Interventions: A Preliminary Study on the Effectiveness of a Program Targeting Curiosity, Gratitude, Hope, Humor, and Zest for Enhancing Life Satisfaction. *Journal of Happiness Studies, 14*(1), 275-292. http://doi.org/10.1007/s10902-0129331-9.

Pury, C. L. S. (2008). Can Courage Be Learned? In *Positive Psychology: Exploring the Best in People,* Volume 1: Discovering Human Strengths, edited by S. J. Lopez. Westport, CT: Praeger.

Reis, H., S. Smith, C. Carmichael, P. Caprariello, F. Tsai, A. Rodrigues., & M. R. Maniaci. (2010). Are You Happy for Me? How Sharing Positive Events with Others Provides Personal and Interpersonal Benefits. *Journal of Personality and Social Psychology, 99*(2), 311-329. http://doi.org/10.1037/a0018344.

Rostosky, S. S., & E. D. B. Riggle. (2017). Same-Sex Couple Relationship Strengths: A Review and Synthesis of the Empirical Literature (2000-2016). *Psychology of Sexual Orientation & Gender Diversity, 4*(1), 1-13. http://dx.doi.org/10.1037/sgd0000216.

Rust, T., R. Diessner., & L. Reade. (2009). Strengths Only or Strengths and Relative Weaknesses? A Preliminary Study. *Journal of Psychology, 143*(5), 465-476.

http://doi.org/10.3200/JRL.143.5.465-476.

Ryan, R. M., & C. Frederick. (1997). On Energy, Personality, and Health: Subjective Vitality as a Dynamic Reflection of Well-Being. *Journal of Personality, 65*(3), 529-565.

Schmid, D., & G. Colditz. (2014). Sedentary Behavior Increases the Risk of Certain Cancers. *Journal of the National Cancer Institute, 106*(7). https://doi.org/10.1093/jnci/dju206.

Sedlmeier, P., J. Eberth, M. Schwarz, D. Zimmermann, F. Haarig, S. Jaeger., & S. Kunze. (2012). The Psychological Effects of Meditation: A Meta-Analysis. *Psychological Bulletin, 138*(6), 1139-1171.

Seligman, M. E. P. (1999). The President's Address. *American Psychologist, 54*, 559-562.

Seligman, M. E. P. (2011). *Flourish.* New York: Free Press.

Seligman, M. E. P., T. A. Steen, N. Park., & C. Peterson. (2005). Positive Psychology Progress: Empirical Validation of Interventions. *American Psychologist, 60*, 410-421. http://doi.org/10.1037/0003-066X.60.5.410.

Stern, D. N. (2004). *The Present Moment: In Psychotherapy and Everyday Life.* New York: W. W. Norton & Company.

Veldorale-Brogan, A., K. Bradford., & A. Vail. (2010). Marital Virtues and Their Relationship to Individual Functioning, Communication, and Relationship Adjustment. *Journal of Positive Psychology, 5*(4), 281-293.

Wagner, L., F. Gander, R. T. Proyer., & W. Ruch. (2018). Character Strengths and PERMA: Investigating the Relationships of Character Strengths with a Multidimensional Framework of Well-Being. Manuscript accepted for publication. [NH: Author will update at proofing stage]

Witvliet, C. V. O., R. W. Knoll, N. G. Hinman., & P. A. DeYoung. (2010). Compassion- Focused Reappraisal, Benefit-Focused Reappraisal, and Rumination After an Interpersonal Offense: Emotion-Regulation Implications for Subjective Emotion, Linguistic Responses, and Physiology. *Journal of Positive Psychology, 5*(3), 226-242. http://doi.org/10.1080/17439761003790997.

Wood, A. M., P. A. Linley, J. Matlby, T. B. Kashdan., & R. Hurling, R. (2011). Using Personal and Psychological Strengths Leads to Increases in Well-Being over Time: A Longitudinal Study and the Development of the Strengths Use Questionnaire. *Personality and Individual Differences, 50,* 15-19. http://doi.org/10.1016/j.paid.2010.08.004.

Ryan M. Niemiec, PsyD

심리학 박사인 저자 라이언 니믹은 모든 인간에게 내재된 성격강점의 교육, 연구 및 실천 분야의 선도적인 인물이다. 라이언은 오하이오주 신시내티에 위치한 글로벌 비영리 단체인 VIA 성격강점 연구소의 교육 책임자로, 성격강점에 대한 최신 과학과 실용적 응용을 발전시키고 있다. 그는 수상 경력이 있는 심리학자이자 사비에르 대학교의 겸임교수이며 펜실베이니아 대학교에서 연례 강사로 활동하고 있다. 2017년에는 국제긍정심리학회 펠로우로 선정되었다. 인기 있는 기조연설자 및 워크숍 리더로 활동하는 라이언은 전 세계에서 긍정심리학 주제에 관한 수백 건의 프레젠테이션을 진행했다. 저서로는『성격강점 개입(Character Strengths Interventions)』『마음챙김과 성격강점(Mindfulness and Character Strengths)』 등이 있으며, 『영화와 정신 질환(Movies and Mental Illness)』『영화 속 긍정심리학(Positive Psychology at the Movies)』『성격강점의 힘(The Power of Character Strengths)』의 공동 저자이기도 하다. 그는 또한 일반 대중을 위해 성격강점에 관한 수백 편의 글과 80편 이상의 학술 논문 및 글을 집필했다. 현재 오하이오주 신시내티 외곽에서 아내, 세 자녀와 함께 살고 있다. 그의 대표강점은 희망(낙관성), 사랑, 호기심, 진실성(정직), 심미안(심미성), 공정성이다.

Neal H. Mayerson, PhD

추천 서문 작성자 닐 H. 메이어슨 박사는 VIA 성격강점 연구소 소장이다. 그는 임상심리학 박사학위를 받았으며 15년 동안 병원, 지역사회 정신건강시설 및 개인 진료 시설에서 일했다. 심리 치료사로서 그는 만성 통증, 섭식 장애 그리고 부부 치료를 전문으로 다루고 있다.

김광수(Kim Kwangsoo)

서울대학교 대학원에서 상담교육전공으로 석사학위와 박사학위를 받았고, 미국 조지아 대학교 연구교수로 학교심리 및 긍정심리를 연구했다. 한국청소년상담복지개발원(전 한국청소년상담원)에서 상담교수로 재직했고, 서울교육대학교 대학생활문화원장, 한국초등상담교육학회장을 역임했다. 현재 한국상담학회 수련감독 전문상담사이며 서울교육대학교 교육과 교수 및 교육전문대학원 상담교육전공 교수로 재직 중이다. 주요 저서로는『용서를 통한 치유와 성장』,『용서하는 삶』,『용서의 심리와 교육프로그램』,『용서상담 프로그램』,『한국형 초등학교 생활지도와 상담』,『학교폭력의 예방과 상담』,『KICS 아동 성격강점검사 전문가 지침서』,『KICS-L 아동 진로 성격강점검사 전문가 지침서』,『아동 성격강점카드 전문가 지침서』,『청소년 성격강점카드 전문가 지침서』,『사과를 통한 치유와 성장』,『인간발달과 상담』,『긍정심리학 성격강점 기반 인성교육』,『학교긍정심리학 1, 2』,『긍정심리학 강점 축하 교육법』등과 그 외 다수의 관련 학술 논문을 발표했다.

이혜연(Lee Hyeyeon)

서울교육대학교 교육학과 상담교육전공 박사과정 중에 있으며 성균관대학교 교육학과 상담교육전공으로 석사학위를 받았다. 중앙대학교 사범대학 부속중학교에서 전문상담교사로 재직했고, 덕풍초등학교를 거쳐 현재 성남교육지원청에서 초등 전문상담교사로 재직 중이다. 대학교 학생 상담센터(중앙대 안성캠퍼스, 경희대 국제캠퍼스, 순천향대, 한신대 등)에서 시간제 상담원으로 개인상담 및 집단상담 등을 진행하며 상담경력을 쌓았고, 전문상담교사 1급, 한국상담심리학회 상담심리사 2급, 정신보건상담사, 기업상담전문가 외 다수의 자격증을 보유하고 있다.

긍정심리학 성격강점 기반 스트레스 대처와 성장 워크북
스트레스와 역경을 극복하고 치유와 웰빙으로 가는 길

The Strengths-Based Workbook for Stress Relief:
A Character Strengths Approach to Finding Calm in the Chaos of Daily Life

2023년 10월 20일 1판 1쇄 인쇄
2023년 10월 30일 1판 1쇄 발행

지은이 • Ryan M. Niemiec, PsyD
옮긴이 • 김광수 · 이혜연
펴낸이 • 김진환
펴낸곳 • ㈜**학지사**

04031 서울특별시 마포구 양화로 15길 20 마인드월드빌딩
대표전화 • 02-330-5114   팩스 • 02-324-2345
등록번호 • 제313-2006-000265호

홈페이지 • http://www.hakjisa.co.kr
인스타그램 • https://www.instagram.com/hakjisabook

ISBN 978-89-997-2983-6 93370

정가 20,000원

출판미디어기업 **학지사**

간호보건의학출판 **학지사메디컬** www.hakjisamd.co.kr
심리검사연구소 **인싸이트** www.inpsyt.co.kr
학술논문서비스 **뉴논문** www.newnonmun.com
교육연수원 **카운피아** www.counpia.com